该丛书获得胡崇明法律援助基金资助

崇 | 明 | 刑 | 事 | 法 | 文 | 丛
吴宏耀 主编

辩护律师
忠诚义务研究

郭 恒 著

中国政法大学出版社

2020·北京

图书在版编目（ＣＩＰ）数据

辩护律师忠诚义务研究/郭恒著. —北京：中国政法大学出版社，2020.11

ISBN 978-7-5620-7468-7

Ⅰ.①辩… Ⅱ.①郭… Ⅲ.①律师－职业道德－研究－中国 Ⅳ.①D926.54

中国版本图书馆CIP数据核字(2020)第116977号

书　　名	辩护律师忠诚义务研究 BianHu LüShi ZhongCheng YiWu YanJiu
出版者	中国政法大学出版社
地　　址	北京市海淀区西土城路 25 号
邮　　箱	fadapress@163.com
网　　址	http://www.cuplpress.com (网络实名：中国政法大学出版社)
电　　话	010－58908466(第七编辑部) 010－58908334(邮购部)
承　　印	北京中科印刷有限公司
开　　本	720mm×960mm　1/16
印　　张	16
字　　数	265 千字
版　　次	2020 年 11 月第 1 版
印　　次	2020 年 11 月第 1 次印刷
定　　价	65.00 元

序

　　辩护律师在法庭上处于何种地位是刑事辩护制度中最为基础的理论问题。对此问题的科学回答，事关辩护律师能采取何种手段和方法维护被告人的利益，甚至直接影响到刑事辩护的正当性乃至辩护律师职业的生命力。综观世界刑事诉讼理论和实践，相对于承担控诉职能的检察官和裁判职能的法官而言，承担辩护职能的律师在法庭的地位更受争议。辩护人是完全以当事人利益为出发点，甚至成为当事人"雇佣"的枪手；还是应当在维护当事人利益的同时兼具维护司法公益之责任？此问题之争论的历史如同辩护人的历史一样悠久。

　　自改革开放以来，我国刑事辩护制度取得了长足的进步，律师的角色定位也在不断变化，从"国家法律工作者"到"为社会提供法律服务的执业人员"，再到今天的"为当事人提供法律服务的执业人员"。可以说，我国立法对于辩护律师的角色定位经历了从国家本位向社会本位的过渡。当前我国辩护律师正在朝着更强调忠诚于当事人利益的方向发展。不过，在当前我国的刑事辩护实践中，依然面临两个比较突出的问题：一是部分律师过于热忱，将自己完全置于当事人的利益代理人之地位，辩护的方式与手段超越了我国司法机关能够接受的程度，甚至有的突破了法治底线，引发辩审冲突；二是部分律师的观念落后以及责任心不强，或随意以被告人向辩护人隐瞒案件事实等为由拒绝辩护，或充当控诉职能，不能有效地维护当事人的合法利益。解决此两方面的问题，需要从理论上进一步反思辩护人的地位。其中，辩护律师的忠诚义务是决定辩护人地位的核心问题，是调整"辩护律师—当事人"关系的红线，指导着辩护律师的执业行为。

　　法治发达国家或地区对辩护律师忠诚义务的研究具有深厚的历史积淀，早已融入刑事辩护的血脉之中，并且有着司法理念、诉讼制度和行业规范的多元支撑。近年来，虽然"忠诚义务"在中国的刑事辩护领域已经不再是陌生的词汇，律师们也经常将其挂在嘴边，一些法学文献资料也偶尔对此展开相关论述，但鲜有著作系统梳理有关辩护律师忠诚义务的基础理论问题有哪些、内涵包括什么、边界又在哪里。因此，对于辩护律师忠诚义务展开深入地研究颇有必要。

在此背景下，郭恒博士将"辩护律师忠诚义务"作为博士论文选题。这是一个既有理论性又有很强实践性的选题，要写好并不容易。好在郭恒比较勤奋、踏实，并且有着数年的刑事辩护实践经验。经过近两年的努力，他的博士论文《辩护律师忠诚义务论》在专家匿名评审和博士论文答辩中，作为国内系统性研究辩护律师忠诚义务的先例得到了专家充分的肯定，并荣获对外经济贸易大学法学院优秀博士论文。这本专著就是在他的博士学位论文基础上，吸取评审专家和答辩委员会的建议，修改完善后形成的。

本书从辩护律师忠诚义务的"内涵"与"边界"两条主线出发，结合我国刑事辩护实践中出现的争议案例，揭示了辩护律师忠诚义务的基本原理，并使得辩护律师忠诚义务所蕴含的实践能量得以凸显。此外，本书对于域外可资借鉴的元素进行梳理与归纳，尝试为我国辩护律师忠诚义务理论研究和实践运用探索前行的方向。作者在勾勒辩护律师忠诚义务体系的过程中，将辩护律师保密义务、利益冲突、独立辩护、对法庭的真实义务等与辩护律师忠诚义务关联的概念一一进行剖析，澄清了一些模糊认识，展现了论文的理论价值。同时，本书对于辩护律师忠诚义务与对法庭真实义务的冲突原因及处理进行了分析，以期抛砖引玉。

本书既强调对于辩护律师忠诚义务基础理论的宏观研究，又重视对实践中个案细致入微的分析与讨论，力求实现理论与实践的结合，建构我国辩护律师忠诚义务的完整体系。因此，本书是对于辩护律师忠诚义务研究的一个新的开拓，具有一定的创新意义和学术价值。当然，受作者辩护实践经历和理论功底所限，本书存在对于忠诚义务理论研究的深度不够以及指导辩护实践的可操作性有待加强等不足，期待作者在今后的研究中能有更加深入的思考。

是为序。

对外经济贸易大学教授 陈学权

目　录

导　论

一、选题背景和意义

从 1979 年恢复律师制度至今，我国律师行业经过 40 年的发展有了长足的进步，但是律师制度中最核心的部分——律师职业伦理，一直是我国律师制度建设的短板，律师行业规范仍然处于一种粗放的状态，一些辩护律师的行为可能没有底线。随着近年来刑事辩护业的蓬勃发展，辩护律师的忠诚义务在实践中暴露出一系列问题，其有关的理论研究也显示出不足与滞后。因此，需要对辩护律师忠诚义务的基础理论问题进行综合分析，并对辩护律师忠诚义务的宏观理论体系和具体实践路径进行构建，也应当对辩护理论及实践中的争议问题进行梳理和回应。同时要注重借鉴法治发达国家经验并与中国本土实际相结合，关注实践案例与坚持理论完善相结合，立法规定的宏观性与行业规范的可操作性相结合。本书对"忠诚义务"内涵、边界和保障机制进行界定，对实践中涉及忠诚义务的有关问题进行深度剖析，其目的就是构建一个高标准的辩护律师职业伦理规范。

（一）研究背景

1. 加强辩护律师职业道德建设为辩护律师忠诚义务的研究提出了新的要求

首先，律师职业道德建设要求对忠诚义务进行全面系统的研究。党的十八届四中全会明确提出了"规范律师执业行为，监督律师严格遵守职业道德和职业操守"。长期以来，我国关于律师职业伦理方面的研究较为薄弱。这其中，作为辩护律师的重要职业伦理规范——忠诚义务犹如一条红线，调整着"辩护律师—当事人"这一律师职业伦理中的核心关系，指导着辩护律师的执业行为。实践中辩护律师的很多具有争议性的行为，实际上都与其承担的忠诚义务密切相关。为此，有必要对辩护律师忠诚义务进行全面深入的研究。

其次，忠诚义务在"辩护律师—当事人"关系中为辩护律师的第一职业伦理。对于辩护律师的职业伦理进行研究，有一个基本的理论出发点，那就是围绕"辩护律师—当事人"这一律师职业伦理的核心关系进行。因为只有在这个理论基点之下，辩护律师的忠诚义务才被视为辩护律师的第一职业伦理。作为当事人的代理人，最大程度地维护当事人利益是辩护律师应尽之责。"辩护律师—当事人"这一律师职业伦理中的核心关系，决定了律师职业伦理中创设的一系列原则和规则，都是以律师所承担的义务为基础，而从"辩护律师—当事人"这一核心关系的角度审视这一系列义务，最核心的义务就是辩护律师的忠诚义务，这是辩护律师的第一职业伦理，也是本书研究的基本出发点。

2. 实践中辩护律师违反忠诚义务的案例亟待理论的回应

在中国法律服务市场的高速发展以及刑事辩护全覆盖试点工作全面推开的大背景下，律师职业伦理的基本理念和制度安排实际上并没有跟上刑事辩护业务快速发展的步伐，刑事辩护律师的职业伦理面临着前所未有的挑战。

首先，有必要从理论上对辩护律师的忠诚义务进行全面深入的研究。辩护律师的职业伦理经过多年的发展，已经成为律师职业主体的一种内在需求。律师职业也早已不再是单纯的技术性活动，越来越强调法律伦理的作用，这也是律师职业得以不断发展和延续的关键。当前，我国司法改革如火如荼，律师制度改革作为司法改革的一个重要组成部分，我国关于律师职业伦理方面的研究较为薄弱。如果没有对辩护律师职业伦理从理论上进一步完善与改革，刑事辩护的发展就很难跨入一个新的阶段。

其次，理论上对于辩护律师忠诚义务的研究，离不开对实践中发生的律师违反忠诚义务的案例进行深入剖析。例如，辩护律师不尽职尽责，死磕派律师行为过激，辩护律师擅自退庭，律师违反保密义务等行为，给辩护律师与当事人、辩护律师与法官之间的关系协调带来一系列障碍。随着认罪认罚从宽制度以及速裁程序写入《刑事诉讼法》，在这些特殊程序中辩护律师的忠诚义务能否履行到位，也值得我们关注与反思。实践中一个个案例所暴露出来的辩护律师忠诚义务履行过程中存在的问题，亟待从理论层面作出回应并进行完善。因此，关于刑事辩护的理论研究必须回应实践中存在的问题和发生的变化。然而，理论层面的回应实际上需要对辩护律师忠诚义务的实践运行进行全面分析。因为对我国法律职业进行判断和建议的前提是对其发展现状做一个尽可能全面的实证描述，然后在此基础上了解其基本的运作机理。[1]

3. 辩护律师忠诚义务的研究需要与中国本土化样态相结合

对于辩护律师忠诚义务的研究，在借鉴法治发达国家的经验和做法的同时，同时还要注重结合我国辩护律师忠诚义务的特殊性，使之与中国的本土化样态相结合。

首先，辩护律师忠诚义务的研究需要借鉴法治发达国家的经验和做法。忠诚义务构成了处理辩护律师与当事人关系的基石，从这个角度来看，忠诚义务就是辩护律师的第一职业伦理。律师职业伦理尤其是忠诚义务在我国的理论和实践中所面临的诸多问题，对于我们这样一个恢复律师制度仅仅40年的国家，是无根可循的。而美国等域外法治发达国家和地区对辩护律师职业伦理尤其是忠诚义务的相关规定和实践，经过了百年的探索，形成了许多成熟且合理的立法及实践经验，这也就必然要求我们学习和借鉴这些国家和地区的经验和做法。

其次，辩护律师忠诚义务的研究更要和中国本土实际相结合。在借鉴发达国家的经验时，我们也要深刻地意识一个问题，中国与律师职业伦理建设较为完善的发达国家和地区存在着显著差别，不能将域外发达国家和地区律师职业伦理建设的经验作为衡量我国律师职业发展的标尺。在完善我国辩护律师的职业伦理，尤其是在完善我国辩护律师忠诚义务时，纯粹的制度移植并不一定能适应我国刑事辩护的发展，高度发达的英美法律职业伦理也很难直接移植过来为我们所用。为此，我们有必要探寻辩护律师职业伦理在中国的本土化样态。对于中国律师职业伦理当中辩护律师忠诚义务的研究，只有在吸收法治发达国家的先进经验的基础上，才能发展出能够有效解读并指引我国辩护律师忠诚义务履行的本土化理论，这也是我们研究辩护律师忠诚义务无法回避的使命。从这一点意义上来说，我国辩护律师忠诚义务的研究任重道远。

4. 立法规定的宏观性需要相关可操作性的配套规则

首先，立法规定的宏观性和不足需要精细化的规范进行补充。2007年

[1]　吴洪淇：《法律职业的危机与改革》，中国政法大学出版社2017年版，第11页。

《律师法》第 2 条对于律师的定位的规定反映了 2017 年《律师法》构建以"辩护律师—当事人"关系为中心的基础性关系的努力。辩护律师的忠诚义务在"辩护律师—当事人"关系中具有基础性地位，这一立法精神对辩护律师行为具有了宏观的指导意义。虽然《律师法》中的相关规定都涉及了辩护律师的忠诚义务，但《律师法》作为行业根本法，不可能对于忠诚义务的相关内容进行精细化规范。此外，我国《律师法》仍然保留了一些与现有律师职业定位并不相符的伦理规范。这使得辩护律师在执业过程中经常面临一些执业困境。如果没有合理的、精细化且具有可操作性的制度规范，《律师法》的相关规定便仅仅具有象征意义。因此，这个精细化规范的任务就交由行业规范来完成。

其次，律师行业规范对于辩护律师忠诚义务的指导仍有进一步细化的必要。中华全国律师协会出台的《律师办理刑事案件规范》包含了律师执业的基本操作、执业技巧、行为界限、风险防范以及救济等内容，可以说是对《律师法》相关规定的细化解释以及对于实践中争议问题的明确，成为辩护律师办理刑事案件过程中执业行为精细化的指引。例如，对于实践中争议非常大的"独立辩护"，《律师办理刑事案件规范》明确规定，"律师在辩护活动中，应当在法律和事实的基础上尊重当事人意见，按照有利于当事人的原则开展工作，不得违背当事人的意愿提出不利于当事人的辩护意见"。这意味着律师的独立应当是有限的独立，不可以独立于当事人的利益。此项规定可以说是对于《律师法》强调的"律师为当事人提供法律服务，维护当事人利益"这一笼统规定的细化，是针对实践中出现的独立辩护争议，通过行业规范的方式进行了明确，具有很强的可操作性。《律师办理刑事案件规范》对于律师执业具有强制性的效力，如果律师违反规范中的强制性条款，就可能面临着律协的惩戒和处罚。律师行业规范从一定程度上来看是《律师法》对"律师—当事人"这一基础性关系进行规范的一种延伸，是广义律师法的重要组成部分。然而，律师职业行为规范的有效实施还受到诸如律师协会组织结构与执行能力，律师行业的管理模式，行业规范本身的实施机制等诸多内外因素的制约，要想在实践中取得效果，对于行业规范本身的细化和可操作性，还需要进一步细致深入的研究。

综上，本书对于我国辩护律师忠诚义务的研究，在借鉴英美法治发达国家和地区经验的同时，更多关注我国的制度环境与实践案例。其研究目的就是通过《律师法》以及相关行业规范的完善和融合，创造出优越的制度环境，通过"制度规范"实现"理性实践"，最终实现"律师—当事人"关系理想目标与理性实践的统一。

（二）研究意义

1. 职业发展意义：决定我国刑事辩护职业发展水平的重要标志之一

支撑辩护律师职业发展的两大因素，一是专业技能，二是职业伦理。辩护律师如果不能够遵守职业伦理，很难在职业发展的道路上走得更远。辩护律师对于当事人承担的忠诚义务，是调整辩护律师与当事人法律关系的一个重要义务，为辩护律师的执业行为进行着有效的指引。从根本上讲，忠诚义务是一种排他性的义务，但是考虑到其他的价值因素，也要为其设置一定的边界和范围，防止过度强调忠诚义务而损害其他利益。因此，如何理解辩护律师忠诚义务的内涵，如何界定忠诚义务的边界，如何处理忠诚义务与真实义务的冲突，以及如何保障这种忠诚义务的履行，实际上已经成为一个国家辩护职业发展水平的重要衡量标准。

2. 实践指导意义：为解决职业伦理的冲突提供内在的依据

在法律职业共同体当中，相较于检察官、法官职业，律师实际上属于最为纠结的职业。这种纠结在其辩护律师职业伦理的冲突方面体现得最为淋漓尽致。集中表现在辩护律师忠诚义务与对法庭真实义务的冲突，例如，被告人在法庭上作出不实陈述、提交不实证据，此时，辩护律师就面临着究竟是受保密义务之约束而为被告人保密，还是受真实义务之约束而向法院揭发被告人的两难境地。对此，美国诉讼制度下称为"当事人伪证"问题，且美国对其有深入的讨论；德国、日本对此也有相应的理论探讨和实践判例。我国律师应当如何平衡对于当事人的忠诚义务与对于法庭的真实义务？对该问题的深入研究，有助于为解决我国当今刑事辩护实务中职业伦理冲突问题提供理论上的依据。

3. 理论创新意义：有助于丰富刑事诉讼法学以及律师职业伦理的理论研究

正在进行的以审判为中心的诉讼制度改革，对于辩护律师而言，既是机遇，又是挑战。辩护律师的忠诚义务作为律师职业伦理的重要组成部分，也同样需要深入地进行研究，这也是理论研究及刑事辩护实践的迫切需要。辩护律师的执业行为不仅关系到其当事人的利益，还涉及刑事被害人利益、刑事司法正义以及律师行业自身的发展。在我国日益强调刑事被追诉人权利保障、刑事程序正义的背景下，以及在刑事诉讼程序对抗性日益加强、辩护律师对刑事诉讼程序的参与空间不断扩大的形势下，对辩护律师忠诚义务的研究，对于丰富律师职业伦理的理论研究具有了更为现实的意义。目前学界少有从辩护律师忠诚义务的角度对律师职业伦理进行系统的研究。因此，本书以辩护律师的忠诚义务为对象，结合法律及行业规范的相关规定，对律师职业伦理进行深入系统的研究，以期进一步丰富刑事诉讼法学以及律师职业伦理的理论研究。

二、国内外研究现状

对国内外辩护律师忠诚义务相关的理论研究及实践运行进行梳理，有利于厘清辩护律师忠诚义务的发展脉络和研究现状，便于各种观点的剖析借鉴，推动该领域研究的发展。虽然受主客观等各方面条件的限制，笔者能收集到的有关辩护律师忠诚义务的文献资料并不能绝对全面，但鉴于国内尚未有学者系统地开展这项工作，本文的文献综述既是本文的研究起点，也可为学界对此问题的系统深入研究提供便利。

（一）域外关于辩护律师忠诚义务的文献综述

在法治发达国家和地区均对辩护律师的忠诚义务有研究，其中美国、日本对此问题的研究成果较为丰富，均有学者在论述律师职业伦理或其他基础理论研究过程中对辩护律师的忠诚义务进行了阐述。在收集域外文献资料时，除了与"忠诚义务"一词直接相关的文献外，本书也收集了忠诚义务内涵中包括的保密义务、真实义务、利益冲突禁止等相关的问题的文献。选择英美法系国家文献居多，除了受限于笔者个人语言能力外，还有一个重要原因就是英美法系国家对律师职业伦理关注较早，而且学界和实务界的讨论也非常激烈，经过近百年的积累，已经产生了丰富的论述和经典的案例以供研究和借鉴。同时，近年来日本、德国关于职业伦理的文献也越来越多地被翻译成中文，日本、德国学者对于辩护律师忠诚义务的深入探讨也值得我们学习。我国台湾地区的学者在承继美、日、德等国研究成果的基础上，对辩护律师的忠诚义务的理论学说进行了丰富和发展。

1. 英美法系国家对于辩护律师的忠诚义务的研究成果

本书拟从以下两个方面进行归纳和总结：

一是公开出版的与辩护律师忠诚义务有关的专著。目前，尚未查找到公开出版的以辩护律师忠诚义务为主题的英美法系的专著或译著，对此问题的研究散见于关于律师职业伦理相关著作的章节中。

美国学者蒙罗·H. 弗里德曼对律师职业伦理有着比较深入的研究，其用毕生的精力对于律师职业伦理进行了深入的研究。弗里德曼教授与阿贝·史密斯在《律师职业道德的底线》一书中，从对抗制诉讼模式入手，以《美国职业行为示范规则》为依据，分析了律师的职业操守、律师和当事人之间的信赖关系及保密义务、伪证的处理方式以及利益冲突下对于律师职业道德的要求，这些实际上都是辩护律师忠诚义务涉及的问题。在《对抗制下的法律职业伦理》一书中，弗里德曼教授从对抗制下的法律职业伦理入手，该书第二章和第三章着重分析了刑事辩护律师的三难处境以及辩护律师热忱辩护与公共利益的矛盾，这也正是忠诚义务与真实义务冲突的根源所在。

美国学者布拉德利·温德尔在其著作《法律人与法律忠诚》中，对道德、伦理、法律伦理、普通道德和职业道德这些基本概念进行了区分，并从党派性和中立性这两个法律伦理标准概念的行为原则入手，将律师对法律的忠诚义务建立在集体自治的基础上，表示律师应当为客户提供忠诚而称职的服务，但要根据由善意解释制定法而产生的权利和义务。[1]

美国学者德博拉·L. 罗德和小杰弗瑞·C. 海泽德在《律师职业伦理与行业管理》一书中，对于律师对当事人的责任进行了详细的论证，提出了律师最基本的法律职业道德标准就是独立性，并指出当事人的责任包括忠诚、称职、保密；同时还负有对司法制度和法治的责任，并简明介绍了美国职业律师责任与规制的基本情况。

美国学者史蒂芬诺斯·毕贝斯在《刑事司法机器》一书中，从局内人与局外人这一特殊角度入手，对辩护律师与当事人这一核心关系进行了分析。他指出作为局内人的辩护律师存在着利益和压力，而被告人却过度乐观和冒险，与被告人沟通困难、缺乏信任和话语权，因此，辩护律师和当事人之间

---

〔1〕 ［美］W·布拉德利·温德尔：《法律人与法律忠诚》，尹超译，中国人民大学出版社 2014 年版，序言。

存在着巨大的鸿沟，这也是当代非透明、非共鸣性的刑事司法带来的影响。这一独特分析角度也从某种程度上解释了辩护律师履行忠诚义务过程中所遇到的障碍。

美国学者迪特里希·鲁施迈耶在《律师与社会——美德两国法律职业比较研究》一书中，从美国、德国两国律师职业这一独特视角切入，其中在"法律职业伦理的相似与相异"一章中，对于两国之间律师对客户所负的义务、律师对法院和司法机构所负的义务等忠诚义务的内涵和边界方面的差异进行了详细的分析与论证，从历史、社会以及文化等方面分析了两国律师忠诚义务存在差异的深层次原因。

美国著名刑辩律师艾伦·德肖维茨在《致年轻律师的信》中，运用通俗易懂的语言表达了其对于律师职业道路的理解。其中在"律师的道德及其他逆喻"一章中，指出了辩护律师面临着法律伦理（要求为当事人积极辩护——无论其是否有罪）和个人道德（要求在一切行为中诚实、正派）间的冲突所产生的困扰，并提出了自己的观点，即称职的律师必须为当事人做任何不为法律或法律行业规则所禁止的事情。[1]

由我国台湾地区学者李礼仲翻译的美国教授 Geoffrey C. Hazard, Jr 与 Angelo Dondi 所著的《比较法律伦理学》一书是一本实践法律伦理学著作，确定了两个重要法律伦理问题：律师和法官追求正义时的角色和律师为自己的当事人和维持法律制度的责任冲突之法律伦理，这不仅是美国这样一个法律制度先进国家遇到的问题，也是世界各国律师履行职责和执业时所面对的共同难题。[2]该书回顾了法律职业在历史上的发展，提出了律师具备胜任执业能力的重要性以及执业之独立性，并对狭义的律师忠诚义务概念及利益冲突以及律师的守秘义务进行了探讨，最后提出了律师的专业责任包括对法庭的诚正行为，实际上是对广义上的律师忠诚义务的内容进行了一个丰富和深度的分析。

二是公开发表的与辩护律师忠诚义务相关的论文。截至 2019 年 2 月 20 日，笔者在美国法律期刊全文数据库（http://heinonline.org）中的法律期刊

---

〔1〕[美] 艾伦·德肖维茨：《致年轻律师的信》，单波译，法律出版社 2014 年版，第 102 页。

〔2〕[美] Geoffrey C. Hazard, Angelo Dondi：《比较法律伦理学》，李礼仲译，我国台湾地区财团法人民间司法改革基金会 2011 年版，译者序。

图书馆（Law Journal Library）项下，以"lawyer's duty of Loyalty"为"TITLE"进行搜索，共搜索到相关论文 2 篇。以"Candor in Criminal advocacy"为"TITLE"进行搜索，共搜索到相关论文 2 篇。以"Attorney-Client Privilege"为"TITLE"进行搜索，搜索到论文 852 篇。以"Ethics of lawyers"为"TI-TLE"进行搜索，共搜索到论文 132 篇。由此可以看出，域外对于辩护律师忠诚义务的研究，主要集中在相关的制度当中，例如对客户的保密义务、对法庭的真实义务，以及忠诚义务与真实义务在实践中的冲突问题，等等。

布鲁斯·A. 格林在《霍夫斯特拉法律评论》发表的 *Candor In Criminal Advocacy* 一文中，作者探讨了在刑事案件中，辩护律师对法庭的真实义务。作者在该文中指出在弗里德曼教授 1966 年提出辩护律师职业伦理的三难处境后，将近 50 年的时间里，刑事辩护中的伦理问题尤其是辩护律师对法庭的真实义务仍然存在不确定性和分歧。美国律师协会（ABA）的建议实际上也是有限的，辩护律师对于法庭的真实义务通常要求实际复杂的参与，需要具体问题具体分析。

苏珊·R. 马丁在《内布拉斯加州法律评论》发表的 *In Defense of Client-Lawyer Confidentiality...and Its Exceptions* 一文中，指出保密规则是为了维系律师与当事人信任关系所设立的，然而在实践中存在着争议。美国律师协会在《律师法重述》中创造了更多旨在促进法律有效实施的例外。但由于实践中经常会出现需要保密的新实例以及保密例外的需要，因此，除非律师能够阐明对这些事项予以保密的基础，否则就应当设立保密义务的例外。作者指出保密规则的制定者应该关注的首先是义务，并对"律师—当事人"关系所涉及的相关价值进行有效平衡。

詹姆斯·A. 科恩在《迈阿密大学法律评论》发表的 *Attorney-Client Privilege, Ethical Rules, and the Impaired Criminal Defendant* 一文中，探讨了辩护律师忠诚义务与真实义务的冲突问题。作者指出，刑事司法程序中每一个诉讼参与人出席的能力以及有利信息对于对抗性司法系统的正常运作至关重要。一方面，对于不称职的被告人来说，辩护律师的参与尤为关键，在特定情况下，允许刑事辩护律师披露客户的秘密，可以确保法院不审判或不起诉可能不称职的罪犯，然而这往往会侵犯被告的宪法权利。另一方面，辩护律师对于这些秘密如果未通知法院，可能导致法庭对律师进行纪律处分。这就造成法院和当事人对辩护律师施加相互冲突的责任的困境，该现象本质上就是辩护律师忠诚义务与真实义务的冲突问题，这个冲突问题亟待解决。

2. 大陆法系国家和地区关于辩护律师的忠诚义务研究成果

以德国、日本和我国台湾地区为例，受语言能力的限制，除了我国台湾地区外，对大陆法系有关辩护律师的忠诚义务的研究，只能以翻译文献为基础展开。从目前掌握的翻译文献来看，日本、德国学者对于律师职业伦理的研究较为深入。

佐藤博史在《刑事辩护的技术与伦理　刑事辩护的心境、技巧和体魄》一书的"绪论"当中详细论述了"辩护人的诚实义务与真实义务"，并提出了"辩护人的任务是作为法律专家的辩护人通过履行诚实义务，即通过与被告人个人建立的信赖关系所支撑的诚实义务，来有效地实现被告人自己的辩护权"，并对诚实义务与真实义务的关系进行了概述。[1]此外，还提出了一系列与诚实义务相关的概念，例如积极的诚实义务、消极的诚实义务、辩护人的消极真实义务，同时对于诚实义务与真实义务的冲突理论的"椭圆理论"进行了批判，并提出了支持"圆形理论"的原因，同时对于诚实义务与真实义务冲突的具体类型进行了系统的分析。

森际康友在《司法伦理》一书的第九章"当事人与律师的关系"中，以刑事诉讼中律师的作用为切入点，介绍了日本对于律师诚实义务、守秘义务以及真实义务的规定，并对诚实义务与真实义务的冲突的基础理论以及具体情形通过实例进行了探讨并提出了自己的观点。[2]

在《德国司法危机与改革——中德司法改革比较与相互启示》一书中，马蒂亚斯·雅恩（Matthias Jahn）在《当今德国刑事诉讼中辩护人的法律地位》一文中，对德国刑事诉讼中辩护人的法律地位进行了详细的探讨。通过对辩护人地位的各种理论进行分析，并引用了联邦宪法法院的指导判决，介绍了德国处理忠诚义务与真实义务冲突的立场及依据。

我国台湾地区学者对于辩护律师的忠诚义务方面的研究成果较多。姜世明教授在其专著《律师伦理法》中，对于律师的守秘义务、真实义务进行了

---

〔1〕　[日] 佐藤博史：《刑事辩护的技术与伦理　刑事辩护的心境、技巧和体魄》，于秀峰、张凌译，法律出版社 2012 年版，第 22~48 页。

〔2〕　[日] 森际康友编：《司法伦理》，于晓琪、沈军译，商务印书馆 2010 年版，第 136~146 页。

详细论述。[1]另外，东吴大学法学院主编的《法律伦理学》中也有对律师诚实义务与守秘义务的描述。[2]王惠光在《法律伦理学讲义》中，将律师的忠实义务、真实义务、守秘义务及其关系进行了详细的论述。[3]

3. 域外关于辩护律师忠诚义务相关研究的总体评价

查阅域外辩护律师忠诚义务的相关著作和论文可以看出，无论是英美法系还是大陆法系国家和地区，对于辩护律师忠诚义务的研究呈现出以下特点：

（1）以"辩护律师—当事人"关系为研究的基本出发点。

无论是英美法系国家还是大陆法系国家和地区，在研究律师职业伦理时，其基本出发点就是"辩护律师—当事人"关系。因为如果没有辩护律师与当事人的关系，也就没有辩护律师的职责问题，更谈不上辩护律师的忠诚义务。在域外法治发达国家，辩护律师与当事人的关系问题可以说是律师职业行为规范中所要调整的最重要的关系之一。在刑事诉讼的过程中，由于犯罪嫌疑人与被告人的特殊地位，使得刑事案件中辩护律师与当事人的关系也有其特殊性。律师所从事的行为是一个区分角色的行为，根据律师这个专业角色，某些情形从一般人的角度认为是受道德约束的，但从律师角色来看则可以忽略。辩护律师虽然对于法庭、对于当事人之外的第三人也都负有相应的职责，但是律师最核心、最基本的职责还是针对当事人的，律师与当事人的关系是律师执业面临的基本问题，这也是研究忠诚义务的基本出发点。

（2）对于"忠诚义务"一词通常作狭义的理解。

实际上，无论是英美法系国家和地区还是大陆法系国家和地区，在研究辩护律师的忠诚义务时，多数是从狭义的角度进行研究：一方面，要求在法律规定的框架内为当事人提供尽职尽责的专业服务；另一方面，要求辩护律师不得损害当事人的利益，并禁止利益冲突，因为"没有任何人可以服务二位主人"。[4]而对于律师的保密义务、对法庭的真实义务，在讨论的过程中与

---

〔1〕　姜世明：《律师伦理法》，新学林出版股份有限公司 2009 年版，第 167~190 页。

〔2〕　东吴大学法学院主编：《法律伦理学》，新学林出版股份有限公司 2014 年版，第 289~300 页。

〔3〕　王惠光：《法律伦理学讲义》，元照出版有限公司 2012 年版，第 73~136 页。

〔4〕　［美］Geoffrey C. Hazard, Angelo Dondi：《比较法律伦理学》，李礼仲译，我国台湾地区财团法人民间司法改革基金会 2011 年版，第 190 页。

忠诚义务属于并列的讨论议题，这实际上是对于忠诚义务作狭义的理解。从广义上来看，保密义务是忠诚义务的底线，而真实义务是为忠诚义务设定了边界，此外，如何处理忠诚义务与真实义务之间的冲突，这些从广义上来看都是辩护律师忠诚义务的研究范畴。

（3）律师执业规范体系成熟并有深度的理论支撑。

通过研究可以发现，在法治发达国家和地区，研究辩护律师忠诚义务的一个基本制度前提就是成熟的律师职业规范体系。例如，从美国律师协会1908 年颁布的《美国律师职业道德标准》（The Canons of Professional Ethics），到 1969 年颁布的《美国职业责任守则》（The Model Code of Professional Responsibility）再到现行的 1983 年的《美国职业行为示范规则》（The Model Rules of Professional Conduct），历经百余年的完善，美国在规范律师执业行为方面已经形成了非常成熟的制度体系，并有丰富的案例和理论的探讨。再如是在1983 年《美国职业行为示范规则》的影响下，体现了职业主义特征，并附加有条文注释。在这些规范体系中，其所涉及的关于保密义务及其例外规定，与当事人的利益冲突等规定，均可以看作是广义忠诚义务的立法典范。《日本律师职务基本准则》也对律师的基本伦理，与当事人关系的基本规则等进行了详细的规定，同时，学界也对律师职业伦理进行了激烈的讨论，其中讨论的核心就是保密义务、利益冲突、真实义务和忠诚义务的内容。这些都为实践中处理忠诚义务相关问题提供了理论及制度依据。

（二）我国辩护律师忠诚义务研究述评

与域外辩护律师忠诚义务研究相比，我国相关研究起步较晚，成果并不丰硕。对辩护律师忠诚义务研究的深度和广度都尚待加强。

1. 我国辩护律师忠诚义务研究综述

对我国理论界关于辩护律师忠诚义务研究资料的查考，本文拟从以下三个方面展开。

（1）与辩护律师忠诚义务有关的专著。

我国尚未有大陆法系国家和地区以辩护律师忠诚义务为主题的专著或译著，对此问题的介绍多是存在于辩护律师职业伦理的基础性理论研究之中。例如，如陈瑞华教授在其专著《刑事辩护的理念》的第五章中对"辩护律师的忠诚义务"进行了系统的分析。[1]张勇律师在其所著的《律师职业道德》一书中的"律师与当事人的道德规范"一章中，系统分析了忠诚义务、保密义务、利益冲突避免义务、沟通义务等与忠诚义务相关的问题。[2]我国学者王进喜所著的《美国律师职业行为规则理论与实践》，从 50 个小专题入手，全面而详细地介绍了美国律师在执业过程中需要遵守的职业行为规则以及职业伦理要求，其中从美国律师职业道德规则的渊源入手，详细介绍了当事人与律师关系的性质、模式和权利分配，律师的保密义务、利益冲突，律师对裁判庭的坦诚性，这实际上也是对律师忠诚义务的内涵与边界的阐释。

（2）公开发表的与辩护律师忠诚义务相关的学术论文。

截至 2019 年 2 月 20 日，笔者在中国知网（http://www.cnki.net）以"律师忠诚义务"为关键词进行检索，共搜索到核心期刊论文 2 篇，以"律师职业伦理"为关键词进行搜索，共搜索到核心期刊论文 15 篇。以忠诚义务的具体内涵"保密义务"为关键词进行搜索，共搜索到核心期刊论文 11 篇，以"真实义务"为关键词进行搜索，共搜索到核心期刊论文 3 篇。

（3）与辩护律师忠诚义务有关的硕、博士论文。

截至 2019 年 2 月 20 日，笔者以"律师忠诚义务"为关键词，在中国期刊网"中国优秀博、硕士学位论文全文数据库"、万方数据库"中国学位论文全文数据库"、中国国家图书馆"硕、博士论文数据库"进行检索，没有搜索出相关论文。以"律师保密义务"为关键词，共搜索到 15 篇硕士论文，1 篇博士论文。以"律师真实义务"为关键词，共搜索出 1 篇硕士论文。

2. 我国辩护律师忠诚义务代表性论文及观点

（1）学界关于辩护律师的忠诚义务，具有代表性的论文有：《辩护律师的伦理——以忠诚义务为视点》《论辩护律师的忠诚义务》。有学者指出，处理履行忠诚义务可能导致的内在冲突，必须贯彻法律正义的要求，在法律正义实现的前提下对内在的冲突进行协调（欧卫安，2005）。有学者指出，忠诚义务是辩护律师的首要职业伦理规范，不仅意味着辩护律师尽力维护当事人的合法权益，而且还要对当事人的意志给予适度的尊重。律师的忠诚义务要有其适用的边界和范围（陈瑞华，2015）。

---

〔1〕　陈瑞华：《刑事辩护的理念》，北京大学出版社 2017 年版，第 121～152 页。
〔2〕　张勇：《律师职业道德》，法律出版社 2015 年版，第 73～140 页。

（2）关于辩护律师职业伦理宏观方面的研究，具有代表意义的论文有：《刑辩律师职业伦理的基本问题》《刑辩律师职业伦理之塑造》《存在独立的律师职业伦理吗》《律师职业伦理制度化的法哲学意义及其风险》。有学者从辩护律师冲突的缘起，刑辩律师的任务，刑辩律师职业伦理的基本要求，刑辩律师的基本义务以及义务冲突的处理技术等五个方面论述了刑辩律师职业伦理的基本问题（门金玲，2014）。有学者指出我国律师群体责任伦理阙如的深层次原因在于我国目前的制度欠缺一定的伦理基准，因此，律师责任伦理的塑造，除了需倚赖律师职业人格的塑造外，关键在于构建具有伦理的制度规范（郭正怀、肖世杰，2011）。有学者认为并不存在某种独立于普遍伦理的律师职业伦理，律师职业伦理应当被视为普遍伦理在律师活动中复杂适用的结果（马驰，2013）。有学者指出，由于当事人利益和社会利益间可能发生的冲突，其中蕴涵着道德分歧、过分简化和道德感的钝化三个方面的风险。对此，律师管理者也应在实践中不仅强调制度构建，更要重视律师职业良心的提升（马驰，2014）。

（3）关于辩护律师的保密义务，具有代表性的论文有：《律师职业秘密问题研究》《律师保密：是权利还是义务——关于重构我国律师保密义务的思考》《论辩护律师保密特权的范围》《律师保密义务有关理论问题探讨》《保密义务与真实义务之间的较量——兼论我国辩护律师保密特权制度的完善》《作证抑或保密：律师执业中的两难选择》。有学者认为，为了维护更重要的利益，需要从当事人可能判处死刑时诉讼上有利于当事人的信息，当事人无罪的信息，当事人一方行贿法官、检察官的信息，当事人为实施犯罪而与律师交流的信息四个方面对律帅保密特权设置例外规定（甄贞、姚磊，2014）。有学者围绕律师保密义务的理论根据、基本内涵和范围这三个核心问题，分析了我国《律师法》和《律师执业行为规范（试行）》存在的不足，并提出了完善的建议（司莉，2015）。有学者认为在我国辩护律师保密义务应当优于真实义务。我国关于辩护律师保密特权需要在立法、保密特权主体、例外规定、保密范围等方面予以完善（刘蕾，2014）。

有学者认为现行《刑事诉讼法》规定的公民的作证义务与律师的保密义务在法律适用上会不可避免地存在冲突。如何在作证义务与保密义务之间求得平衡，有赖于对律师制度的正确理解和对刑事诉讼价值的综合考量（姜保忠，2014）。

（4）关于辩护律师的真实义务，具有代表性的论文有：《辩护律师对法庭的真实义务》《论辩护律师的真实义务》。有学者从辩护律师对法庭的真实义务的内涵出发，探讨了律师真实义务的理论基础，分析了我国律师真实义务存在的问题并提出了建议（李宝岳、陈学权，2005）。有学者认为维护当事人的合法权益是律师的主要义务，真实义务是次要义务。律师的真实义务具有片面性、消极性、权利的属性、追求法律真实性四个特点，并从如何对待有罪的被告人、如何对待虚假证据和如何对待职业秘密三个方面，对辩护律师真实义务在实践中的履行进行了分析（葛同山，2010）。

（5）关于辩护律师职业伦理冲突及解决，具有代表性的文章有：《刑辩律师职业伦理冲突及其解决机制》《律师职业伦理：冲突与选择、道德权利及其法律化》。有学者认为在律师职业伦理自身方面存在着诸多价值取向各异之冲突，其中包括律师职业伦理与大众伦理的冲突、忠诚义务与真实义务的冲突、律师职业伦理与商业主义的冲突，应坚持实用主义伦理的做法，在底线伦理基础上建构我国律师职业伦理的框架，同时权衡律师职业伦理的各种具体冲突，从而建构我国律师职业伦理冲突及解决机制（宋远升，2015）。有学者指出律师职业伦理的核心只能是对客户（当事人）的忠诚尽职。律师能否在社会法治中发挥作用，取决于律师作为一个职业群体是否可以信赖。律师职业伦理不仅是道德问题，更应该是法律问题。《律师法》及《律师执业行为规范（试行）》为律师职业伦理法律化奠定了基础，但对于律师职业道德权利特别是拒绝权的法律确认，还有待三大诉讼法或统一证据法来完成（廖志雄，2013）。

（6）关于独立辩护人理论的争论，具有代表性的论文有：《被告人与律师之间的辩护冲突及解决机制》《从独立辩护观走向最低限度的被告中心主义辩护观——以辩护律师与被告人之间的辩护意见冲突为中心》《独立辩护论的限度》《律师独立辩护的有限适用》。有学者指出我国应当借鉴"律师独立辩护"模式之所长，实现从"绝对独立"向"相对独立"的转型，并通过"辩护协商"的工作机制预防和化解辩护冲突（韩旭，2010）。有学者指出我国有必要实现从独立辩护观向最低限度的被告中心主义辩护观的转变（吴纪奎，2011）。有学者指出独立辩护论必须设置一定的边界，并且应当区分辩护目标和辩护策略，事实问题和法律问题（陈虎，2013）。有学者指出一般情况下采取以被告人为主导的辩护方式，只有在特殊情形下才采取律师独立辩护方式，这是基于我国律师执业环境而采取的现实主义的做法（宋远升，2014）。

3. 我国关于辩护律师忠诚义务相关研究的总体评价

查阅我国辩护律师忠诚义务的相关著作和论文，可以看出我国理论界对于辩护律师忠诚义务的研究呈现出以下特点。

（1）对于辩护律师忠诚义务的研究起步较晚且成果不多，极具研究潜力。

"在刑事诉讼中，忠诚义务是一种调整辩护律师与当事人关系的基本职业伦理，是对刑事辩护制度的发展具有重大战略指导意义的法律理念。"[1]我国目前的研究还是集中在律师职业伦理方面，专门针对辩护律师忠诚义务研究的文章相对较少，还没有涉及辩护律师忠诚义务的博士论文和理论著作。笔者发现，国内关于辩护律师的忠诚义务的研究成果，相关研究起步较晚，研究成果寥寥。直到 2005 年，欧卫安在《西南师范大学学报（人文社会科学版）》第 6 期上发表《辩护律师的伦理：以忠诚义务为视点》一文，才有了单独研究辩护律师忠诚义务的论文。但之后十年时间里，研究该领域的文章数量也不多。从发表的时间来看，绝大部分是近 5 年的研究成果，主要集中在 2012 年《刑事诉讼法》修改之后的这段时间里。这也充分说明了理论界和实务界已经开始意识到辩护律师职业伦理，尤其是忠诚义务对于刑事诉讼制度以及刑事辩护发展的重要性。对辩护律师忠诚义务的研究也是律师职业伦理研究重要的组成部分。随着司法文明程度的不断进步，理论界相关研究的潜力亟待挖掘。笔者深信，今后对于辩护律师忠诚义务的研究肯定会越来越多且越来越深入。

（2）对于辩护律师忠诚义务的研究缺乏宏观性、系统性。

现阶段虽然越来越多的学者认识到辩护律师忠诚义务的重要作用，但现有的研究大多偏重于辩护律师忠诚义务的某一具体问题，例如保密义务、真实义务、独立辩护人理论等。而对于辩护律师忠诚义务的基础性问题等具有共性的原理缺乏宏观系统的研究。笔者认为，对于辩护律师忠诚义务的具体问题的研究，是我们从宏观上对于辩护律师忠诚义务进行系统研究的前提。而对宏观原理的深入系统地研究，又有助于我们对于具体问题的进一步深化研究。因此，目前理论界对于辩护律师职业伦理具体问题已经进行了不少研究，有些研究可以说是卓有成效的，这为我们进行宏观上的研究奠定了一个坚实的基础；与此同时，对于一些具体问题的研究，例如保密义务问题，尽

---

[1] 陈瑞华：《刑事辩护的理念》，北京大学出版社 2017 年版，第 122 页。

管理论界对于律师保密义务已经进行了相当多的论述，但实践中仍然存在诸多困惑亟待消解，其中一个原因可能是我们对于其研究的理论视野的局限，并没有放在辩护律师忠诚义务的高度进行研究。为此，对于辩护律师忠诚义务的研究，迫切需要我们从宏观的角度，站在一定的高度，借鉴域外相关经验，深入探讨其基本原理，从而为解决辩护实践中遇到的问题提供有益支持，使得辩护律师忠诚义务的研究更加系统。

（3）部分研究尚处于空白阶段。

我国学界之前对于辩护律师的辩护技术关注较多，而忽视了对职业伦理的研究，导致目前我国辩护律师职业伦理尤其是忠诚义务的研究从总体上来讲还比较薄弱，部分研究尚处于空白阶段。2012年《刑事诉讼法》修改后，涉及辩护律师职业伦理的问题逐渐凸显。以第48条的律师保密义务为例，虽然目前学界关于律师保密义务进行了一定程度的研究，然而，总体研究还显得有些粗犷，对于保密义务的范围、例外情形的研究有待进一步加强，而对于保密义务与真实义务的冲突、当事人伪证等问题还没有单独的研究成果。特别是对于保密义务背后的律师与当事人之间的信赖关系的维护问题，也缺乏深入系统的研究。因此，只有解决这些理论上研究的问题，才能使得刑事辩护的实践有更强的理论支撑，以有效地解决实践问题。

因此，本书选定辩护律师第一职业伦理——忠诚义务作为研究对象，从辩护律师忠诚义务的基础理论问题出发，结合我国《律师法》与《刑事诉讼法》的相关规定，对于辩护律师忠诚义务的基础理论问题，积极内涵和消极内涵，忠诚义务的边界，忠诚义务与真实义务的冲突以及忠诚义务的保障机制展开探讨，详尽且系统地论述了辩护律师的忠诚义务，这也是本书的创新所在。

三、研究方法

忠诚义务作为本书的研究对象，具有新颖性、复杂性和系统性的特征，其涉及伦理学、哲学、法学等相关学科的内容，使得本书的研究成为一个多学科、多层次、多结构、多要素的综合性的系统研究。任何一种研究方法都不是万能的，均存在一定程度的局限。为此，需要构建多元化、系统性的研究方法体系。本书的研究方法主要有以下几种。

（一）伦理学方法

伦理学又被称为道德哲学，系指将社会生活上之道德进行系统思考和研究的学科，亦即试图从伦理层面构建一种指导行为的法则体系。对于价值的判断，并非绝对化，辩护律师执行业务行为时，在当事人利益与公共利益中进行取舍，如何获得相对合理的平衡，其背后深层次的问题便涉及伦理问题。辩护律师的职业困境作为律师角色的重点探讨内容，在国外争论了多年。从1836年美国马里兰大学教授霍夫曼的经典名著《关于专业行为的50个意见》，至1878年从一个非常小的精英会员成立美国法律协会（ABA）后，便开始草拟律师伦理规范，至今仍然在不断修正。我国刑事辩护职业起步较晚，发展相对滞后，这与辩护律师的职业伦理研究相对落后有一定关系。如何定位辩护律师角色，核心课题即职业伦理中的忠诚义务，如何在当事人利益与公共利益之间取舍及平衡，背后涉及伦理价值判断的诸多问题。因此，本书在研究的过程中采用伦理学方法进行研究。

（二）比较研究的方法

社会制度的差异决定了法律文化的差异，而不同的法律文化又影响着具体的法律制度的构建。他山之石，可以攻玉。发达国家在辩护律师的职业伦理以及忠诚义务的研究方面，有着成熟的理论和丰富的实践经验，为我国辩护律师忠诚义务的研究提供了参考和借鉴。我国关于辩护律师忠诚义务的研究成果不多，因此有必要广泛借鉴其他国家和地区研究和立法的先进模式。本书中，比较法的讨论将贯穿行文始终。首先，宏观上考察美国、日本、德国、我国台湾地区等辩护律师职业伦理的一般概念、特征、性质的界定。其次，通过对大陆法系和英美法系刑事诉讼模式之比较，讨论辩护律师忠诚义务的制度基础。再次，有针对性地对本书涉及的辩护律师忠诚义务的相关内容具体考察。如对于辩护律师的角色定位、保密义务、真实义务、义务冲突之解决等律师忠诚义务的基本问题的讨论，大陆法系和英美法系国家也有所不同，对于这些基本问题的讨论，也可以为辩护律师忠诚义务的构建提供基本理论支撑。通过一种全方位、多角度的观察，透过比较法的考察，就美国、日本、德国等法治发达国家辩护律师职业伦理及忠诚义务的理论和实践进行分析归纳，并以我国辩护律师忠诚义务的现状为基础，目的在于通过对不同国家的规定加以比较，寻找差别、剖析原因、观其短长，为我国辩护律师忠诚义务的理论完善提供借鉴和参考。

导 论

（三）历史研究的方法

历史研究方法，是历史法学以法律的历史演进现象作为研究对象，并以之建立法律自我形成的一般法则，而作为研究理论目的的适用方法。本书欲通过对我国刑事辩护制度发展的历史资料进行科学的分析，从而说明辩护律师忠诚义务的演变过程。通过分析事物的历史与现状的关系，包括观察历史和现状因社会条件和法律变化的层面，来了解其发展过程，从中探寻问题并启发思考，甚至可以就现状来推断未来该制度的发展趋势，进而提出相应的可行性措施。刑事辩护制度在我国起步较晚，通过结合刑事辩护制度在我国的历史沿袭这一大背景，深入分析辩护律师的忠诚义务。笔者在本书中对历史分析方法的运用主要体现在考察具体细节问题的历史发展脉络上。例如，对于我国辩护律师的定位，从改革开放之初的"国家法律工作者"，到1996年的"为社会提供法律服务的执业人员"，再到2007年《律师法》规定的"为当事人提供法律服务的执业人员"。再如，对于我国刑事诉讼构造的变化过程进行分析，从中也可以发现辩护律师忠诚义务的变化过程。本书使用历史分析方法，查阅相关史料，结合特定的历史背景，并以我国刑事诉讼构造的演变为基础，为我国律师角色转变的原因以及忠诚义务内涵之发展寻求更有说服力的依据。

（四）个案研究法

作为法社会学经验研究中的一个基本研究方法，个案研究法已经成为法学研究中最重要的研究方法之一。个案是非常独特的，它体现出的某些特征具有重要的代表性。近年来，涉及辩护律师职业伦理，尤其是忠诚义务方面的案例层出不穷，例如，李庄案辩护观点的冲突、杭州保姆案律师退庭，等等。这些个案为辩护律师忠诚义务的研究提供了生动的素材。尽管这样的个案研究必然会得出一些概括性结论，但这些概括，是从理论出发到个案，再回到理论，是对现有理论的检验、修正与创新。

综上，本书运用多种研究方法，有利于多角度、全方位地对辩护律师职业伦理中的忠诚义务进行深入研究，有利于拓宽研究视野，理清研究思路，增强本书的理论深度与实践分析。这些具体的分析方法与分析框架，常常在很大程度上影响研究的进程与结果，通过伦理研究、历史研究、个例研究与比较研究等方法，实现多种方法的碰撞与互补，有助于在交叉领域取得突破，并推动辩护律师忠诚义务研究取得新的发展。

019

第一章
辩护律师忠诚义务的基础理论问题

道之浩浩，何处下手？惟立诚才有可居之处。

——朱熹

　　刑事辩护，是一个承载着人们自由甚至生命的领域，而辩护律师却经常面临着道德困境。这其中，作为处理"律师—当事人"关系这一律师职业伦理的核心问题的重要义务，忠诚义务被视为辩护律师的"第一职业伦理"。本章将从刑事诉讼构造、辩护律师的角色定位以及法律职业伦理之共通性与辩护律师职业伦理之特殊性三个角度出发，对辩护律师忠诚义务的基础理论问题进行系统地探讨。

第一节　刑事诉讼构造与辩护律师忠诚义务

　　为了实现刑事诉讼法的目的，刑事诉讼法整体上应当采用什么程序构造，这就是刑事诉讼构造论。[1]由于辩护律师权利的行使受到被追诉人权利大小的影响，其忠诚义务的履行不可避免地受到刑事诉讼构造的影响。

一、不同诉讼构造对于辩护律师忠诚义务之影响

　　一个国家刑事诉讼的目的直接决定了一国刑事诉讼的构造，而刑事诉讼构造直接影响着控、辩、裁三方在刑事诉讼中的地位和相互关系，导致国家专门权力机关与被追诉人的权利配置方面存在着差异。因此，不同诉讼构造下辩护律师忠诚义务的履行情况也存在较大差异。

　　〔1〕　〔日〕田口守一：《刑事诉讼法》，张凌、于秀峰译，中国政法大学出版社2010年版，第21页。

（一）职权主义诉讼下的辩护律师忠诚义务

职权主义诉讼是以纠问式诉讼为主，弹劾式诉讼为辅，并加以改造后创制的一种刑事诉讼构造，主要实行于近现代的法国、德国等大陆法系国家及地区。职权主义诉讼的一个重要特征就是在刑事诉讼的过程中，注重发挥审判机关、检察机关以及公安机关的职权作用，其目的是更加高效地发现案件真相，以实现刑事诉讼控制犯罪的目的，同时保障犯罪嫌疑人的权利。在此种模式下，辩护律师忠诚义务的履行受到了多方面的限制。

首先，辩护律师在侦查阶段的权利受限弱化了忠诚义务的履行。在职权主义诉讼模式下，在侦查阶段，一方面，侦查机关主导下的侦查活动，侦查机关拥有广泛的权力，且受到外在的制约力量较小。一般侦查行为的实施，通常只是受到侦查机关内部的约束，只有对于公民基本权利造成重大限制的强制性或者秘密性侦查措施，才需要法官的批准授权。另一方面，相对于侦查机关的强大公权力，被追诉人的权利受到诸多限制。这些国家通常不鼓励辩护律师与证人接触，而且被追诉一方几乎不进行任何事实调查。辩护律师通常只有在侦查阶段的后期才能介入到诉讼中，由于调查的手段及空间有限，被追诉人只能请求国家机关代为收集其无罪或者罪轻的证据材料。职权主义诉讼模式下这种鲜明的反差，客观上导致辩护律师忠诚义务的履行在侦查阶段处于一种极度受限的状态。

其次，辩护律师在庭审中的从属地位限制了辩护律师作用的发挥。在职权主义诉讼模式下，法官在法庭审理过程中始终扮演主要角色。职权主义诉讼模式下审判工作奉行的是"职权调查"和"实体真实"的理念，在此理念的指导下，法院可不受控辩双方提供的证据材料范围的限制，而可以依职权调查、收集有利于查明案件真实情况的证据材料。在此模式下，法官负有查明真相的责任，这直接导致了庭审过程中辩护律师忠诚义务的弱化，实际上辩护律师在庭审中处于一种权利行使受限的从属地位，通常只能在法官对证据调查完毕之后作一些补充性的提问工作，其目的就是试图找出有利于当事人的一些关键信息点。

（二）当事人主义诉讼下的辩护律师忠诚义务

当事人主义诉讼又被称为对抗式诉讼，是以弹劾式诉讼为主、纠问式诉讼为辅，并加以改造后创制的一种刑事诉讼构造，主要实行于近现代的英国、美国等英美法系国家和地区。当事人主义诉讼模式强调被追诉人在刑事诉讼中的主体地位以及法官的中立性，由此辩护律师的作用得到进一步发挥，这与公平竞争的理念密不可分。

首先，在侦查阶段，辩护律师忠诚义务的履行有很强的制度保障。在当事人主义诉讼下，侦查机关与被追诉人都是地位平等的当事人，各自都能开展调查活动，目的是为法庭审理做准备。被追诉人的主体地位得到了很好的保障，被追诉人不负有忍受侦查人员讯问的义务，而且侦查机关不能基于被追诉人的沉默就作出对其不利的评价。并且在侦查过程中，被追诉人有权获得律师的帮助，律师享有讯问时在场的权利。这样，辩护律师就可以充分发挥其专业和经验优势，在侦查阶段就可以有所作为，为当事人争取较大的利益。

其次，在庭审阶段，辩护律师能够充分展现其专业知识和辩护技巧与控方进行实质性对抗。由于当事人主义诉讼主义强调案件的事实真相应当由控辩双方通过实质对抗揭示，因此法官仅处于消极中立的地位，保障庭审程序的有序进行，并在陪审团作出定罪裁决之后才决定量刑问题。因此，辩护律师的诉讼技巧和策略显得尤为重要，辩护律师可以与控方进行充分的对抗，反驳控方的证据，通过交叉询问的方式对证人进行质证。这种交叉询问和陪审团审理的方式不仅有利于揭示事实真相，也为辩护律师履行忠诚义务提供了重要的制度保障。美国之所以对于辩护律师揭露当事人伪证要求相对高度的真实义务，这与美国对抗式诉讼模式下的基本原则密不可分。在当事人主义诉讼的原则要求下，律师需要提交对于事实证据不同的看法，并且由法庭通过控辩双方提交的证据来查明事实的真相。与此同时，美国采用的陪审团认定事实的模式不允许虚假的证据出现在法庭上，以防止陪审团被误导。而美国律师的身份定位为负有一定职责的法庭人员，因此协助阻止虚假证据进入法庭也成为其应尽的责任。

(三) 混合式诉讼下的辩护律师忠诚义务

混合式诉讼是在原有的职权主义诉讼基础上吸收了当事人主义诉讼的合理因素而形成，力图通过正当程序来达到控制犯罪的目的，主要实行于"二战"之后的日本、意大利等国。

首先，在审前阶段，被追诉人和辩护人享有的防御权利不断增加。强调辩护律师对于诉讼过程和结局的影响力。混合式诉讼模式强调控辩双方的平等对抗，因此被追诉人的诉讼主体地位得到充分保障，诉讼权利及能力得到有效增强，这也使得辩护律师在审前阶段能够有效地运用防御手段和防御能力与控方进行对抗。

其次，在庭审阶段，法官在探究事实真相上依然发挥着重要的作用。一方面，在庭审调查模式上，原有的职权主义模式下法官主导庭审的调查转变为控辩双方为主的庭审调查，同时还采用了交叉询问的方式来进行，这样有利于辩护律师充分发挥其作用，也更有利于事实真相的发现。但另一方面，混合式诉讼模式依然保留了职权主义诉讼中法官依职权主动调查证据的传统，法官在探究案件事实真相方面依然发挥着积极的作用。

二、我国刑事诉讼构造的变化对于辩护律师忠诚义务之影响

从 1979 年《刑事诉讼法》至今，在 40 多年的时间里，我国《刑事诉讼法》经历了 3 次修正，每一次修正都伴随着我国刑事诉讼构造的变化，而刑事诉讼构造的每一次变化，又对辩护律师忠诚义务的履行产生了很大的影响。

（一）1979 年《刑事诉讼法》：强职权主义诉讼构造下辩护律师忠诚义务的履行受到极大限制

1979 年《刑事诉讼法》确立了一种强职权主义式诉讼构造，更加强调犯罪控制和国家司法机关职权的发挥，被追诉人的地位弱化。国家利益置于个人利益之上，侦查机关权力很少受到外部力量的制约，法官负有查明真相的责任。而《律师暂行条例》又将律师定位为"国家法律工作者"，律师的首要责任是维护国家的利益，而维护公民权益则成为一种附属任务。这些都与我国法制恢复之初，治安状况不佳等因素有关。在打击犯罪这一指导思想的支配下，辩护律师在侦查和审查起诉过程中无法介入刑事诉讼，忠诚义务的履行更是无从谈起。辩护律师只能在审判阶段才能介入刑事诉讼程序，即使在庭审过程中，由于法官受实体真实理念的支配，依据职权调查、收集有利于查明案件真实情况的证据材料，导致辩护律师在庭审中也无法有效行使其权利。因此，在控制犯罪理念的作用下，辩护律师忠诚义务的履行受到极大限制。

（二）1996年《刑事诉讼法》：以强职权主义为基调的混合式诉讼构造初步强化了辩护律师的忠诚义务

1996年《刑事诉讼法》在其修改过程中引进了当事人诉讼主义的合理因素，体现了对抗式诉讼模式的一些特点，形成了以强职权主义为基调的混合式诉讼构造。《律师法》顺应刑事诉讼法的变化，将律师定位为"为社会提供法律服务的执业人员"。2007年《律师法》将律师定位为"为当事人提供法律服务的执业人员"，律师提供法律服务的对象是"当事人"，关注点回归到了"律师—当事人"关系这一律师职业伦理的核心问题上来，使得律师的职业定位与其职业属性更加吻合，同时也使得辩护律师忠诚义务的履行目标更加明确，即最大程度地维护当事人利益。这些变化都是我国刑事诉讼构造向对抗式转变的回应。刑事诉讼不再是一味地打击犯罪的活动，而是同时要注重人权保障，体现在辩护律师忠诚义务的履行上，一个最明显的特征就是忠诚义务得到初步强化。《律师法》明确提出了辩护律师不得损害当事人利益、应当避免利益冲突、保守职业秘密等方面的要求，这些要求在不同程度上强化了辩护律师忠诚义务的履行，也顺应了对抗式诉讼模式下控辩平等的要求。然而，在刑事诉讼追求实体真实目标的影响下，控辩双方仍然处于一种不对等的状态，控方强大的权力与辩护方权利受限形成鲜明对比，也使得辩护律师忠诚义务的强化程度受到很大程度的限制，直接弱化了辩护律师忠诚义务的履行程度。

（三）2012年《刑事诉讼法》：刑事和解理念下辩护律师忠诚义务得到进一步强化

2012年《刑事诉讼法》进行了大幅度修改，虽然并没有改变我国刑事诉讼的基本构造，但是也体现出一些新的特点。尤其是增加了刑事和解制度，可以说为辩护律师忠诚义务的履行提出了新的要求。一方面，辩护律师在刑事和解中发挥主动性是辩护律师的职责所在。由于被告人通常缺乏法律专业知识和技巧，并且与被害方之间对立的情绪和矛盾，导致其往往不会主动选择和解。此时，辩护律师应当充分发挥其在刑事和解中的作用，主动提出和引导双方的和解工作。另一方面，积极促成双方和解也是基于当事人利益最大化的考量。辩护律师积极引导当事人达成和解，一个重要的作用就是可以作为庭审时从轻量刑的情节，这也是积极维护当事人利益、化解社会矛盾的重要体现。相反，如果辩护律师不主动参与刑事和解，那么刑事和解的启动率和成功率则会大大降低，被告人则会丧失撤销案件、不起诉、减轻处罚等机会，这实际上变相地损害了当事人甚至是被害人的利益，也背离了辩护律师忠诚义务的本质。

（四）2018年《刑事诉讼法》：控辩合作模式下对辩护律师忠诚义务的履行提出更高要求

2018年《刑事诉讼法》修改增加了认罪认罚从宽制度。认罪认罚从宽程序进法典，标志着我国刑事诉讼类型的历史性转型，即由权利型诉讼转入协商型诉讼。速裁程序、认罪认罚从宽程序进法典，意味着80%的刑事案件都可进入控辩协商程序，化解矛盾的刑事和解程序应运而生，控辩双方的调解、协商已成为诉讼的主体内容。[1]我国的刑事诉讼格局发生了重大的变化，导致了认罪认罚案件和不认罪认罚案件类型的产生，使得辩护律师参与诉讼的方法从"对抗"迈向了"合作"。这种以控辩协商为基点的合作模式对辩护律师忠诚义务的履行提出了更高的要求。首先，追诉人诉讼主体地位的强化为控辩合作提供了基础。认罪认罚从宽制度的确立，在一定程度上体现了我国刑事诉讼程序中被追诉人的诉讼主体地位的进一步强化，被追诉人与司法机关可以在平等对话的基础上实现互惠，改变了以往司法机关对被追诉人一味打击的现象。其次，认罪认罚从宽制度要求辩护律师提供有效的帮助。如果在与控方的合作中，被追诉人无法获得辩护律师有效帮助，那么这种合作将会对被追诉人带来较大的风险。辩护律师在认罪认罚案件中，一项核心工作就是保障当事人知情权与自愿性，即要让被追诉人充分了解认罪认罚的含义以及选择该程序的后果，保证被追诉人作出的决定基于真实意愿。辩护律师应当凭借自身的专业知识和丰富的实践经验，为当事人的选择提供专业的建议。

第二节　辩护律师的角色定位与其忠诚义务

整个刑事诉讼的过程就像在演一场戏，每个角色都必须把自己的角色定

---

〔1〕 樊崇义："理性认识'认罪认罚从宽'"，载《检察日报》2019年2月16日，第3版。

位厘清，这样才可以"演什么，像什么"。[1]角色是社会地位的外在表现，是人们一整套权利义务的规范和行为模式，也是人们对处在特定地位上的人们行为的期待。[2]辩护人在刑事诉讼程序中角色定位的争论，其历史就如同辩护人的历史一样悠久。[3]辩护人是否可以不顾司法正义，一切都以当事人利益为出发点；还是只能支持当事人合法之利益，同时还应当追求司法正义这一永久利益？古今中外，辩护律师的角色定位，主要就在这两大潮流之间摆荡。[4]现代法治国家辩护律师的定位问题，即辩护律师对国家、社会以及当事人义务的履行程度，直接决定了辩护律师忠诚义务的内涵及边界。此外，辩护律师角色定位是维护当事人合法权益以及律师职业良好运行的一个重要前提。

一、国家权力与法律程序维度下辩护律师角色定位对于忠诚义务之影响

辩护人的角色定位，直接决定着律师忠诚义务履行的程度。辩护律师角色定位与其所在国家的类型下司法官僚结构与法律程序的目的密切关联。笔者从司法官僚结构模型与法律程序目的两个宏观维度出发，论述其对于律师角色定位的影响，进而引出影响辩护律师忠诚义务履行的因素。

（一）国家权力维度：科层型与协作型模式对于律师角色定位的影响

按照达玛什卡的分析，权力组织运行的两种理想模式是科层型模式与协作型模式。[5]这两种模式对于辩护律师的身份定位有着深刻的影响。

首先，在科层型模式的司法官僚结构之下，辩护律师的功能受到严格限制。在科层型模式下，官员的职业化特征和严格的等级秩序，不可避免地导致专业化和程式化，促进了体制化的思维方式。长期的任职使得法官划定一个他们认为的专属领域，并逐步衍生出官方程序的排外性，"官僚组织的行为倾向是如此的偏颇，以至于由私人推进的程序活动通通受到压制"。[6]因此，

---

〔1〕 吴俊毅：《辩护人论》，正典出版文化有限公司 2009 年版，第 13 页。

〔2〕 郑杭生：《社会学概论新修》，中国人民大学出版社 2003 年版，第 107~108 页。

〔3〕 林钰雄：《刑事诉讼法》（上册·总论编），中国人民大学出版社 2005 年版，第 160 页。

〔4〕 林钰雄：《刑事诉讼法》（上册·总论编），中国人民大学出版社 2005 年版，第 160 页。

〔5〕 详细论述参见 ［美］米尔伊安·R. 达玛什卡：《司法和国家权力的多种面孔　比较视野中的法律程序》，郑戈译，中国政法大学出版社 2015 年版，第 31~61 页。

〔6〕 ［美］米尔伊安·R. 达玛什卡：《司法和国家权力的多种面孔　比较视野中的法律程序》，郑戈译，中国政法大学出版社 2015 年版，第 70 页。

在科层型模式下，受到司法官僚结构的深刻影响，辩护律师在刑事诉讼中很难发挥其自身的优势，其功能的发挥在一系列的法律程序中都受到严格的限制。

其次，在协作型模式的司法官僚结构下，辩护律师的作用能够得到充分的发挥。协作型模式是一种无定型的司法机制。在其中，没有什么绝对和严格的分界线将官员对待决策的态度同社会的其他成员区分开来。权力被赋予一些业余人士，他们是一些临时或在有限的时间内暂时履行权威职能的人员，内部人和外部人的区分因而并不明显。[1]辩护律师在此种模式下，能够较多地发挥其自身的能动性，可以充分利用自身的专业知识和法律经验为当事人提供有效的服务。因此，较之科层型模式，在协作型模式的司法官僚结构下，辩护律师的作用能够得到较大程度的发挥。

（二）法律程序维度：纠纷解决型与政策实施型程序对于律师角色定位的影响

法律程序目的之前提就是国家类型的划分，在法律程序维度之下，国家可以分为回应型国家与能动性国家，[2]与之相对应的法律程序就是纠纷解决型与政策实施型程序。

第一，在纠纷解决型程序中，律师的参与被视为纠纷解决型程序的基本特征之一。在考虑设计一套体现放任意识形态的法律程序时，潜在的诉讼当事人可能一致同意的基本制度安排中必定包含律师的服务。[3]在这种程序中，律师作为其当事人助手的角色可以从其最严格的可能意义上来理解。在有力地促进当事人的利益时，律师不会担心国家政策的实施可能因此受阻。律师代表当事人采取的强烈行动不会因律师同时肩负着追求准确结果的义务而受到削弱。[4]

纠纷解决型程序对于律师角色与作用的影响可以从以下两个方面来理解：

---

〔1〕 ［美］米尔伊安·R. 达玛什卡：《司法和国家权力的多种面孔　比较视野中的法律程序》，郑戈译，中国政法大学出版社 2015 年版，第 31~38 页。

〔2〕 ［美］米尔伊安·R. 达玛什卡：《司法和国家权力的多种面孔　比较视野中的法律程序》，郑戈译，中国政法大学出版社 2015 年版，第 94~114 页。

〔3〕 ［美］米尔伊安·R. 达玛什卡：《司法和国家权力的多种面孔　比较视野中的法律程序》，郑戈译，中国政法大学出版社 2015 年版，第 183 页。

〔4〕 ［美］米尔伊安·R. 达玛什卡：《司法和国家权力的多种面孔　比较视野中的法律程序》，郑戈译，中国政法大学出版社 2015 年版，第 185 页。

首先，当事人在与国家的对抗中天然处于劣势地位，为了实现诉讼程序的公正，必须贯彻平等理念，为较弱的一方提供律师帮助。其次，在纠纷解决型程序中，当事人享有充分的自治权利，律师的主要作用就是积极维护当事人的利益，而如何界定利益的范围也交由当事人。在此程序中，辩护律师必须按照当事人界定的利益范围去追求当事人利益的最大化。因此，在此程序中，辩护律师的忠诚义务可以得到最大限度的发挥。

第二，在政策实施型程序中，辩护律师的专业知识和诉讼技能很难发挥出应有的作用。这样的程序从两个方面影响着律师的角色定位与其作用的发挥：首先，律师对当事人的忠诚要受制于国家利益的考量。律师对其当事人的忠诚，可以被看作是在国家的眼前目标与长远目标之间存在差异的情况下按照后者优先的原则作出的调整，而不是被视为在个人利益与国家利益之间发生冲突的情况下作出的支持前者的安排。[1] 其次，在律师同政府的关系上，律师的地位受到政府的诸多限制。由于绝对的能动型政府不喜欢独立于政府的社团，它可能禁止律师团体的成立，所以当事人只能从未曾以机构的形式组织起来的律师中选择自己的法律顾问。即使允许律师协会的存在，但却尽力将其改造成为司法系统服务的半官方机构。为了防止律师的利益与当事人的利益结合得过于紧密，律师协会成员可能会被列入政府的工资单上，或者按照某种同国家司法工作者的薪酬计划相结合的方式来获得报酬。[2] 因此，在政策实施型程序中，辩护律师的地位并不彰显。

二、比较法视野下辩护律师角色定位对于忠诚义务之影响

随着现代刑事诉讼制度的完善，被告人的主体地位逐步得到确立，被告也逐步享有了更多的诉讼权利，而辩护律师的地位也随着被告人主体地位的确立而不断得到发展。相比控方的绝对优势地位，被告人更是需要能够信任并有经验的辩护律师来协助其完成诉讼。不同国家或地区所采用的刑事诉讼模式不同，辩护律师在不同国家或地区诉讼中的地位也不尽相同。而对于辩护律师诉讼地位的认定，直接决定了其在刑事诉讼中的角色。

---

〔1〕 ［美］米尔伊安·R. 达玛什卡：《司法和国家权力的多种面孔　比较视野中的法律程序》，郑戈译，中国政法大学出版社 2015 年版，第 227 页。

〔2〕 ［美］米尔伊安·R. 达玛什卡：《司法和国家权力的多种面孔　比较视野中的法律程序》，郑戈译，中国政法大学出版社 2015 年版，第 229 页。

（一）德国辩护人角色定位之争论与其忠诚义务

德国刑事诉讼法以实体真实之正确性、诉讼程序之合法性以及维持法和平性为三大主要目的。在此基础上，德国刑事诉讼制度基本上将被告人、辩护人、检察官与被害人，均视为诉讼程序之参与者。德国对于刑事辩护人的司法地位争论不休，大致分为两种学说：独立司法机关理论和当事人利益代理人理论。

1. 独立司法机关理论与辩护律师的忠诚义务

独立司法机关理论是目前德国的主流学说，又可以分为基本的司法单元理论和限制的司法单元理论。

第一，基本的司法单元理论与辩护律师的忠诚义务。

基本的司法单元理论的基本主张在于，在刑事诉讼的过程中，辩护律师扮演的角色并非仅仅是被追诉人利益的代理人，其还扮演着司法机关协助者之角色，具有使刑事司法良好运作的义务，尤以公共利益作为衡量其辩护活动的标准。这是因为，《德国联邦律师条例》第1条明确规定："律师是独立的司法机构。"[1]"辩护人并非单方面的被告利益之代理人，其也是一类似'辅佐人'，立于被告之侧的'独立的司法机关'，其亦有义务来促成一运作完备的刑事司法。"[2]对于基本的司法单元理论及其对辩护忠诚义务之影响，可以从以下两个方面来理解。

首先，基于基本的司法单元理论，辩护人除了是被告人的辅佐人，也是独立于法院及检察官的"司法单元"。刑事诉讼程序的有效运行，需要由控、辩、裁三方司法单元分工配合，才能实现共同之目标。在从事辩护活动时，辩护人虽被定位为司法单元，但是律师并不仅仅是为了维护被告人的利益，相对于同样负责公益保护的法官与检察官，辩护人并非国家组织法意义下的机关，而只是公务的承担者。[3]

其次，辩护律师"公益功能"源自于刑事诉讼发现真实之目的。基于基本的司法单元理论，律师是独立的司法机构，这一名称其实并不涉及国家功

---

〔1〕　北京市律师协会组编：《境外律师行业规范汇编》，中国政法大学出版社2012年版，第538页。

〔2〕　［德］克劳思·罗科信：《刑事诉讼法》，吴丽琪译，法律出版社2003年版，第149页。

〔3〕　Beulke, Der Strafverteidiger, S. 262. 转引自吴俊毅：《辩护人论》，正典出版文化有限公司2009年版，第16页。

能，而在于着重强调律师的公益功能。因为相对于被告人利益而言，刑事辩护还要体现出实现实体真实，维护司法正义的价值目标。此处律师负有的"公益功能"，其基本出发点是维护刑事诉讼控审分离的基本构造。"基于法治国原则之要求，面对重大刑案，不可能让被告得不到辩护人之协助。因为，辩护人具有担保、监督法治国司法之功能。表面上，辩护人扮演着与被告共同对抗国家追诉之角色，事实上，针对被告单方之援助及据此形成之武器平等的状态，也是对公众有利的。因为，被告欠缺法律专业的辅佐人时，无异于强迫法官扮演当事人一造之角色。亦即，法官必须放弃中立地位，辅助被告对抗检察官。如此一来，将会破坏分工原则，而且也会降低裁判的正确性。"[1]也就是说，律师既不是处于裁判地位的司法官员，也不是被告人的单纯代理人，而属于忠实于被告人利益的独立司法机关。[2]

对于基本的司法单元理论，存在着反对的声音。德国有学者对司法单元理论自身存在的问题提出了批判："因为此种名称的模糊性，使得它几乎无法被使用。比如说，德国联邦宪法法院就将辩护人描述成：一种受国家拘束的、信赖的职业。并且分派负有真实及正义义务的、类似国家机关的地位给辩护人。这种想法是很危险的，因为会导致放松对律师们的监督。"[3]我国台湾地区也有学者对此提出了批判："司法机关说，多少会形成辩护人与被告间一定程度之矛盾与紧张，尤其将辩护人视为独立之司法机关，固可使其与法院、检察机关具有同等之法律地位，然如过分强调司法机关所应具备之真实义务，反而无法发挥辩护人协助被告之功能。"[4]

在基本的司法单元理论下，刑事辩护律师忠诚义务的履行实际上也受到了限制。辩护律师不仅维护当事人的利益，还是刑事司法的合作者，具有

---

〔1〕 Beulke, Werner: Strafprozessrecht 边码 150，转引自简铭昱："论扣押辩护人所持有之物件——以辩护人之'交流与拒绝证言'二权与'禁止扣押'之关联为核心"，我国台湾地区东吴大学2007年硕士学位论文。

〔2〕 [德] 托马斯·魏根特：《德国刑事诉讼程序》，岳礼玲、温小洁译，中国政法大学出版社2004年版，第60页以下。

〔3〕 Beulke, Werner: Strafprozessrecht 边码 150，转引自简铭昱："论扣押辩护人所持有之物件——以辩护人之'交流与拒绝证言'二权与'禁止扣押'之关联为核心"，我国台湾地区东吴大学2007年硕士学位论文。

〔4〕 彭国能："辩护人于刑事诉讼上之法律地位"，载《刑事法学之理想与探索：甘添贵教授六秩祝寿论文集》，学林文化事业有限公司2002年版，第46页。

"公益的功能"。从当事人利益的角度来考虑，该理论过分强调律师司法机关的地位，其带来的后果就是可能会造成被告人及辩护人权利的减损，从而造成当事人利益实质上的损害。

第二，限制的司法单元理论与辩护律师的忠诚义务。

由于基本的司法单元理论存在的问题，尤其是辩护人"公益功能"这个概念不够明确，容易造成国家司法机关借此对辩护进行恣意干扰。针对此问题，德国学者布克尔（Beulke）提出了限制的司法单元理论，并找到了辩护人所保护的公益的三个具体利益，即实质辩护的有效性、司法的有效性以及联邦德国的安全。这其中，司法的有效性被认为是限制的司法单元理论的"核心领域"，以其为辩护，可以为辩护设定一道"禁区"，当辩护行为超越禁区时，就会被评价为"滥用"并被禁止。[1]该理论主要是强调辩护人在以维护被告人利益为中心的同时，也要兼顾公共利益。而且，辩护人在与控诉方对抗的过程中，不得违背法律的基本规定，必须运用符合法律要求的手段来维护被告人的利益。"辩护人在此并非被告之代理人，其在司法上有社会上公家性质的功能。此项功能加诸其身的义务乃异于检察机关及法院追求真实及公平目的的义务（否则辩护人根本不得为有罪之被告为促请判决无罪之辩护），而是在限制其就对被告有利之情况及被告之权利，有义务为有效之维护。此项功能当然禁止其与被告共同说谎或有共谋之行为。"[2]

在限制的司法单元理论下，辩护律师的忠诚义务在一定程度上得到了强化。辩护人工作的重点是注重当事人利益的维护，追求辩护之有效性；还要在司法单元性质的核心范围内，维护司法之真实。因此，该理论将辩护人从与法院的紧密关联中剥离出来，强调了辩护律师与当事人关系的密切性以及维护当事人利益的重要性，但同时又尊重了刑事诉讼真实发现的程序目的，但该理论仍然是强调辩护律师的独立司法单元，因此在该理论下，辩护律师的忠诚义务虽然得到一定程度的强化，但是忠诚义务的履行仍然受到了诸多限制。

2. 当事人利益代理人理论与辩护律师的忠诚义务

当事人利益代理人理论在德国又可以分为纯粹的当事人利益代理人理论

---

〔1〕 吴俊毅：《辩护人论》，正典出版文化有限公司 2009 年版，第 18 页。

〔2〕 ［德］克劳思·罗科信：《刑事诉讼法》，吴丽琪译，法律出版社 2003 年版，第 149~150 页。

和契约原则理论。

第一，纯粹的当事人利益代理人理论与辩护律师的忠诚义务。

纯粹的当事人利益代理人理论完全否认辩护人具有司法机关的性质。其认为辩护人的功能，是为了弥补被告能力的不足，要求辩护人负担公益功能是不切实际的，只会模糊自然上之对立，并且导致不当干预辩护人及被告之权益。因此，"应解除辩护人履行公共利益之负担，但辩护人须听从委任人之指示。故如同在民事诉讼程序，辩护人只是被告的代理人"。[1]这种模式被德国学者称为"市场模式"，即刑事辩护人为当事人的服务者。克里斯蒂安·沃尔（Christian Wolf）直观地描述过律师职业法的"市场模式"：要求辩护人具有客户导向和严格的质量管理。在这里，所有事物的尺度都取决于当事人的需求。当事人的需求决定了律师实践的质量标准。[2]

在纯粹的当事人利益代理人理论下，辩护人的忠诚义务得到了空前的强化。因为纯粹的当事人利益代理人理论对于刑事辩护的目的以及辩护人的功能定位有一个基本的出发点，那就是"私益"的考量。只有被告人才是刑事诉讼程序的主体，而辩护人只是"被告利益的代理人"而已，辩护人的主要任务就是对被告人提供有效的协助。因此，在纯粹的当事人利益代理人理论下，对于辩护律师来说，在不断现代化、不断法制化的框架条件下，追求当事人利益的最大化才是其职责所在，而无需考虑其他因素。

第二，契约原则理论与辩护律师的忠诚义务。

基于纯粹当事人利益代理人理论存在的问题，德国学者 Luderssen 提出了契约原则理论，对于纯粹当事人利益代理人理论进行了调整，认为辩护仅仅属于民法上的契约，而非公法的一部分，"被告及辩护人的内在关联性，是借由委任人与辩护人所缔结之契约而来。有契约的授权，辩护人才能进行相关的诉讼行为"。[3]辩护人进行辩护活动应当根据被告的意思进行，但是在方法

---

〔1〕 Beulke, Werner：Strafprozessrecht 边码 150，转引自简铭昱："论扣押辩护人所持有之物件——以辩护人之'交流与拒绝证言'二权与'禁止扣押'之关联为核心"，我国台湾地区东吴大学2007年硕士学位论文。

〔2〕 彭海青、吕泽华、[德] 彼得·吉勒斯编著：《德国司法危机与改革——中德司法改革比较与相互启示》，法律出版社2018年版，第110~111页。

〔3〕 Beulke, Werner：Strafprozessrecht 边码 150，转引自简铭昱："论扣押辩护人所持有之物件——以辩护人之'交流与拒绝证言'二权与'禁止扣押'之关联为核心"，我国台湾地区东吴大学2007年硕士学位论文。

上，不得使用法律禁止的手段。依此见解，辩护人完全依赖其当事人之指示行事，除非《德国民法》第 134 条、第 138 条对此另设一界限。此界限乃指"禁止辩护人进行诈欺，伪证，伪造文书，诽谤、侮辱"。[1]

在契约原则理论下，辩护律师的忠诚义务受到了一些冲击。这是因为该理论虽然从民法契约的角度出发，对辩护律师与当事人的关系以及辩护人的地位和职责进行了重新解读，有一定的合理性，但是该理论也存在着不足之处，无法解释强制辩护等特殊形式的辩护。"这种在理念上太封闭的见解无法配合现行法之需要，因为例如虽是违背被告意愿而实施的强制辩护，此即无法用契约原则来加以解释。再者，也因为刑事诉讼法的许多规则均为反对被告经由辩护人代理。"[2]

纵观德国辩护人地位的理论争议及其分析可以看出，辩护律师的忠诚义务的履行受到了其双重角色定位的影响。德国辩护人实际上具有双重的地位：一方面是真实发现与实现正义的共同司法机构，辩护人在刑事诉讼的过程中不得违反法律和职业道德，误导法院的审理和真实的发现；另一方面也是被告利益的保护人，在相互信赖的基础上开展辩护工作。德国将辩护人视为司法机关，赋予辩护人独立之地位与权限，而非仅仅是被告之协助者，其重要依据就是《德国联邦律师条例》，其中明确规定律师为"独立的司法机构"。正如德国学者克劳思·罗科信所言："辩护人，是借由代理被告合法的辩护利益，自由执行职务，服务于司法之人。有如被告独立于辩护人一般，辩护人亦独立于被告，完成其任务。然而，辩护人仍有赖于被告对他的信赖，与相互一致之意见，始能达成有效辩护。"[3]

（二）日本辩护人角色定位之争论与辩护律师的忠诚义务

在日本，理论界通常将律师视为"在野法曹"，认为辩护人在具有公益之地位之同时，负有维护当事人利益以及司法协力之义务。然而，当二者发生冲突时，有轻重之别。

---

〔1〕 [德] 克劳思·罗科信：《刑事诉讼法》，吴丽琪译，法律出版社 2003 年版，第 149 页。

〔2〕 [德] 克劳思·罗科信：《刑事诉讼法》，吴丽琪译，法律出版社 2003 年版，第 149 页。

〔3〕 Beulke, Werner: Strafprozessrecht 边码 150，转引自简铭昱："论扣押辩护人所持有之物件——以辩护人之'交流与拒绝证言'二权与'禁止扣押'之关联为核心"，我国台湾地区东吴大学 2007 年硕士学位论文。

1. 被告利益具有高层次公益之地位

此种观点认为在与其他义务发生冲突时，辩护律师的忠诚义务具有优先的地位。虽然该理论承认辩护人同时具有维护被告人利益与刑事司法协助之义务，但是当二者发生冲突时，应当以维护被告人正当利益为重，因为被告人的利益具有"较高层次公益之地位"。例如，松尾浩也认为，辩护人系为被告（包括犯罪嫌疑人）之保护者，而于对抗国家权力之同时，又须作为刑事司法之协力者，二者相互作用下，辩护权之性质遂趋于复杂。而于此二面之关系上，其认为应"着重被告正当利益之保护"，而认为被告正当利益之维护系属于"较高层次之公益性地位"。[1] 土本武司主张辩护人同时具有"公的义务"和"真实义务"。"公的义务"对于辩护人来说，指对协助刑事司法的实现是否以公的义务的形式加以阐述，因辩护人之职责是为被告诚实行使其权利，来保护被告的真正利益。此外，此种观点在承认维护被告人利益重要性的同时，也在一定程度上强调了辩护律师的真实义务，"鉴于辩护人同时也以'实现社会正义'为使命，至少在知道被告隐匿证物时，被告要求证人作伪证，辩护人又都充分了解时，积极地协助隐匿伪证是不被允许的"。[2] 也就是说，此种观点认为被告人利益在辩护过程中应当被放在优先的地位，而司法协力义务仅处于次要的地位。这与日本刑事诉讼的指导思想有着密切的关系，日本刑事诉讼着重保护被告人权利之同时，也强调发现真实，这是其刑事诉讼之首要政策理论。[3]

2. 协力义务论

此种观点认为辩护人具有协助刑事司法真实发现之义务，但是该义务的实现需要通过维护被追诉人之正当利益的同时协助达成公正之裁判。也就是说，辩护律师在履行忠诚义务的过程中，同时还要兼顾司法的真实发现。正如日本学者高田卓尔指出，"辩护人系基于维护被告之正当利益而协力于司法公正，妥善之营运，于此意义言之，其系具有公益性之地位。然而，于此所谓之协力系属斗争性质，而基于相对于检察官方面系追求具体性之国家目的

---

〔1〕 转引自彭国能：《辩护人之法庭活动——兼论侦查活动》，台湾大学 2000 年博士学位论文。

〔2〕 ［日］土本武司：《日本刑事诉讼法要义》，董璠与、宋英辉译，五南图书出版公司 1996 年版，第 54 页。

〔3〕 陈运财："论刑事诉讼制度之改革方向"，载《律师杂志》1999 年第 238 期。

之全体之立场而立于追诉者之角色，而辩护人系维护被告正当利益之个人方面立场所谓之防御，结合此二者而建设正当裁判产生之基础"。[1]辩护人虽然有协助刑事司法的义务，具有一定的公益地位，但由于辩护律师与检察机关的立场不同，其参与诉讼的目的也不同，这导致辩护律师承担的这种"协力"实际上是一种与司法机关斗争下的产物，是基于维护当事人的正当利益的目的下协助法院形成公正的裁判。

（三）我国台湾地区辩护人角色定位与其忠诚义务

我国台湾地区"律师法"第1条规定："律师以保障人权、实现社会正义及促进民主法治为使命，本于自律自治之精神，诚实执行职务，维护社会秩序及改善法律制度。"第28条规定："律师对于当事人、法院、检察机关或司法警察机关，不得有蒙蔽或欺诱之行为。"上述规定要求辩护人负有为保护当事人利益以追求实现社会正义的目的，同时赋予律师公益角色定位，即以促进民主法治为使命，维护社会秩序及改善法律制度。

辩护人之角色定位，我国台湾地区有学者主张偏向司法机关理论，辩护人一方面系被告之扶助者，应为被告之利益减轻或免除其负担，并担任被告之发言人；另一方面则属独立的刑事司法机关，而使其具有与检察官同等的权限，并肯认具有公共的机能。也因此，为维持此种司法机关之角色，辩护人具有独立性，不完全受其当事人意思之左右。[2]这种主张是借鉴德国刑事诉讼法学，将辩护人与法院、检察机关列为同等权限的司法机关。德国检察官设立之立法背景，并非仅属法庭上追诉之角色，实寓涵有"举世最客观官署"之性质。然而，此种观点过分强调辩护律师对法庭的真实义务，可能会造成辩护人与被追诉人之间的矛盾。而且，在我国台湾地区现行的诉讼制度的设计上，检察官仍然被定位为当事人的角色。若未作相对程度之配合修订，便将辩护人视为司法机关，形成检察官为当事人，辩护人却为司法机关之奇特景象，实非妥适。[3]

---

〔1〕转引自彭国能："辩护人之法庭活动——兼论侦查活动"，台湾大学2000年博士学位论文。

〔2〕陈志龙："辩护人刑事司法机关法治国家原则"，载《律师杂志》1997年第209期。

〔3〕彭国能："辩护人于刑事诉讼上之法律地位"，载《刑事法学之理想与探索：甘添贵教授六秩祝寿论文集》，学林文化事业有限公司2002年版，第46页。

有学者主张辩护人为自主性之司法单元。因为辩护制度是刑事诉讼制度不可或缺的基石。表面上辩护律师是从维护被告人利益的角度出发，但是正是辩护人介入刑事诉讼程序，平衡了与控方之间的力量，才促成了真实发现。辩护人通过保障被追诉人的利益，在某种程度上也保障了具有公益内涵的法治程序。就整个刑事司法体系的结构设计而言，辩护人虽为被告利益的维护者，但同时带有公共利益的色彩，并且担当一定的公法机能。[1]辩护人虽然负有真实义务，但这仅是一种低程度的真实义务，辩护人之本职仍然为保护被告人的利益，只是不得采取蒙蔽或欺诱等手段妨害实现司法正义。辩护人是被告之保护者，而非仅仅是其代理人。被告利益之考量居优先地位，至于司法协力之义务而系次要之考量。[2]

（四）美国辩护人角色定位与其忠诚义务

美国律师协会关于律师职业伦理规范的规定，在一定程度上反映了规范的起草者对于律师角色定位和律师与当事人关系的看法。美国律师协会于1969年颁布了《美国职业责任守则》，并在其导言中明确指出"文明开化的自治正是对个人尊严和能力的尊重"。[3]对于律师进行专业评价必须是完全为了当事人的利益，律师具有独立性，不向不良影响和忠诚妥协。[4]

美国律师协会在1983年再度颁布第三版的律师职业伦理规范，即《美国职业行为示范规则》，这部规范明显地反映了起草者对于律师角色和律师与当事人关系的与众不同的观点，规划了一套与《美国职业责任守则》完全不同的价值体系。《美国职业行为示范规则》在序言"律师的职责"的第1条就开宗明义地规定，"律师，作为法律职业的一员，是当事人的代理人，是法律制度的职员，是对正义负有特殊职责的公民"。[5]《美国职业行为示范规则》的起草者最早对于律师的定位是"法院官员"，后来修改为"律政人员"，均有淡化律师对当事人服务这一角色色彩的目的。从立法规定的称谓来看，律师是"当事人的代理人"，是"法律制度的职员"，律师扮演的角色是一个较为

---

〔1〕 林钰雄：《刑事诉讼法》（上册·总论编），中国人民大学出版社2005年版，第161页。
〔2〕 黄东雄、吴景芳：《刑事诉讼法论》，三民书局2004年版，第121页。
〔3〕 Model Code of Professional Responsibility, Preface。
〔4〕 Model Code of Professional Responsibility, EC5-1.
〔5〕 北京市律师协会组编：《境外律师行业规范汇编》，中国政法大学出版社2012年版，第165页。

复杂的法律制度的专家。

但是，美国联邦最高法院的大法官多数意见仍然认为律师以维护当事人的合法权益为主，这也决定了忠诚义务仍然是辩护人的首要义务。美国联邦最高法院已经认识到，律师的传统功能是为当事人的合法利益服务，哪怕与国家的利益相冲突。Powell 大法官曾经明确提出："辩护律师要做到最好的为公众服务，不是通过代表国家的利益，或者与国家的利益一致，而是通过提升'当事人的独家利益'。"也就是说，在一个自由的社会，作为"法院官员"，律师的功能是为当事人的利益服务。[1] 从美国律师角色定位的发展历程来看，无论是"法院官员"还是"律政人员"，《美国职业行为示范规则》的起草者们都反对道德准则所提倡的当事人中心的价值观。然而，美国联邦最高法院的大法官仍然坚持辩护律师忠诚义务的优先性。

三、我国辩护律师角色定位的演变对其忠诚义务的影响

我国辩护律师身份定位同样与我国司法官僚结构与法律程序的目的密切相关。近年来，我国权力机构运行的"科层型模式"特征淡化，"协作型模式"特点增强，这是律师的作用能够得到充分发挥之前提。而法律程序也从"政策实施型程序"逐步向"纠纷解决型程序"转变，律师角色定位也在经历从国家本位向社会本位的过渡，并且这种社会本位是在明晰律师与当事人之间的基础性关系之上的社会本位，我国辩护律师正在朝着一个更为强调忠诚于当事人利益的方向发展。

（一）"国家法律工作者"的角色定位限制了辩护律师忠诚义务的发挥

1979 年，我国制定了第一部《刑事诉讼法》，此时我国正处于法制恢复之初，我国总体上来说还是一个"能动型国家"，法律只是实现其政策的工具，国家利益置于个人利益之上。与之对应的法律程序也属于"政策实施型程序"，刑事诉讼程序也被设计为政策执行的工具。随后于 1982 年颁行的《律师暂行条例》，将我国律师定位为"国家法律工作者"，其任务是"维护法律的正确实施"，"维护国家、集体的利益和公民的合法权益"，这正是当时国家意识形态与司法官僚结构的具体表现。

---

〔1〕 ［美］蒙罗·H.弗里德曼、阿贝·史密斯：《律师职业道德的底线》，王卫东译，北京大学出版社 2009 年版，第 11 页。

1982 年颁行的《律师暂行条例》是我国恢复法制建设以来出台的第一部律师法，而律师作为国家法律工作者，其身份首先是国家司法行政机关的在编事业人员，在法律顾问处工作，由司法行政机关直接领导。律师的首要任务是维护法律的正确实施，维护公民的利益位居次要的地位。在这种"科层型模式"的司法官僚结构之下，辩护律师"国家法律工作者"的角色定位，决定了其在刑事诉讼中很难有效地履行其忠诚义务，也无法有效维护当事人的利益。

（二）"为社会提供法律服务的执业人员"的角色定位有助于其忠诚义务的履行

我国对 1996 年《刑事诉讼法》进行了大幅度修改，引进了当事人诉讼主义的合理因素，开始体现出"回应型国家"的某些特征，诉讼模式也由之前的"政策实施型"模式，开始向"纠纷解决型"模式转变。然而，总体而言，此时的刑事诉讼程序仍然带有"政策实施型程序"的色彩，"科层型"的官僚结构也没有发生实质性改变。这也直接影响到律师的身份定位。《律师法》对于律师的角色定位进行了调整，将其定位为"为社会提供法律服务的执业人员"，律师的执业机构成为律师事务所，不再是司法行政机关管理的法律顾问处。

在"为社会提供法律服务的执业人员"这一角色定位下，辩护律师的首要任务也成为"维护当事人的合法权益"，辩护律师忠诚义务在一定程度上也有所体现，《律师法》明确提出了不得损害当事人利益、利益冲突禁止等律师执业的基本要求，辩护律师可以更多地强调其当事人的利益，维护国家利益、维护法律实施的责任受到一定的弱化。相对于"国家法律工作者"的定位而言，律师职业的独立性与自治性得到了一定程度的提升。然而，律师的作用难以得到充分发挥，虽然学界和立法者已经开始认识到律师在控辩平等方面的重要性，但是在实体真实主义的影响下，担心律师对于发现真实之阻碍作用，这种担忧突出反映在律师伪证罪的确立。这一方面反映了立法者和执法者对律师的不信任，另一方面也反映了社会转轨时期意识形态对律师这一群体犹犹豫豫、摇摆不定的姿态。[1]

---

〔1〕 易延友："中国刑事辩护律师角色之演变"，载陈卫东主编：《"3R"视角下的律师法制建设中美"律师辩护职能与司法公正"研讨会论文集》，中国检察出版社 2004 年版，第 294 页。

（三）"为当事人提供法律服务的执业人员"的角色定位强化了其忠诚义务的履行

随着我国1996年《刑事诉讼法》确立的制度实施十多年来，当事人主义的特征进一步显现，程序公正的理念得到了普及，律师权利得到进一步增强。刑事诉讼"纠纷解决型"特征也愈发明显，律师的忠诚义务由此得到了更进一步的发挥。但是，《律师法》这种"为社会提供法律服务的执业人员"的职业定位仍然存在一定的模糊之处，容易使人误以为律师要承担更多的"社会责任"。而这种"社会责任"与"国家责任"究竟有何实质性的区别，也是令人怀疑的。[1]

针对上述问题，2007年《律师法》重新对律师进行了角色定位，将律师定位为"为当事人提供法律服务的执业人员"。律师提供法律服务的对象是"当事人"，当事人的范围极其广泛。在这样的身份定位下，辩护律师的首要任务就是"维护当事人合法权益"，其重要性位于"维护法律正确实施，维护社会公平正义"之前，这也为辩护律师积极履行忠诚义务提供了法律支撑。此外，《律师法》还确立了诸多职业义务，以确保维护当事人合法权益得到有效保障，例如进一步强化了律师利益冲突禁止义务，有条件地确立了律师保守职业秘密的义务，使得我国律师的职业定位与其职业属性更加适应，辩护律师忠诚义务的履行得到进一步强化和提升。

（四）依法治国背景下辩护律师忠诚义务得到进一步强化

随着党的十八届四中全会提出全面推进依法治国的总目标，以及刑事辩护全覆盖试点工作的全面推进，辩护律师忠诚义务的履行得到更进一步的强化。在依法治国这样一个大背景下，随着人们对于律师职业认识的逐步深入，律师的"当事人合法权益维护者"这样一个身份定位，取得了社会的基本认同。之前我们所强调的"维护国家利益""维护法律正确实施"等义务，也逐渐被置于维护当事人合法权益之后。这其中，辩护律师的忠诚义务，也逐渐得到进一步强调和重视，这也是律师身份定位回归律师职业基本属性的必然结果。对于辩护律师的角色定位直接影响着其作用的发挥。

沿着我国律师身份定位的发展脉络可以看出，随着我国刑事诉讼程序由

---

〔1〕　陈瑞华：《刑事辩护的理念》，北京大学出版社2017年版，130页。

"政策实施型"程序向"纠纷解决型"程序转变，辩护律师的职能更多地侧重于维护当事人的合法权益。实践中发生的很多案例都侧重于强调辩护律师忠诚义务的履行，《律师办理刑事案件规范》等规范的出台，都在进一步强化辩护律师对于当事人的忠诚义务。

第三节　法律职业伦理与辩护律师的忠诚义务

"职业"一词，通常指从业者必须宣誓遵守这个工作应有的信念与规范，其中蕴含着从业者以一种崇高的目标进入这个行业，并且具有从事这项职业应有的知识与技能等具体要求。如同医生自古以来就被视为一门职业，因为在医学院，学生要根据"希波克拉底誓词"进行公开宣誓。又如，在西方国家，神职人员也是一门职业，因为他们宣誓不再受世俗名利所困，愿意尽心竭力地以无私的心为世人与这个行业所追求的信念服务。同样，西方法律职业者正如同医生与神职人员一样，被称为专业人员（the professionals）。法律职业作为职业的一种，同样要求从业人员具备从业的资格，遵守相关的法律职业规范。职业伦理，是指从事某些行业或者职业的人，应当共同遵循的道德准则和规范。职业伦理是与职业伴生的，一种职业产生了，就必然要有相应的职业伦理要求，它是顺应历史的发展和职业的需要而产生的，有着历史的必然性。职业伦理表现为人们在工作过程中形成的职业习惯以及行业协会制定的行业准则。律师是法律职业共同体的一员，律师职业伦理有法律职业伦理的共通要求，也存在特殊性。

一、法律职业伦理之共通要求

法治国家的建立依赖于法律职业共同体作用的发挥，法律职业共同体有着共同之核心价值，同时肩负着实现法治之责。法律职业共同体的行为也需要法律职业伦理进行规范和指引，法律职业伦理对于法律职业人员主要从伦理信念与伦理规范两个方面进行指引。

（一）法律职业共同体有共担法治之责

法律职业共同体是指，由法官、检察官、律师等在内的有着共同法治的理念，信仰法律并运用法律服务于司法的法律职业者构成的群体，他们具有共同的法律理念、法律思维、法律语言、法律道德与观念，共同担负着实现法治之责任。

首先，理性法治国家的建立，依赖于法律共同体成员一同之努力。一方面，法治国家的建立在于其每一个角色作用的发挥。法律职业共同体，在社会中占有极其重要的位置。为了使司法制度和程序顺畅运行，每一个角色均应从自身职业特点出发，发挥自身的作用，律师维护当事人的合法权益；检察官代表国家追诉犯罪以发现真实；而法官居于两者之间，站在一个中立的立场上，公正、独立行使审判权。三者各自发挥专业职能，使得司法得以顺畅运行。另一方面，法律共同体有着共同之核心价值。从法制运作的角度来看，律师、法官、检察官在各自职业的运行过程中，虽然各自角色、定位、职能有所区分，职业伦理要求也各不相同，但是却有着共同之核心价值。法律职业共同体，在执行职务的过程中，各自遵守相应的基本职业伦理要求，最终达到共负法治的责任。因此，这些核心价值是法官、检察官、律师自身在司法运作的过程中扮演角色之要求，也是法律职业共同体共负法治之责之期待。由于共同体中不同角色的专业行为，又不可避免地涉及公共利益与私人利益的冲突。因此，从司法体系的运行来看，在律师、法官、检察官在司法体系中各自负有的义务基础上，需要强调其共负法治之责，避免专业偏见带来的不利影响，从而建立一个理性的法治社会。

其次，良性法治社会的运作，有赖于法律专业的分工与合作。罗尔斯在《正义论》中，将社会概念假设为"自由平等公民之间的一个公平合作体系，在相互关系中承认某些行为规范具有约束力，并且遵循之"。[1]具体到现代法制的运作过程，法官、检察官、律师在法制运作的过程中分别扮演着不同的角色，有着不同的社会分工，相互对抗又相互依赖，形成了司法运作中密不可分的特殊关系，即职业共同体。这其中，法官对于事实之认定，法律之适用负有重要责任；检察官在与律师相互对抗的过程中，通过刑事诉讼证据调查、交叉询问，有助于真实发现与人权保障等价值的实现；而律师扮演着法律的忠实捍卫者的角色。律师对于案件的顺利进行也负有协助的任务，对于司法负有真实及促进的义务，并以一种对法律的信仰以及对公平、正义理念

----

[1]　[美]约翰·罗尔斯：《正义论》，何怀宏、何包钢、廖申白译，中国社会科学出版社2001年版，第2页。

的忠实追求来严格要求自己。律师必须以身作则坚守自己的专业形象，成为社会主流价值的代言人和法治的守护人。[1]

（二）法律职业伦理对于法律职业人员进行着执业指引

各行各业均有其职业伦理，以规范其专业领域内的伦理问题。法律职业伦理也不例外，其对于从业人员的执业行为从伦理信念与伦理规范两个方面进行指引。

首先，法律职业人员要有共同信守的伦理信念，这也是法律职业的所有公认规范共同认同的核心价值。一个职业要有其伦理信念，其作用不仅仅是对专业人员的行为进行有效规制，更是为专业人员在面临职业伦理困境时提供有效的指引，以维系一个职业的发展。由专业组织所发展出来的伦理信念，甚至比立法更能扩展高层次的伦理自我意识。法律职业人员的核心伦理信念包括：第一，法律职业人员要有追求社会正义的美德。例如美国律师协会《美国职业行为示范规则》对于律师的解读就是当事人的代理人，是法律制度的职员，是对正义负有特殊职责的公民。法律人对于社会正义品质的提升具有不可推卸的责任，也是法律职业人员的核心价值。第二，法律职业人员要遵守诚实信用的基本要求。例如，辩护律师接受委托，便产生了忠诚义务，在法律规定的范围内追求当事人利益的最大化。但是律师也必须遵守法律的规定，符合诚实信用的基本要求。

其次，法律职业还应当有相应的伦理规范作为指引。因为仅仅靠专业伦理信条还是不够的。专业伦理信条必须与专业伦理规范相互结合，才能使得专业人员在面临伦理抉择困境时，有完整的思考框架，并提供更加理性的专业服务。伦理规范包括三个方面，一是法律专业要求的专业能力。对此，通常需要确定职业的准入标准，以规范法律职业人员的"进场机制"。二是约束法律职业人员行为的行为规范。例如，美国律师协会制定《美国职业行为示范规则》来约束律师行为，引导律师能够称职、勤勉、迅速地履行代理职能。三是惩戒不当的职业行为。对于违反职业伦理的从业人员进行处罚，甚至是取消其从业资格。上述伦理规范从一个侧面强化了法律职业伦理，促使法律职业者加强自律。

---

[1] 谢佑平、闫自明："律师角色的理论定位与实证分析"，载《中国司法》2004年第10期。

二、辩护律师职业伦理之特殊性

辩护律师职业伦理既要符合法律职业伦理的核心要求，又要符合辩护律师这一职业的特殊性和专业性需要。在法律职业伦理的总体要求下，辩护律师职业伦理要以"律师—当事人"关系为基本出发点，坚持党派性忠诚原则，注重信赖关系的维护，这也决定了辩护律师的职业伦理的特殊性就在于应当以忠诚义务为第一要务，在法律允许的范围内追求当事人利益的最大化。

（一）"律师—当事人"关系决定了辩护律师职业伦理的特殊性

"律师—当事人"关系的特殊性决定了辩护律师职业伦理与其他法律职业人员如法官、检察官职业伦理有着很大的不同。

首先，"律师—当事人"关系是研究律师职业伦理的基本出发点。辩护律师作为当事人的代理人，维护当事人利益当然是其最基本的职责。一方面，辩护人有积极尽职履责的义务和保守当事人秘密的义务，这也是忠诚义务的基本要求；另一方面，基于律师职业伦理的基本要求之公益性社会责任，辩护人又有消极的真实义务，即不得为了在辩护中获胜而干扰法官发现真实。忠诚义务就是处理辩护律师与当事人关系的"基石"，而其他义务都可以从忠诚义务中找到注解；而辩护人对于被告所负担的义务并非毫无限制，真实义务为其设定了"边界"。

其次，"律师—当事人"关系决定了律师职业伦理中的原则和规则是以律师义务为基础，而律师一系列义务中的核心义务便是律师的忠诚义务。在律师职业伦理的语境中，评价一个律师行为，要看律师本身是否具有忠诚于当事人的品质。辩护律师与当事人之间的关系建立在辩护律师身份定位的基础之上。通过辩护人对于当事人所负的义务这个角度观察，可以更清楚地了解辩护人与当事人之间的关系。律师职业伦理在实践中的细化，主要体现在律师的权利和义务上，这也要求制定具体的律师执业守则，将律师伦理的要求更加细化。律师伦理规范是律师职业伦理的"法典"，为了给律师提供一个明确的行为准则。中华全国律师协会于 2017 年颁布的《律师办理刑事案件规范》即属于此种伦理规范，且具有一定的强制性效力。律师如果违反了此规范中的强制性条款，就可能面临律协的惩戒和处罚。

（二）党派性忠诚原则决定了辩护律师职业伦理之特殊性

党派性忠诚原则，即为当事人最大限度地争取合法权益，这是辩护律师的职责所在。诚如有学者所言，"律师的职业伦理的核心内容是为最大限度地确保客户的合法权益而奋斗，即所谓党派性忠诚原则"。[1] 党派性忠诚原则也决定了辩护律师职业伦理的独特性。

首先，党派性忠诚原则决定了多元义务的处理规则。辩护律师的义务是多元化的，多元化义务不可避免地要面临义务冲突的问题。律师在履行义务时，经常面临着当事人利益与社会公共利益如何取舍的难题，这也是律师职业伦理在实践中所面临的核心难题。在辛普森案件的辩护过程中，辩护律师曾将此项义务解释为"辩护律师必须用尽一切有利手段去保护当事人，这是他的最高使命，他必须区分爱国之心和律师的职责，只对自己的当事人一个人负责，他必须坚持不管后果如何，如果上天注定必要时要把国家搅乱也在所不惜"。[2] 党派性忠诚原则在律师义务发生冲突时，要求辩护律师应当以当事人利益为中心。

其次，党派性忠诚原则决定了辩护律师与当事人之间最重要的关系就是忠诚和信任关系。如果辩护律师没有对当事人忠诚，那么当事人就很难对其产生信任；而一旦失去了当事人的信任，律师职业的发展也就失去了基础。辩护律师本应以信仰法治、追求民主作为存在之根本，律师作为公民心目中权利的守护者，一旦失去社会公信力，便可能沦为阻滞法治实现的绊脚石。律师既然"受人之托"，就应当"忠人之事"，以实现其存在价值，这也是律师职业赖以发展的根本。

（三）信赖关系的维护更加强调辩护律师职业伦理之特殊性

信赖关系的维护是律师职业发展的根基与保障，包括两个方面，一是律师与当事人之间的信任，我们称之为"内部"信赖关系；二是大众对于律师职业的信任，我们称之为"外部"信赖关系。

首先，律师与当事人之间"内部"信赖关系的维护是律师职业发展的根

---

[1] 季卫东：《法治秩序的建构》，中国政法大学出版社 1999 年版，第 243~244 页。

[2] ［美］艾伦·德肖微茨：《极不公正 联邦最高法院怎样劫持了 2000 年大选》，廖明等译，法律出版社 2003 年版，前言。

基。在刑事辩护过程中，当事人对于律师的信赖往往寄托着其对于财产、自由甚至生命的利益的期待。一方面，当事人对于辩护律师的信赖，是辩护律师尽职尽责履行忠诚义务的前提和基础。因为只有当事人充分地信任律师，才会把事实真相告诉律师，律师才可能全面地了解情况；也只有充分、真实地了解情况，才有可能发挥其专业技能，最大程度地维护当事人的合法权益。反过来讲，如果辩护律师离开了当事人的信任，很难正常地履行职责，对于当事人的忠诚义务就成为一句空话。另一方面，辩护律师忠诚义务更是体现了辩护律师与当事人关系之间"信赖"关系的本质。辩护律师与当事人关系有着诸多要素，例如信任、尽责、诚信、保密等，但归纳起来，其核心要素便是"忠诚"，这种委托关系本质上是建立在双方"信赖"基础之上的。辩护律师只有对当事人"忠诚"，才能换来当事人对于辩护律师的"信赖"，这也是律师职业得以维系并不断发展的根基。

其次，大众对于律师职业的信任，也即律师行业"外部"信赖关系是律师职业长远发展的重要保障。大众对于律师职业的信任与认同，也关乎律师职业的发展。这是因为，现代社会的发展重新注重"信赖感"的回归，民众对于律师职业的信任是社会基础性信赖关系之一。我国传统社会是一个非常注重"关系"的社会，人们的关系是建立在充分信赖的基础之上，如果没有信赖，就没有个人生存的空间。这种"信赖关系"建立在一种道德和情感约束的基础之上，如果有人违背了信赖关系，就可能在他生活的这个范围内遭到否定性的评价。随着现代社会人们的流动性增强，市场经济的高速发展，陌生人之间的投机和欺诈行为增加，道德和情感很难约束这种投机甚至欺诈行为，社会也就面临着信任危机。与此同时，社会便会更期待传统"信赖感"的回归。诚如有学者所言，"对于法制而言，最根本的价值不是效率而是公正，不是利益而是信赖"。[1]现代社会越来越重视信赖感和社会关系的维护，这恰恰是辩护律师忠诚义务所体现的一个重要功能，这种民众对于律师的"外部"信赖关系是律师职业长远发展之保障。

三、辩护律师忠诚义务是其第一职业伦理

律师职业伦理的核心问题就是律师与当事人的关系问题，无论是英美法

---

〔1〕　季卫东：《法治秩序的构建》，中国政法大学出版社1999年版，第246页。

系当事人主导型的模式，还是大陆法系律师独立辩护型模式，都有一个共同点，就是强调辩护律师的忠诚义务。律师的基本伦理道德要求辩护律师对被告人承担忠诚义务，这不仅要求"辩护人应当为了被告人的利益和权利全力以赴地进行最好的辩护"，还要求"律师没有正当理由，不得泄露或者利用职务上知悉的当事人的秘密"。[1]可以说，忠诚义务成为处理辩护律师与当事人关系的基石。诚如有学者指出，这种"忠诚义务"应被视为辩护律师的"第一职业伦理"。[2]

（一）忠诚义务体现了辩护律师与当事人关系之间"信赖"的本质

从辩护律师职业本身的性质来看，忠诚义务体现了辩护律师与当事人关系之间"信赖"的本质。这是因为，辩护律师与当事人关系存在着诸多要素，例如信任、尽责、诚信、保密等，但归纳起来，其核心要素便是"忠诚"，这种委托关系本质上是建立在双方"信赖"基础之上的。辩护律师只有对于当事人"忠诚"，才能换来当事人对于辩护律师的"信赖"，这也是律师职业得以维系并不断发展的根基。"受人之托、忠人之事"，在刑事辩护过程中，当事人对于律师的信赖往往寄托着其对于财产、自由甚至生命的利益的期待。

（二）忠诚义务是辩护律师多元义务之核心

从各国的立法及律师行业规范的规定来看，"忠诚义务"涉及的内容都是处理辩护律师对当事人关系的基本内容，由此也派生出辩护律师的诸多义务。例如，《美国职业行为示范规则（2013 年版）》规定，在当事人和律师的关系中存在的"称职""勤勉""沟通""保密""利益冲突"等义务，多数都是从"忠诚义务"中派生出来的，都可以从"忠诚义务"中找到注解，可以说，忠诚义务是刑事辩护律师多元义务之核心。我国《律师法》及《刑事诉讼法》对于律师职责的规定，要求律师应当基于当事人利益，尽职尽责地从实体与程序两个方面为当事人提供全面而专业的法律服务，均是其履行忠诚义务的体现，这也是律师职业伦理的首要要求。辩护律师的忠诚义务在整个律师职业道德体系中居于核心地位，体现了辩护律师职业伦理的精髓。

---

〔1〕 ［日］佐藤博史：《刑事辩护的技术与伦理 刑事辩护的心境、技巧和体魄》，于秀峰、张凌译，法律出版社 2012 年版，第 29~35 页。
〔2〕 陈瑞华：《刑事辩护的理念》，北京大学出版社 2017 年版，第 123 页。

（三）忠诚义务是对刑事辩护制度的发展具有重大战略指导意义的法律理念

刑事辩护律师职业伦理是一种程序伦理，这是因为，我们追求的司法正义，不仅是结果上的正义，更是一种程序上的正义。在刑事诉讼过程中，辩护律师的作用便是维护其当事人的权利，不仅是维护其实体权益，还应当包括在刑事诉讼程序中所享有的各种权利。辩护律师在刑事诉讼过程中应当制衡、防范公权力通过违反正当程序对公民个人基本权利的侵犯，以此来维护法治秩序。辩护制度作为刑事诉讼制度中的一项重要内容，在刑事诉讼过程中往往会涉及辩护律师职业伦理相关的问题，如辩护律师的职责、保密义务，等等。可以说，忠诚义务是一种调整辩护律师与当事人关系的基本职业伦理，而且更倾向于一种程序伦理。这种程序性伦理的重要价值体现在，它能够促使公权力机关依照法定程序办事、切实和平等地尊重和保障公民的人权，从而实现刑事诉讼程序所蕴含的程序价值。

本章小结

辩护律师的角色定位可以从国家权力维度和法律程序维度两个角度进行考察。由于诉讼模式的不同，不同国家对于辩护律师的角色定位也有所不同。我国辩护律师的身份定位经历了由国家法律工作者到为社会提供法律服务的执业人员，再到为当事人提供法律服务的执业人员的转变。在全面依法治国的大背景下，辩护律师作为"当事人合法权益的维护者"的身份定位，取得了基本共识。不同诉讼构造下辩护律师忠诚义务履行情况不同，辩护律师在现代刑事诉讼构造下发挥着弥补被告人能力之不足的辅助功能，督促国家机关遵守法定程序的监督功能以及构建理性的社会秩序的法治功能。我国刑事诉讼构造的变化对于辩护律师忠诚义务的履行产生了较大的影响。法律职业伦理之共通性要求法律职业共同体有共负法治之责，法律职业人员要有相应的伦理信念与伦理规范。作为法律职业共同体的一员，辩护律师的职业伦理与法律职业伦理有共通要求，也存在特殊性要求。这是由"律师—当事人"关系这一律师职业伦理的核心问题所决定的，而党派性忠诚原则、律师与当事人信赖关系的维护也为律师职业伦理提出了特殊要求。

第二章

辩护律师忠诚义务的积极内涵：有效维护
当事人合法权益

　　律师应始终真诚地尊重其当事人的利益，并且应当以一切适当
的方法帮助当事人，并采取法律行动保护他们的利益。

——联合国《关于律师作用的基本原则》

　　"受人之托、忠人之事"，可谓辩护律师忠诚义务的最佳写照。对于律师
来说，案件无大小，每一个案件都承载着当事人对律师的期望与重托，故只
要是律师承接下来的案件，他就必须全力在法律许可的范围内去为他的当事
人争取权利保护的最大化![1]具体到辩护律师的忠诚义务，实际上也蕴含着
两方面的要求。一方面，为不辜负当事人的信任与委托，律师应当具备相应
之专业能力和职业素养，尽责、热忱、勤勉地为当事人进行辩护，积极行使
自身的权利，在法律允许的范围内争取当事人利益最大化，这是忠诚义务的
积极内涵。除此之外，忠诚义务的另一面还要维护双方的信赖关系，辩护律
师应当保守职业秘密，避免利益冲突的发生，同时对独立辩护应当有所限制，
这也是维护辩护律师与当事人之间信任关系的基础，这是忠诚义务的消极内
涵，概括起来就是辩护律师不得损害当事人利益。选择最好的律师要注意的
首要大事是：确切弄清楚该律师是一心一意地为当事人寻求最好的法律后果，
而不是寻求他人或自身的利益。[2]

　　为了让辩护律师能够更好地维护当事人的利益，法律赋予了辩护律师一
系列的权利，例如，会见权、阅卷权、调查权，以及庭前会议发表意见权，
等等。但是法律赋予了辩护律师这些权利，并不意味着辩护律师当然地就能

---

〔1〕　谢望原、谢福笛：《不一样的辩护　成为刑辩高手的 31 个经典战例》，法律出版社 2017 年
版，第 2 页。

〔2〕　[美] 艾伦·德肖维茨：《最好的辩护》，唐交东译，法律出版社 2014 年版，第 334 页。

维护好当事人的利益。

权利与义务往往是相对的，辩护律师实际上应当将上述权利更多地视为自身应当履行的义务，积极地去行使这些义务，追求当事人利益的最大化，这样才能表明辩护律师从积极的角度履行了自身的忠诚义务。本章将着重对辩护律师积极内涵的运作机制进行分析。

第一节　辩护律师忠诚义务下基础性义务之履行

党的十八届四中全会审议通过的《中共中央关于全面推进依法治国若干重大问题的决定》提出了审判中心主义目标，并对律师权利的行使提出了新的要求，也为律师辩护保障体系的完善提供了新的机遇。刑事诉讼法赋予律师的会见权、阅卷权、调查权，被视为辩护律师权利当中的"三驾马车"。在审判中心主义的视角下，我们应当基于忠诚义务的履行，重新审视这三项基本权利。权利与义务是相对的，这三项基础性权利，也是辩护律师应尽的三项基础性义务。只有积极履行沟通义务、阅卷义务以及调查义务，才能有效地克服侦查中心主义带来的弊端，在以审判为中心的诉讼制度下更好地发挥辩护律师的作用，从而争取当事人利益的最大化。

一、沟通义务

辩护律师与被追诉人进行沟通，是其应尽的一项重要义务，也是形成辩护思路的关键方式。辩护律师履行沟通义务有一个前提，那就是辩护人与被追诉人的自由交流权。辩护律师享有会见权，但是会见仅仅是履行沟通义务的一种方式。从沟通的阶段来看，既包括审前会见的沟通，也包括庭审阶段与被告人的沟通。

（一）忠诚义务下辩护律师沟通义务之功能

一般来说，被追诉人是最了解案件情况的人，辩护律师在审前阶段与在押的被追诉人会见，在庭审过程中与被追诉人进行交流，既是辩护律师的一项基础性权利，更是辩护律师履行忠诚义务时应尽的义务。

首先，辩护律师履行沟通义务是双方建立信任关系的重要途径。辩护律师接受委托，需要履行忠诚义务，而忠诚义务的一个重要内涵就是与被告人建立信赖关系，这也是维系委托关系的重要基础。在辩护的过程中，为了有效维护当事人的合法权益，辩护律师首先应当与当事人建立起良好的信任关系，审前沟通和庭审交流正是取得当事人信任的重要途径。通过良好的沟通，坦诚的交流，辩护律师可以展示自身的专业能力和沟通能力以及真诚服务的态度，这种沟通实际上就是一种征服当事人心理的过程，辩护律师需要依靠其专业知识、办案经验甚至人格魅力去取得当事人的信任。只有取得被告人的信任，当事人才愿意毫无保留地将案件的情况、信息告知辩护律师，辩护律师才能更好地完成辩护任务。

其次，沟通义务的履行有助于发现有利的证据或线索。辩护律师认真履行沟通义务，尤其是审前的沟通，有助于掌握一些对被追诉人有利的信息。辩护律师虽然可以通过阅卷掌握案件相关信息，但是侦查机关制作的案卷材料记载的信息可能并不完整，甚至有可能遗漏了重要的证据。司法实践中，侦查机关出于打击犯罪的考虑，在收集证据时，通常倾向于收集那些指控被追诉人有罪的证据，而忽略有利证据的收集，这样就可能导致一些有利于被追诉人的重要证据材料被忽略。此外，就一些特定的"知识型""技术型"犯罪而言，被追诉人往往是该领域的专家，而辩护律师由于知识的局限性，对于特定专业领域的知识可能并不十分熟悉，即使认真阅卷，有时也很难准确把握案件的关键问题。通过会见沟通以及被追诉人通俗的讲解，可以更好地了解案件涉及的专业知识，从中发现一些有利的信息。

再次，沟通义务的履行也是告知当事人诉讼权利，防止其权利被侵害的有效方式。辩护律师在审前与被追诉人会见并进行沟通的一项重要任务，就是告知其在刑事诉讼过程中所享有的诉讼权利，以及权利被侵犯之后可以采取的救济措施。例如，实践中有些被追诉人在遭受侦查机关的刑讯逼供之后，并不知道如何寻求救济。此时，辩护律师应当告知被追诉人享有控告的权利，同时告知被追诉人对于刑讯逼供所取得的证据可以申请排除。这样不仅可以维护被追诉人的合法权利不被侵害，同时也可以获得对辩护有利的证据。

最后，沟通义务的履行有助于辩护律师与被告人达成一致的辩护意见。一方面，在审前阶段辩护律师与在押的犯罪嫌疑人、被告人通过会见沟通交流的一个重要目的就是让被告人正确理解律师制订的辩护方案，达成一致的辩护意见，从而予以配合。实践中，不少犯罪嫌疑人、被告人在最初会见的时候，可能会存在逃避惩罚的侥幸心理。审前沟通就是要让被追诉人对自己所涉嫌的罪名及严重程度有更深刻的了解，树立正确的辩护观念，配合辩护律师的工作，了解并认同律师制订的辩护方案。另一方面，在庭审与被告人进行有效的沟通是解决辩护冲突的重要机制。我国目前的庭审中，有一个现象值得关注，就是在庭审过程中经常发生被追诉人与辩护律师产生庭审冲突的情况。其产生的原因可能是多样的，可能是由于庭审之前就未达成一致的辩护意见，也可能是由于一方突然改变之前双方所达成一致的辩护意见，因此在庭审中产生不同的辩护意见，导致辩护冲突。上述所言及的辩护冲突包括辩护立场的冲突和辩护策略的冲突两种类型。我国目前的辩护冲突主要发生在庭审阶段。因此，当双方的辩护意见发生冲突时，辩护律师要积极履行沟通义务，与被告人及时进行交流，以达成一致的辩护意见。

（二）沟通义务有效履行之前提

辩护律师沟通义务的履行需要相应的权利作保障，这就涉及辩护人与被追诉人的自由交流权。辩护人与被追诉人的交流权是辩护人为了实现有效辩护的目的，最重要的、不可或缺的权利。无论是在审前阶段，还是在庭审阶段，辩护人都需要与被追诉人进行有效地沟通与交流，使被追诉人与辩护人之间形成充分的信赖关系，以协助被追诉人形成有效的辩护效果。例如，在德国，辩护人最重要的权利大概是能够同当事人自由交流。[1]德国学者布克尔（Beulke）甚至认为"交流权，几乎可说是实施辩护的基础权利"。德国学者克劳斯也认为，"无自由交流，无辩护"。[2]

交流权是辩护人为了与他人（特别是被告）建立基础的信赖关系，而能随时以言语或信件等方式互相沟通、往来之权利。[3]辩护人在刑事诉讼的过程中，以其专业知识和技巧为被追诉人辩护，一般情形下，被追诉人也希望得到律师的有效帮助，双方签订委托协议之后，形成一种"业务上的内部关系"，这种关系建立在双方信赖的基础之上。而实践中辩护律师与被追诉人经

---

〔1〕［德］托马斯·魏根特:《德国刑事诉讼程序》，岳礼玲、温小洁译，中国政法大学出版社2004年版，第61页。

〔2〕Beulke, Werner: Strafprozessrecht 边码150，转引自简铭昱:"论扣押辩护人所持有之物件——以辩护人之'交流与拒绝证言'二权与'禁止扣押'之关联为核心"，我国台湾地区东吴大学2007年硕士学位论文。

〔3〕林钰雄:《刑事诉讼法》（上册·总论编），中国人民大学出版社2005年版，第161页。

常会发生观点冲突，其中一个重要的原因就是被追诉人与辩护律师之间缺乏交流，双方信息严重不对称，在辩护观点上沟通协商不充分。因此，为保障忠诚义务的有效履行，解决被追诉人与辩护律师之间的辩护冲突问题，需要建立双方的沟通与协商机制，包括审前沟通与庭审沟通。律师通过会见与沟通，尽力说服当事人在接受自己辩护思路的前提下，理性地选择自己的诉讼角色和立场，最大限度地支持和配合律师的辩护，从而形成一种"诉讼合力"，从不同角度说服法庭作出有利于被告人的裁判结论，从而"将被告人转化为助手"。[1]

（三）审前沟通机制

辩护律师与被追诉人审前沟通的主要途径就是会见。被追诉人在被羁押之后，在失去人身自由的焦虑、恐惧等心情之下，同时由于法律知识的缺乏，因此在面对侦查人员时，很难理智地作出判断。然而，作为案件的亲历者，被追诉人是最接近事实真相的人，从他口中还原的犯罪事实往往是辩护工作最基础的信息。由于物质条件、受教育程度、法律实践经验以及语言差异，被告人和辩护律师处于一种缺乏交流而彼此不信任的状态。[2]因此，审前会见的一个重要目的就是获得被告人的信任，了解案情，掌握对于被追诉人有利的信息。同时还为其提供法律咨询帮助。这就需要建立一个良好的沟通环境，即在不被干扰、不被监听的私密环境下，在充分信赖的基础上进行沟通，这样的交流才有意义。辩护律师与被追诉人在审前进行充分且有效的沟通，有助于增进双方的信任，也有利于达成一致的辩护意见。

1. 我国审前沟通机制存在的问题

审前沟通目前主要是通过会见实现的，然而，我国辩护律师会见权仍然存在不同程度的障碍。2018 年 10 月 31 日，全国律协在例行新闻发布会上通报，全国各省区市和设区的市律师协会在该年 9 月共收到维权申请 67 件，其中侵犯律师会见权 36 件，占 53.73%。[3]2012 年《刑事诉讼法》在立法层面已经解决的"会见难"问题，在司法实践层面似乎有卷土重来之势。

---

〔1〕 陈瑞华：《刑事辩护的艺术》，北京大学出版社 2018 年版，第 299 页。

〔2〕 ［美］斯蒂芬诺斯·毕贝斯：《刑事司法机器》，姜敏译，北京大学出版社 2015 年版，第 104 页。

〔3〕 "全国律协通报：侵犯律师会见权占 9 月份维权半数以上"，载人民网，http://legal.people.com.cn/n1/2018/1031/c42510-30374119.html，最后访问时间：2018 年 11 月 5 日。

首先，从主观层面来看，部分看守所和办案机关对于特殊案件的律师会见人为设置障碍。虽然《刑事诉讼法》完善了律师会见制度，在立法层面基本解决了会见难的问题。然而，在司法实践层面，部分看守所和办案机关仍任意扩大限制会见的范围，以种种借口设置障碍。例如限制会见的时间或者延迟安排会见等，此类做法曲解了立法原意，变相剥夺了律师会见权。例如，近年来，随着"扫黑除恶"工作的深入开展，一些地方的公安机关在办理的涉黑涉恶案件中，本来依照《刑事诉讼法》的规定会见并不需要经过侦查机关批准，部分看守所以"扫黑除恶"为由，要求必须经过办案机关的许可才能会见；还有的对律师会见的时间和次数进行了限制。

其次，从客观层面来看，部分地区看守所受客观条件影响制约了律师的会见。近年来，随着"扫黑除恶"工作的深入推进，以及"刑事案件律师辩护全覆盖"试点工作的深入开展，辩护律师的会见需求的迅猛增长与看守所接待能力不足之间的矛盾日渐凸显。因为部分地区看守所会见室不够或者警力不足，无法满足律师会见需求，所以许多地方出现了排队严重的情况，律师凌晨天不亮就去排队，甚至出现卖位、倒号等现象。

最后，从被追诉人角度来看，其与律师的沟通需求难以得到满足。从有效辩护的角度出发，辩护人有从被追诉人那里了解案情的需要，而多数被追诉人因为丧失人身自由且面临着刑事起诉和定罪判刑的可能，内心充满着与律师沟通的渴望。然而，遗憾的是，我国《刑事诉讼法》规定的会见权，实际上是一种单向的会见，未被确立为被追诉人的一项基本权利。即使被追诉人有会见律师的迫切需要，却只能被动地等待律师前来会见。

2. 我国审前沟通机制的完善

审前沟通机制的完善，不仅要解决由于主客观原因造成的会见难问题，同时辩护律师还应当积极行使会见权，并遵守相关的执业规范。

首先，及时遏制由于主观原因导致的"会见难"问题。由于主观原因导致的"会见难"，其行为本质上就是违法行为，如不及时遏制，将会在全国范围内造成蔓延之势，严重损害律师权利。对此，一方面，要及时清理与《刑事诉讼法》相抵触的司法解释和地方规定，净化阻碍律师会见的土壤。对于涉黑涉恶案件，公安机关通常会以涉黑涉恶案件涉及行贿犯罪为由，随意限制律师会见。其主要依据就是 2018 年 1 月 16 日，最高人民法院、最高人民检察院、公安部、司法部颁布的《关于办理黑恶势力犯罪案件若干问题的指导意见》第25条的规定。[1]对于监察机关调查的职务犯罪案件，个别地方的监察机关、司法机关甚至形成了一些内部性、地方性的规定，即使在案件已经进入审查起诉阶段后，对于律师的会见权和阅卷权仍然进行限制。对于这些违反《刑事诉讼法》的现象，有必要予以及时纠正。另一方面，对办案机关、看守所违法剥夺、限制律师会见设置程序性后果。最高人民法院及最高人民检察院应当出台相关的规定，对于违法剥夺、限制会见期间所获取的口供，设置排除性规定，即不能作为定案的根据使用。同时，构建违法不让会见的追责机制，律师在投诉之后，有关机关经查证情况属实的，应当给予相应的纪律处分。

其次，客观上提升看守所的接待能力并提高律师会见的效率。辩护律师要履行沟通义务，除了消除主观上的限制因素外，客观的条件也是亟待解决的问题。随着律师会见需求的迅猛增长，各地看守所接待能力不足的问题开始暴露。对此，一方面需要提升看守所的接待能力。可以通过增加会见室、会见窗口，延长开放会见时间等方式，短时间内提升看守所的接待能力。还可以探索网上预约模式，避免凌晨排队的现象。另一方面，提高律师会见的效率。可以简化律师会见手续，设置快速会见渠道；也可以探索远程视频会见渠道，明确规定远程视频会见的范围、时间、地点等。例如，深圳市公安局预审监管支队创新推出了律师视频会见系统，提升了律师会见工作效率。[2]

再次，辩护律师要积极行使会见的权利。实际上，会见权本质上是一种沟通交流权，应当具有双向性特征。与辩护律师进行富有意义的沟通，是被追诉人辩护权行使的重要基础，在会见问题上应当享有主动权，这也是被追诉人辩护权的应有之意。遗憾的是，目前在我国被追诉人只能被动地等待律师的会见。因此，从忠诚义务的角度出发，辩护律师应当认识到审前通过会

---

[1]《关于办理黑恶势力犯罪案件若干问题的指导意见》第25条规定："公安机关在侦办黑恶势力犯罪案件中，应当注意及时深挖其背后的腐败问题，对于涉嫌特别重大贿赂犯罪案件的犯罪嫌疑人，及时会同有关机关，执行《刑事诉讼法》第37条的相关规定，辩护律师在侦查期间会见在押犯罪嫌疑人的，应当经相关侦查机关许可。"

[2] "打破监区传统会见模式！深圳公安监管律师视频会见系统试点上线"，载腾讯网，https://new.qq.com/omn/20181127/20181127A1V7M5.html，最后访问时间：2018年12月6日。

见与被追诉人进行沟通的重要性,积极行使法律赋予的会见权利,这也是辩护律师为实现有效辩护应尽的义务。

最后,辩护律师要遵守相关执业规范。在审前会见的过程中,辩护律师要时刻注意遵守相应的职业伦理,防止行为的失范带来的纪律处分甚至是刑事处罚。沟通交流并不意味着什么都可以谈,更不意味着辩护律师可以不顾行业规则的约束,甚至违反法律的规定。在履行忠诚义务的同时,辩护律师负有维护司法公正的职责。因此,在与被追诉人沟通交流的过程中,辩护律师必须严格遵守相关执业规范和法律的基本要求。一方面,辩护律师不得在侦查阶段向犯罪嫌疑人通报同案犯口供,不得教唆其翻供。另一方面,在沟通过程中不得教唆犯罪嫌疑人妨害司法程序。在沟通过程中,辩护律师应当告知被追诉人享有的诉讼权利,但是不得教唆其滥用诉讼权利,这是明显违反律师职业伦理的行为。

(四) 庭审沟通机制

在庭审过程中,由于被告人对于法庭环境以及诉讼程序的陌生,惊慌、不安甚至恐惧等心情交织在一起,因此被告人难以冷静地对待控方的指控。虽然辩护人在审前通过会见被追诉人,沟通交流之后就辩护思路与被告人达成协商一致,有学者称之为"开庭前的辅导"。[1] 然而,由于距离开庭还有一段时间,被追诉人可能出于各种因素的考虑,在庭审中突然转变立场,改变之前已经协商好的辩护思路,由此形成庭审中的辩护冲突。为避免辩护冲突,审前会见中的交流与沟通是一方面,庭审中的沟通协商也是必不可少的。

1. 庭审沟通机制的理论基础

刑事程序之运作机制均有其理论根源与制度目的。刑事被告人面对复杂的诉讼程序,在缺乏专业背景以及诉讼技巧的情形下,其权利的行使有赖于辩护律师的协助,而庭审沟通与交流机制是被告人防御权以及受辩护人协助权之重要内涵,其理论基础有以下几点。

首先,这是控辩平等武装之必然要求。现代刑事诉讼构造最基本之要求是实现控辩双方的实力均衡。通常来讲,被告人对于法律知识以及诉讼技巧均存在天然的欠缺,又因面对陌生的法庭环境,即使辩护律师在庭前进行了

---

〔1〕 田文昌、陈瑞华:《刑事辩护的中国经验》,北京大学出版社 2013 年版,第 155 页。

辅导，并沟通了相关的辩护策略，被告人在法庭上也难免出现不适应的情况。而公诉人对于法庭环境及诉讼程序均很熟悉，又拥有强大的国家力量，所以在刑事诉讼过程中，被告方明显处于劣势地位。因此，为了弥补被告人的天然劣势，辩护人在法庭上应当发挥重要的作用。允许辩护律师与被告人在法庭上沟通与交流，成为实现武器对等的一个重要手段。为了避免被告人参与法庭审判之过程流于形式，在法庭审理的过程中，尤其是在辩护律师与被告人发生争议时，应提供便利的条件进行充分的沟通与协商，达成一致的辩护意见，这是有助于实现控辩平等武装之要求，同时也是公平审判的基本要求。

其次，这是听审权之重要保障。听审请求权保障原则是现代法治国家程序法上的一项重要原则。听审请求权，也称听审权、公平听审权。赋予被追诉人程序上的主体地位是现代刑事诉讼的基本特征之一，也是衡量一个国家刑事诉讼文明程度的重要标志。辩护权的保障程度是衡量被追诉人的诉讼主体地位保障的重要标尺。被追诉人程序主体地位意味着其不仅是审判的对象，还可以是通过积极参与审判，影响裁判结果的主体。作为裁判结果的直接承担者，被追诉人应当有充分的机会、富有意义地参与刑事裁判的制作过程，这就是被追诉人的听审权。听审权的保障内涵包括请求资讯权、请求表达权与请求注意权。[1] 一方面，通过请求资讯权，被告人可以在庭审中充分知悉本案被控证据及相关信息，实质性地参与到审判的过程中。另一方面，通过请求表达权与请求注意权，被告人可以就案件的事实问题、程序问题及法律问题向法庭充分表达自己的意见，而法院对于被告提出的意见必须予以回应。辩护人作为被追诉人的帮助人，要落实被追诉人的听审权，除了庭审前与被追诉人会见以及阅卷之外，在庭审过程中，庭前通过会见沟通的内容和辩护策略可能会随着相关证据在法庭上的出示和质证而发生变化。由于多数被告人法律知识的欠缺以及诉讼技巧的匮乏，为了应对庭审过程中发生的变化，辩护人需要在法庭上与被告进行沟通与交流。因此，基于保障听审权之需要，辩护人与被告人之法庭交流权应当得到充分的保障。

最后，这也是实现有效辩护之需要。辩护律师忠诚义务的一个重要目的就是实现有效辩护。在刑事诉讼中，被告人有获得律师帮助的权利，这种权利的有效行使，以双方的自由沟通交流为前提。基于正当法律程序的要求，

---

〔1〕 张之萍："刑事被告的阅卷权"，台湾大学 2007 年硕士学位论文。

辩护律师在法庭上对于被告人之协助，是被告人在刑事诉讼过程中所应享有的重要程序保障。而在庭审过程中，要想实现有效的辩护，被告人与辩护人之间的沟通交流必不可少，这种沟通交流的理想状态应当是在私密的空间内，在相互信任的状态下进行。这种沟通交流实际上也是被告人防御性诉讼权利之一，在法庭上被告人与辩护人之交流，尤其是在辩护观点发生冲突时的秘密交流，有助于双方消除分歧，达成一致的辩护意见和策略，这样使得被告人的诉讼权利得到充分的保障，最终实现辩护的有效性。

2. 庭审沟通机制的实践意义

首先，庭审沟通是防止辩护效果抵销的重要保障。在辩护过程中，辩护律师与被告人实际上是作为"辩护方"这个整体出现的，如果被告人与辩护人在辩护意见上发生冲突，会导致这个整体出现裂痕，实际上等于为公诉人提供了进攻辩护方的有力武器。因此，在面对控方和法官时，辩护律师在履行辩护职能时，其辩护意见必须与被告人发表的辩护意见一致。否则，辩护人与被告人辩护意见的矛盾将会大大抵销辩护的效果。

其次，庭审沟通还有助于防止法庭秩序的混乱。辩护人与被告人在庭审中发生冲突，不仅会影响辩护的效果，还有可能引起法庭秩序的混乱。例如，在美国的 Unibomber 案中，辩护律师与被告人对于是否进行精神疾病的鉴定产生了辩护冲突，甚至引发了法庭秩序的混乱，使得法官不得不中断正式审判来终止法庭混乱。[1]这种辩护冲突导致的法庭秩序的混乱，不仅会损害被告人的利益，同时还降低了庭审的效率。此时如果休庭，让辩护人与被告人私下里进行有效的沟通，取得一致的辩护意见，则可以避免法庭秩序混乱所带来的庭审效率的降低。

3. 庭审沟通机制的运作方式

目前，辩护意见冲突主要发生在法庭审理阶段。因此，为了有效避免辩护人与被告人在庭审中发生辩护冲突，必须充分保障被告人与辩护律师在庭审之中的沟通交流权，而且这种沟通交流应当在不被干扰、不受监听、互相信赖的状态下进行才有意义。为此，应建立一种休庭协商机制，允许双方在庭审中因产生不一致的辩护意见而进行沟通协商。

---

〔1〕 Michael Mello, The non-trial of the century: Representations of the Unibomber, 24 VT. L. REV. 417 (2000).

首先，被追诉人和辩护律师均有权向法官申请休庭以便沟通交流。由于我国法庭庭审格局的设置，被告人坐在被告席上，与其辩护律师有一定的距离。开庭的过程中，甚至连讲话都会被限制，又谈何沟通交流。这种法庭布局直接导致一个问题，就是在被告人与辩护人在辩护意见产生分歧的情况下，无法进行沟通与协商。在我国现行的庭审模式下，辩护律师与被告人没有秘密沟通的空间，此时，只有申请法官休庭才能实现。为此，应当建立休庭协商机制，就庭审中出现的辩护意见上的分歧，被追诉人和辩护律师均有权申请休庭协商。在休庭期间，双方可进行充分的沟通，听取各自辩护意见作出的依据及原因，重新整理辩护意见，其目的是达成一致的辩护意见，避免再次发生庭审中的辩护冲突。

其次，法官也可以运用庭审指挥权，暂停法庭审理，给辩护律师与被追诉人一定的时间和空间进行沟通协商。当法官发现庭审过程中被告人与辩护律师的辩护意见分歧很大时，可以依职权主动宣布休庭，让辩护律师与被告人在私密的空间进行沟通协商。因为，如果辩护律师与被告人的辩护意见不一致时，庭审继续下去也只会激化辩护冲突。此时休庭，一个重要的作用就是让辩护人和被告人冷静下来，通过沟通协商了解辩护意见上的差异及其产生的原因，看是否可以协商并统一辩护意见。这也是基于控辩平等的考量，赋予被告人与律师的庭审沟通与交流权，以弥补被告人对于法律知识及诉讼程序的欠缺。唯有此，控辩双方才能在相对平等的基础上进行理性的对抗。

二、阅卷义务

阅卷是辩护律师进行辩护准备的一项极其重要的工作，是了解控方证据体系，形成辩护思路的最直接依据，是辩护律师职责之所在。在我国，由于立法及实践等方面的原因，控辩双方处于一种不平等的状态，辩方的自主取证能力偏弱，对于案件信息和相关证据材料的收集处于被动的地位。因此，辩护律师积极履行阅卷义务，有助于保障辩方知情权和质证有效性。所以说，辩护律师的阅卷义务更是辩护律师履行忠诚义务的一项重要责任。

（一）忠诚义务下辩护律师阅卷义务之功能

辩护律师查阅、摘抄、复制有关案卷材料，并向犯罪嫌疑人、被告人进行核实的目的是在开庭之前掌握控方的证据体系，在法庭上针对控方指控的证据进行有针对性的质证，说服法官对控方指控证据的证据能力和证明力产生怀疑。因此，辩护律师能否认真履行阅卷义务，直接关系到被追诉人的知情权能否实现，以及法庭质证能否取得效果，并最终会影响到辩护的有效性。

1. 认真履行阅卷义务有助于确保被告人知情权的落实

犯罪嫌疑人、被告人对于指控的事实和证据享有知情权。然而，目前我国对于被追诉人本人的阅卷权还存在着很大的争议，实践中很难具体落实。因此，质证权行使的前提是对指控证据的知情权，而知情权的重要作用就是针对指控的证据进行准备。

首先，确保被追诉人的知情权是辩护律师阅卷义务的应有之意。在开庭审判之前，辩护律师既要将自己的辩护思路告知被告人，也会就有关证据的质证问题与被告人进行沟通和协商。这被视为律师辩护的基本经验。[1]辩护律师会见犯罪嫌疑人、被告人时，一个重要内容就是证据信息的沟通，此时，辩护律师要将其在阅卷过程中知悉的证据情况以及法律适用问题及时告知被追诉人，保障其基本的知情权。知情的"情"中，对于证据的知悉便是应有之义，这也是律师进行辩护准备的重要内容之一。因此，对于被告人来说，如果没有审前阶段的证据核实，就没有证据知悉权，而没有证据知悉权则质证权便无从谈起。

其次，被追诉人对于证据的充分知悉是辩护思路达成一致的重要保障。辩护律师尽责的一个重要表现就是说服被告人接受其辩护思路。被告人在庭前应当具有知悉指控自己罪名和证据的权利，而且被追诉人本人也没有阅卷权，无从知悉相关证据。即使被追诉人可以阅卷，在刑事诉讼实践中，有的案件的案卷多达几十本甚至几百本，面对大量的言词证据和实物证据，由于被追诉人缺乏专业的知识和技巧，因此其也很难行使该权利。此时，就需要借助辩护律师的专业性，通过辩护律师在庭前的仔细阅卷，查找整理有利与不利于被追诉人的证据，通过与被追诉人核实证据材料、梳理案情、整理争点、消除争议，最终达成一致的辩护策略。换言之，被追诉人只有在辩护律师的协助下，才能知悉控方掌握的证据体系，以证据为依据作出理性的选择，才能与辩护律师达成一致的辩护思路。

---

〔1〕　田文昌、陈瑞华：《刑事辩护的中国经验》，北京大学出版社 2013 年版，序言。

2. 认真履行律师阅卷义务是举证的基础

在辩护的过程中，举证可以说是对质证强有力的补充。一方面，通过阅卷可能发现有利于被告人的证据。通过阅卷，辩护律师可以发现卷宗中有利于被告人的相关证据，并列入举证意见，向法院提交。另一方面，通过阅卷可能发现公诉机关并未提交的被告人无罪或罪轻的证据，可以会见被告人核实相关证据，或者对相关证人进行调查取证。辩护人在阅卷过程中，如果发现问题，必要时可以会见被告人进行核实，或者进行调查取证，并向法庭提交证明被告人无罪或罪轻的证据。

3. 认真履行阅卷义务有助于确保庭审质证的有效性

无论是辩护律师阅卷，还是向被告人核实有关证据，其主要目的就是确定证据材料的可靠性，从而确保在法庭上进行有效的质证，这是辩护律师为当事人提供有效服务的前提，也是尽职履责的关键。

首先，阅卷义务是确保被告人质证权有效行使的重要保障。质证权是被告人所享有的，是从属于其辩护权的基本权利。我国目前还没有建立双向的证据开示制度，辩方证据知悉权在审前难以得到有效的保障，这直接影响到庭审质证的有效性。在现有的法律框架内，辩护律师与被告人的审前质证只能利用《刑事诉讼法》核实有关证据的规定加以落实。如果被告人无法在审前同律师会见交流的过程中知悉相关证据信息，虽然被告人参与了庭审的全过程，但是由于庭前缺乏"有效的准备"，在庭审过程中仅有的时间里，很难从大量的案卷材料中找到案件的核心争点，很难提出有力的质证意见和针对性的问题，庭审虚化在所难免。"以审判为中心"的诉讼制度改革，核心要点之一就是要实现"庭审实质化"，这就需要控、辩双方有备而来，实现庭审举证、质证的有效性，避免其举证权和质证权的虚置。

其次，阅卷义务有助于确保庭审质证活动的有效进行。辩护律师通过会见听取被追诉人的陈述，因被追诉人自身认知水平以及利益关联的缘由，这些陈述仅是其一面之词。辩护律师要想发现影响定罪量刑的关键证据，必须通过阅卷查找控方的证据材料。阅卷的一项重要工作就是"查阅"，这里的查阅不仅指向"阅"，更重要的一项内容就是"查"。这里的"查"，从广义上来理解就是对证据的审查判断，以此来确认被追诉人定罪事实与量刑事实的指控以及相关证据是否准确，是一种实质意义上的事实和证据的审查工作。

作为专业人士的辩护律师，通过阅卷之后的长时间研究案卷材料，并以此为基础进行充分的准备，列出详细的质证提纲和质证意见，才能确保庭审质证活动的有效性。

最后，阅卷义务的履行是向被告人核实证据的先决条件。辩护律师向被告人核实证据的一个重要前提，就是阅卷过程中发现了控方证据存在的争议和矛盾之处。如果缺少审前阶段与被告人就有关证据进行核实的环节，双方证据信息掌握情况将会存在差异，庭审质证的效果将会大打折扣，从而直接影响到辩护的效果。例如，辩护律师如果仅仅通过阅卷了解案件相关证据，无法就存疑证据与被告人进行核实，则难以准确印证案件事实与证据是否对应，甚至可能直接影响到定罪量刑。辩护律师在阅卷的过程中发现控方卷宗材料中与被追诉人所讲述事实的矛盾之处，有助于形成下一步向被告人核实证据的方向。通过向被告人核实有关证据，尤其是存疑证据，可以了解被追诉人对于争议证据的看法，以此来进一步审查这些证据的证据能力和证明力，从而形成最终的质证意见和辩护意见。

（二）辩护律师阅卷义务履行之障碍

2012 年《刑事诉讼法》进一步完善了阅卷制度，但司法实践中，控辩双方无论是对于阅卷的实际范围，还是具体的阅卷方式等理解均存在分歧，导致辩护律师阅卷义务的履行存在着诸多障碍。

1. "案卷材料" 的选择性移送破坏了辩护律师阅卷的完整性

侦查机关在侦查卷宗的制作过程中处于绝对控制地位，可能导致辩护律师所查阅到的案卷材料完整性不足。由于立场的不同，侦查机关很可能选择性地移送相关证据材料，有时甚至会忽略有利于犯罪嫌疑人的关键证据材料，直接导致辩护律师很难对案情做到全面了解，因此可能弱化辩护的效果。侦查阶段的不公开性，导致侦查案卷的生成完全由侦查机关把握，辩护律师无从得知该卷宗材料记载的证据是否是侦查阶段收集的全部证据，而案卷材料的制作过程又缺乏来自第三方的监督。在会见过程中，犯罪嫌疑人将讯问过程中的细节告知律师，也只是提醒律师在阅卷时注意这些细节，但问题是很多讯问的细节在讯问笔录中根本没有得到体现，其真实性自然也存在疑问。辩护律师很难仅凭会见时所得到的信息就质疑侦查机关取证程序的合法性和案卷材料的真实性。

2. 讯问中的同步录音录像材料的不同解释影响了阅卷义务的实现

对于讯问中的同步录音录像的性质，一方面，不少辩护律师认为，讯问中的同步录音录像是口供的固定方式之一，与讯问笔录一样，客观地记录了犯罪嫌疑人在讯问过程中的供述和辩解，是证据的一种，理应属于阅卷的范围。另一方面，检察机关则认为讯问录音录像材料并不属于阅卷的范围。因为该制度的设立是为了遏制刑讯逼供，所以其不是严格意义上的证据材料。只有辩方对讯问过程的合法性提出质疑并启动非法证据排除程序之后，为了证明侦查过程的合法性，检察机关才需要提供讯问录音录像材料。对于此问题，最高人民法院认为，录音录像材料并非是必须要随案移送的，但如果随案移送，就属于案卷材料的一部分。但最高人民检察院则认为，讯问犯罪嫌疑人的录音录像不是诉讼文书和证据材料，属于案卷材料之外的其他与案件有关的材料。最高人民检察院和最高人民法院批复的冲突也加剧了对于该问题的争议。

3. 特殊案件的卷宗制作方式限制了阅卷义务的履行

实践中，对于毒品、走私等犯罪，侦查机关通常采取前期布线的方式，待到掌握具体犯罪事实之后，才正式立案侦查。此外，还有运用技术侦查手段侦查的案件，出于保密等因素的考量，侦查机关对于很多在立案前阶段的材料，通常不会全部移交至检察机关。即使移送至检察机关，也会通过设定内、外卷的方式对辩护律师阅卷内容进行限制。辩护律师仅仅能够查阅到"外卷"，即诉讼文书及相关证据材料、技术侦查的结论性成果。辩护律师如果无法查阅到"内卷"记载的信息，就很难全面了解案件信息，这样会直接影响辩护律师对案件整体的判断。

4. 值班律师阅卷权的缺失导致阅卷义务无法履行

2018 年《刑事诉讼法》修改后增加了值班律师制度，将值班律师的职责定位为"法律帮助"。在认罪认罚案件中，值班律师的核心工作之一就是与检察机关进行量刑协商，协商的基础就是值班律师对于案件基本事实有一个全面清晰的了解。而《刑事诉讼法》对于值班律师的职责定位为"法律帮助"，使得值班律师阅卷权成为空白。这样的"见证"将会给值班律师带来很大的风险，一方面，犯罪嫌疑人认罪认罚的，要在值班律师在场的情况下签署认罪认罚具结书，也即意味着值班律师起着一个监督者和见证人的角色；另一方面，值班律师不具有委托辩护那样的"全程性"，无法通过阅卷客观全面地掌握案情，实质地进行量刑协商。一旦值班律师在不能全面了解案情的情况下进行见证，将来出现冤假错案，值班律师该如何承担责任呢？

（三）忠诚义务下辩护律师阅卷义务之保障

现代刑事诉讼构造最基本的要求就是要实现控辩双方的实力均衡，基于控辩平等的考虑，法律一般会赋予辩方查阅控方卷宗的权利，以弥补双方资讯的不平等。随着以审判为中心诉讼制度改革的推进，针对辩护律师在阅卷过程当中存在的障碍，应当有针对性地解决，这样才能保障辩护律师更好地履行辩护义务，厘清辩护思路，争取当事人利益的最大化。

1. 对于录音录像的调取和查阅区分情形的处理

目前，对于审判阶段录音、录像的查阅，依据《最高人民法院刑事审判第二庭关于辩护律师能否复制侦查机关讯问录像问题的批复》，只要同步录音录像作为证据材料向人民法院移送，辩护律师提出要求复制，就应允许。目前争议最大的就是审查起诉阶段辩护律师对录音录像的调取和查阅的权利，各地做法也有所不同。有些检察院移交的起诉意见书及卷内显示有同步录音录像光盘，但当辩护律师申请调阅时，却以各种理由不允许复制，产生上述问题的根源就是最高人民检察院《关于辩护人要求查阅、复制讯问录音、录像如何处理的答复》，其在回复中将讯问犯罪嫌疑人录音、录像排除在"案卷材料"之外，但根据《人民检察院刑事诉讼规则》的规定，检察院审查起诉阶段的审查内容应当包含同步录音录像。对此，辩护律师可以区分情形分别对待，首先，对于录音录像未附卷的，可以申请调取。因为根据 2018 年《刑事诉讼法》第 41 条的规定，辩护人认为在侦查阶段、审查起诉期间公安机关、人民检察院收集的证明犯罪嫌疑人、被告人无罪、罪轻的证据材料未提交的，有权申请人民检察院、法院调取。其次，对于录音录像附卷却不允许辩护律师查阅，而辩护律师对侦查机关讯问合法性提出异议，可申请在人民检察院查看相关的录音、录像。在现场调取和查阅录音录像，也是履行阅卷义务的一种有效方式。

2. 特殊情况下值班律师可以进行阅卷

2018 年《刑事诉讼法》修改时新增了认罪认罚从宽制度和值班律师制度，但是并未赋予值班律师阅卷权。一方面，认罪认罚从宽制度适用的案件多数是相对简单的案件，事实清楚，证据确实充分，没有必要全部进行阅卷。另一方面，2018年《刑事诉讼法》第36条同时规定了人民法院、人民检察院、看守所应当为犯罪嫌疑人、被告人约见值班律师提供便利。此处的"提供便利"，笔者以为可以作广义的理解，不仅仅是为犯罪嫌疑人、被告人约见值班律师提供便利，还应当为值班律师进行法律帮助提供便利，尤其在特定案件中，应当为值班律师提供阅卷的"便利"。

为了使得认罪认罚从宽制度落到实处，就必须保障认罪认罚的自愿性。虽然多数认罪认罚的案件，事实清楚，证据确实充分，但也不排除犯罪嫌疑人受到引诱或者胁迫而认假罪。因此，在特殊情况下，人民法院、人民检察院应当为值班律师提供阅卷的"便利"，保障值班律师法律帮助的顺利履行。首先，当值班律师通过会见并与犯罪嫌疑人进行沟通，发现有不构成犯罪或者证据存疑的情况时，为防止冤错案件的发生，此时，辩护律师提出阅卷要求，人民法院、人民检察院应当为律师阅卷提供"便利"。其次，如果值班律师发现构成犯罪，在与检察机关进行量刑协商的过程中，对于量刑幅度认定提出不同意见时，提出阅卷要求的，人民检察院也应当为律师阅卷提供"便利"。由于上述情形可能直接影响到犯罪嫌疑人的定罪量刑等实质性利益，如果无法阅卷，则值班律师在认罪认罚案件中发挥"法律帮助"的实质效果会大打折扣。因此，在特殊情况下为值班律师提供阅卷"便利"，也是确保值班律师提供有效"法律帮助"的重要手段。

三、调查义务

由于各种因素的制约，辩护律师在会见与阅卷中有时很难发现案件的关键证据，未必能取得实质性的突破。这就需要辩护律师进行调查取证，我们将其称为律师尽责过程中的"转"。这是因为，有些证据材料可能是在侦查机关收集证据过程中被忽略了，也可能是侦查机关故意没有移送有利于被告的证据材料，所以律师在阅卷的时候无法发现这些证据材料。但通过调查取证，辩护律师可能会发现在会见与阅卷中没有发现的证据材料，这成为"扭转"案件走势的关键证据，从而可能取得辩护的实质性突破。因此，从维护当事人利益的角度来看，调查权是辩护律师享有的一项权利，从辩护律师履行忠诚义务的角度来看，调查义务又是实现有效辩护应尽的义务。辩护律师获取、收集证据，为法庭上检验控方的证据做好充分的准备具有重要意义。2012年

《刑事诉讼法》修改之后，受到各种因素的制约，辩护律师调查取证权的实现在实践中存在诸多困难。基于此种现状，本书从辩护律师忠诚义务的角度出发讨论辩护律师的调查义务。

(一) 忠诚义务下辩护律师调查义务之功能

调查取证不仅是保障忠诚义务履行的基础性权利，更是辩护律师的一项重要义务。在诉讼过程中辩护律师只有充分进行调查取证，才能从根本上扭转控辩双方力量不均衡的情况。从辩护律师忠诚义务的角度来看，调查取证权是保障忠诚义务履行的基础性权利，也是其他权利实现的保障，有效弥补了会见和阅卷的不足；与此同时，调查取证权还是"以审判为中心的诉讼制度改革"下实现有效辩护的重要途径。

1. 调查义务的履行有助于扭转侦查机关的取证偏向

首先，我国的单轨制侦查模式要求辩护律师履行调查取证的义务。根据侦查权在国家和社会之间配置的不同，侦查制度可以分为双轨制侦查制度和单轨制侦查制度。英美法系国家或地区刑事诉讼采用的是当事人进行主义，其对抗模式不仅集中在审判阶段，同时还存在于审前程序中，一个突出表现就是采取双轨制侦查模式，警察和被告方均可以对案件展开调查。而在大陆法系国家或地区通常采用的是单轨制侦查制度，即国家垄断了侦查的权力，侦查活动只能由代表国家的侦查机关行使。我国采用的是单轨制侦查模式，侦查机关通常对有利于被追诉人的证据持回避态度，有时甚至故意不搜集提交，这也是冤案发生的一个重要原因。此时，仅仅依靠会见和阅卷而获得的证据信息是有限的，很难取得理想的辩护效果。因此，在阅卷与会见无法取得实质性进展的时候，为了实现有效的辩护，辩护律师就应当努力去收集能够证明被追诉人无罪或者罪轻的相关证据，协助法官查明案件事实，有效克服单轨制侦查模式带来的弊端。

其次，调查取证是辩护律师核实控方证据和发现程序违法的有效手段。一方面，调查取证是核实控方指控的有罪或罪重证据的重要途径。辩护律师通过会见和阅卷之后，可能会发现控方的证据体系中对于被追诉人不利的证据与被追诉人所陈述的案件事实和证据存在明显矛盾，此时，为了进一步验证和核实这些对于被追诉人不利证据的真实性和可靠性，就应当进行积极的调查取证工作，并为庭审的质证和辩护工作做准备。例如，针对一起已经二审裁判生效的盗窃案，申诉律师经依法调取证据，特别是核查证人证言，证明案件背后的实情为调包陷害，即被追诉人在被人骗去高消费时，大衣被人调包并放入几千元钱，所谓"盗窃"由此产生。得益于律师在调查取证中发挥出的主观能动性，该案件才得以成功翻案。[1]另一方面，调查取证也是发现侦查机关程序违法的重要手段。一般来说，通过会见和阅卷很难发现和确定侦查机关是否存在程序违法，此时，为了保障被追诉人的合法权益，辩护律师应当进行调查取证，收集侦查机关程序违法的证据，尤其是侦查机关非法取证的证据，为程序性辩护做准备。

最后，辩护律师在侦查阶段调查取证有助于防止冤假错案的发生。侦查的目的具有综合性，这就决定了辩护律师在侦查阶段调查取证的重要性。关于侦查程序的目的，学界有"公判准备说""公诉准备说"和"侦查独立说"。[2]一方面，侦查程序的目的是收集证据、查获犯罪嫌疑人，为提起公诉、审判作准备；另一方面，侦查过程中也可能收集到有利于犯罪嫌疑人的证据，从而终止不必要的追诉程序。然而，侦查机关出于自身的利益，收集的大多是有罪的证据，很难做到客观公正地收集犯罪嫌疑人无罪的证据，这就需要辩护律师积极进行调查取证工作，将无罪证据收集反馈给侦查机关，及时终止不必要的诉讼程序，及时将案件分流，从而有效避免冤案的发生。如果在侦查阶段辩护律师调查取证的功能不能得到发挥，在审判阶段就很难扭转侦查中的错误。正如我国台湾学者指出的，"侦查中所犯的错误往往具有不可弥补性，许多实证研究指出，错误裁判最大的肇因乃错误侦查，最好的法官，最完美的审判制度，往往也挽救不了侦查方向偏差所造成的恶果……"[3]

2. 调查取证是"审判中心主义"视角下实现有效辩护的重要途径

"审判中心主义"涉及多种职能的协同运行，这其中，辩护职能的充分发挥至关重要。调查取证是全面提升辩护力量，实现控辩平等对抗的重要一环。辩护律师要想在法庭上与控方进行实质的对抗，实现审判中心主义的目的，

---

[1] 张军："关于刑事审判证据的若干问题"，载中国人民大学律师学院组编：《刑事辩护律师实务》，法律出版社2014年版，第71页。

[2] 李心鉴：《刑事诉讼构造论》，中国政法大学出版社1992年版，第180页。"公判准备说"认为侦查程序是为审判作准备；"公诉准备说"认为侦查是为了提起公诉。"侦查独立说"认为侦查的目的是明确嫌疑的有无，进而决定起诉与不起诉。

[3] 林钰雄：《刑事诉讼法》（下册），中国人民大学出版社2005年版，第4页。

必须努力做好调查取证工作,这对于"审判中心主义"下实现有效辩护具有重要意义。

首先,辩护律师调查取证有助于完善审判中的反驳性检验机制。反驳性检验机制的核心,是确立并保障辩护律师在刑事诉讼中的两项权利:一是直接反驳、检验对方举证的"质证权",二是向法庭提交本方有利证据,用以反驳、削弱对方指控的"取证权"。[1]我国刑事诉讼程序受"侦查中心主义"的影响,导致多数案件的审查起诉和审判是对侦查结果的确认。在辩护律师的调查取证权得不到有效保障的情况下,辩方很难对控方的指控进行实质性的反驳。从推进"以审判为中心"的诉讼制度改革的角度来看,调查取证工作的有效开展,有助于收集到有利证据,在庭审过程中,对控方指控的证据进行有力地反驳,从而协助法院查明案件真相,实现司法公正。

其次,辩护律师调查义务的履行有助于庭审中控辩双方的平等对抗。现代刑事诉讼要求控辩平等对抗,而平等对抗的前提是双方力量的均衡。一方面,辩护律师通过侦查阶段的调查取证,可以为法庭审理进行充分的准备。在"侦查中心主义"的影响下,辩护律师在侦查、起诉阶段的调查取证工作困难重重,这是导致控辩双方力量失衡无法进行平等对抗的一个主要原因。如果没有律师在审前程序阶段作出充分的准备和调查取证,那么审判阶段的控辩双方将很难实现平等对抗。唯有审前充分履行调查义务,方能发挥庭审对于定罪量刑的决定性作用,避免"侦查中心主义"带来的种种弊端。另一方面,审判阶段的调查取证为控辩双方实质性对抗提供了重要支撑。审判阶段的调查取证中最重要的一项制度就是申请人民法院通知证人出庭作证。这有助于被告人让有利证人出庭作证的权利获得切实、有效的保证,从而实现真正意义上的控辩平等对抗。

（二）我国辩护律师调查义务履行之困境

2012 年《刑事诉讼法》修改之后,辩护律师会见、阅卷问题在常规案件中基本上不存在障碍。由于相关法律规定的缺位、制度保障的缺失,无论是自行调查取证还是申请调取证据,在实践中都面临着很大的阻力。加之《刑法》第 306 条中"达摩克利斯之剑"对于辩护律师的威慑,辩护律师调查取

---

〔1〕 魏晓娜:"审判中心视角下的有效辩护问题",载《当代法学》2017 年第 3 期。

证权的落实情况并不乐观。根据行使条件不同，辩护律师的调查取证权可分为自行调查取证权和申请调取证据权。然而，这两种调查权由于立法的模糊可能都存在权利的虚置。

1. 自行调查权的虚置与风险导致辩护律师不愿履行调查义务

2018 年《刑事诉讼法》第 43 条第 1 款前半部分规定，"辩护律师经证人或者其他有关单位和个人同意，可以向他们收集与本案有关的材料"。然而，律师自行调查取证权由于制度设计的先天缺陷，导致其在实践中面临着诸多障碍。

首先，从权利属性的角度来看，该权利并没有上升到法律意义上的权利。立法赋予辩护律师的仅仅是一种申请的资格，也就是说如果经过同意，则可以行使调查取证权；而未经过同意，则该权利自然消灭。其实属于一种"自然意义上的权利"，而不具有"法律权利"的属性。[1]

其次，该权利缺乏有效的救济途径。自行调查并不具有强制力。虽然《最高人民法院关于适用〈中华人民共和国刑事诉讼法〉的解释》第 51 条规定，因证人或者有关单位、个人不同意，辩护律师可以申请人民法院收集、调取，或者申请通知证人出庭作证，但该规定设置了申请的前提，即人民法院认为"确有必要"，在实践中很难落实。然而，一旦遭遇困难，也无法诉诸司法机关的强制调查。在"侦查中心主义"诉讼构造的影响下，辩护律师经常被侦查机关视为打击犯罪活动的阻碍者。

最后，自行调查还面临着执业的风险，尤其是在向证人、被害人调查取证的过程中。由于有《刑法》第 306 条这一"达摩克利斯之剑"悬在头顶，实践中，辩护律师如果向控方证人以及被害人进行取证，而控方证人和被害人又推翻了之前对侦查机关所做的证言，那么司法机关就可能以"律师伪证罪"为由发动针对律师的刑事追诉。不少律师为避免这种风险，在辩护过程中普遍不愿意进行调查取证活动，可能对维护被追诉人的利益造成消极影响。

2. 申请调查权缺乏自主权导致辩护律师难以有效履行调查义务

实践中也很难实现申请调查权。律师提出的这类调查证据的申请，绝大多数会被检察院或法院无理拒绝，而且对此种明显损害司法公正的行为，律

---

[1] 陈瑞华："辩护律师调查取证的三种模式"，载《法商研究》2014 年第 1 期。

师还难以获得有效的司法救济。[1]《人民检察院刑事诉讼规则》第 52 条规定，人民检察院认为需要收集、调取证据的，应当决定收集、调取并制作笔录附卷；决定不予收集、调取的，应当书面说明理由。该规定说明在审查起诉阶段，检察院是否启动调查取证程序，拥有绝对的不受限制的自由裁量权，辩护律师的申请不具有任何强制效力。而《最高人民法院关于适用〈中华人民共和国刑事诉讼法〉的解释》同样如此，在第 52 条规定了"辩护律师直接申请人民法院向证人或者有关单位、个人收集、调取证据材料，人民法院认为确有收集、调取必要，且不宜或者不能由辩护律师收集、调取的，应当同意"。何为"确有必要"？该解释对此没有具体说明，这给法院留下了很大的自由裁量空间。同样对于法院作出的不准许决定如果有异议，辩护律师很难得到有效的救济。

3. 侦查阶段调查权的模棱两可使得辩护律师调查义务无法履行

联合国《关于律师作用的基本原则》第 1 条强调："所有的人都有权请求由其选择的一名律师协助保护和确立其权利并在刑事诉讼的各个阶段为其辩护。"这是刑事辩护制度公认的国际性准则。我国 2012 年《刑事诉讼法》虽然确立了侦查阶段律师的辩护人地位，然而，对于侦查阶段的辩护律师与审查起诉阶段、审判阶段的辩护律师享有的诉讼权利是否一致，辩护律师在侦查阶段是否享有调查取证权，理论界和实务界仍然存在着很大的争论。具体来看，主要有三种主要观点。第一种是肯定说。即辩护律师在侦查阶段无论是对证人，还是对被害人等均有调查取证权，但会受到一定的限制，就是对被害人等取证事先需要经过检察机关许可。[2]第二种是部分肯定说。即辩护律师在侦查阶段对于一般证人等有调查取证权，但是，对于被害人及其近亲属、被害人提供的证人只有在审查起诉和审判阶段才有调查取证权。第三种是否定说。即侦查阶段律师没有调查取证权，只有在审查起诉和审判阶段才能行使该权利。[3]尚权律师事务所 2016 年初发布的调研报告显示，42.1% 的律师明确表示，在侦查阶段从未进行过调查取证工作，只有 58.9% 的律师表

---

〔1〕 陈瑞华："辩护律师调查取证的三种模式"，载《法商研究》2014 年第 1 期。

〔2〕 参见朗胜主编：《中华人民共和国刑事诉讼法释义》，法律出版社 2012 年版，第 85 页。

〔3〕 汪海燕、胡广平："辩护律师侦查阶段有无调查取证权辨析——以法律解释学为视角"，载《法学杂志》2013 年第 11 期。

示曾经有过调查取证的经历。[1]作为辩护律师的核心诉讼权利之一，同时也是辩护律师履行忠诚义务的基础性义务之一，如果辩护律师在侦查阶段不能有效行使调查取证权，其在侦查阶段就很难实施有效的服务，对于犯罪嫌疑人的法律服务效果就会大打折扣，阻碍了辩护律师忠诚义务的实现。

（三）忠诚义务下辩护律师调查义务之履行

侦查机关取证和辩护律师取证构成了我国刑事案件调查的二元结构。一方面，从实体真实的角度来看，辩护律师调查取证，有利于矫正侦查机关收集证据的偏向，最大限度地协助法院查明案件真相。另一方面，从维护被追诉人合法权益的角度来看，辩护律师调查取证是履行辩护职责、践行忠诚义务、实现有效辩护的重要权利。为此，应当落实审判阶段辩护律师申请人民法院通知证人出庭作证制度，同时还要强化辩护律师调查取证之风险防范。

1. 落实侦查阶段律师的调查取证权

无论是从我国新修订的刑事诉讼法切入，还是从比较研究的方法入手考察世界其他国家侦查阶段辩护律师的调查取证权，都可以得出我国的辩护律师在侦查阶段应当且已经具有了调查取证权的结论。[2]只有明确辩护律师在侦查阶段享有调查取证权，才能更好地履行调查义务。这不仅可以让律师以辩护人的身份介入到侦查程序当中对侦查机关进行有效的监督，以更好地维护犯罪嫌疑人的合法权益，还能为审查起诉阶段以及审判阶段的辩护进行充分的准备。

第一，侦查阶段赋予律师调查取证权的意义。

首先，侦查阶段律师的调查取证权是落实侦查阶段辩护人身份的实质标志。2012年《刑事诉讼法》明确了犯罪嫌疑人有权委托辩护律师的时间节点，从而结束了长期以来犯罪嫌疑人在侦查阶段是否有权委托辩护人的争论。然而，虽然形式上的争论已然停止，但是实质上的争论还在继续，这就涉及侦查阶段辩护律师究竟享有哪些权利。如果否定侦查阶段律师的调查取证权，那么新旧刑事诉讼法关于侦查阶段律师权利的规定将没有太大的变化。《刑事

---

[1] 刘方权："侦查阶段律师辩护问题实证研究"，载《四川大学学报（哲学社会科学版）》2016年第3期。

[2] 董坤："律师侦查阶段调查取证权新探"，载《武汉大学学报（哲学社会科学版）》2016年第2期。

诉讼法》如果没有规定侦查阶段律师的调查取证权，而仅以基本法的形式确认一些法律或解释关于律师会见犯罪嫌疑人时的有关规定，不足以体现侦查阶段律师作为辩护人身份的承认或确立，也无法彰显修改后的刑事诉讼法尊重和保障人权之精神。[1]

其次，侦查阶段律师的调查取证权有助于增强审前辩护的效果。辩护的场域不仅仅局限在法庭上，审前阶段的辩护也是重要的内容。随着庭审实质化改革的推进，为了尽早争取对当事人有利的结果，近年来，辩护律师的辩护活动开始向审判前的辩护延伸，审前辩护取得的效果也越来越明显。扎实的证据基础可以避免侦查阶段不必要的起诉和批捕，而侦查阶段律师的调查取证权则是实现上述目的的重要保障手段。一方面，2018 年《刑事诉讼法》第 88 条规定了检察院审查批准逮捕可以或应当听取辩护律师的意见，第 161 条规定了案件侦查终结前，辩护律师提出要求的，侦查机关应当听取辩护律师意见。这些意见提出需要相应的证据材料作为基础，而调查取证是收集相关证据最重要的手段之一。另一方面，2018 年《刑事诉讼法》规定了辩护人收集的犯罪嫌疑人可能无罪的三类证据，应当及时告知公安机关、人民检察院。辩护律师如果收集到相关的证据，可以向侦查机关提出本案不构成犯罪的辩护意见，说服侦查机关作出撤销案件的决定，这种无罪辩护的结果可以说是对当事人利益的最大维护。如果缺少了调查取证权的保障，没有了相关证据的支撑，则很难说服侦查机关作出上述决定，也就难以履行辩护律师的职责。

最后，侦查阶段律师的调查取证是推进以审判为中心制度改革的应有之义。审判中心主义要求以庭审为中心，法庭是控辩双方交战的地方，辩方在法庭上出示证据与控方对质，从而更好地检验控方的证据，而这些证据主要来自辩护律师会见、阅卷和调查取证。而这三种途径中，调查取证所得来的证据作用更加明显。侦查阶段是一个证据收集的关键环节，有些证据材料错过这个阶段，将会造成无法弥补的损失。出于职业和立场的偏见，侦查机关在侦查过程中通常会忽视对被追诉人有利的证据，辩护律师出于职责要求，如果能在侦查阶段通过调查取证收集到有利于被追诉人的这些证据材料，将

---

〔1〕　汪海燕、胡广平："辩护律师侦查阶段有无调查取证权辨析——以法律解释学为视角"，载《法学杂志》2013 年第 11 期。

来一旦在法庭上予以出示，就可以对控方证据进行反驳和验证，从而在法庭上与控方形成实质性的对抗，这些通过调查取证得来的证据也就成为说服法官的利器。因此，侦查阶段调查取证工作是落实以审判为中心，增强庭审抗辩性的重要保障。

第二，侦查阶段律师调查取证权的合理配置。

首先，调查对象应当限定在有利于犯罪嫌疑人的证据范围。辩护律师的职责是"提出犯罪嫌疑人无罪、罪轻或者减轻、免除刑事责任的材料和意见"。基于辩护律师的职责，笔者以为，辩护律师在侦查阶段调查的重点应当放在那些有利于犯罪嫌疑人的证据。首先，由于2018年《刑事诉讼法》明确规定了律师可以提出不应当追究刑事责任的三类证据，因此，辩护律师在侦查阶段调查取证的首要对象就是这三类证据。这是因为，由于有明确的规定，使得律师调查取证的依据充分，这样在很大程度上可以避免执业的风险。同时还有助于侦查机关及时调整侦查思路，确保侦查工作的全面性，及时维护犯罪嫌疑人的合法权利。其次，并不是所有的案件都存在上述三类证据，在多数案件中，律师的调查方向只能是减轻刑事责任的证据材料。例如，涉及意外事件、正当防卫、紧急避险以及与被害人和解等情形的明显有利于犯罪嫌疑人的证据材料，理应成为辩护律师在侦查阶段调查的重点。

其次，调查手段应当受到一定的限制。侦查阶段仍然应当以侦查机关侦查权的行使为主。如果赋予辩护律师过多的调查手段，极易干扰侦查活动的顺利进行，同时也给自身带来不必要的执业风险。世界主要法治国家，对于律师在侦查阶段的调查手段均作出一定的限制。我国应当对辩护律师在侦查阶段采取的手段进行限制。首先，在侦查阶段严禁辩护律师采取强制方法收集证据，只能按照《刑事诉讼法》的规定进行调查取证工作。其次，辩护律师在侦查阶段进行调查取证工作时，应当遵守律师职业伦理，不得对证人采取引诱、威胁的方法获取证据，不得湮灭证据、伪造证据或者帮助湮灭、伪造证据。最后，明确调查取证的顺序。为了保障侦查工作的顺利进行，辩护律师只能在侦查机关调查之后进行补充调查，这是由辩护律师调查取证权的补充性特点所决定的。对同一来源的证据，首次调查权应当归属侦查机关，否则会影响证据的原始形态，也不利于司法机关查明案件事实。

最后，赋予辩护律师侦查阶段的申请调查取证权。由于受到取证手段及欠缺强制性等多种因素制约，辩护律师在侦查阶段行使自行调查权困难重重。

虽然 2018 年《刑事诉讼法》第 43 条规定了救济的途径，即辩护律师可以申请人民检察院、人民法院收集、调取证据。然而，这只是规定了在审查起诉阶段辩护律师可以向检察院申请取证，审判阶段则向法院申请取证。侦查阶段具体向哪个机关申请并不明确。从世界范围来看，由于侦查阶段律师自行调查取证均受到限制，各国均采取了相应的救济措施，其中一项重要措施就是赋予辩护律师申请法院等国家机关以国家强制力获得有利于己的证据。例如，《德国刑事诉讼法》第 136 条"初次讯问"指出，"初次讯问开始时，应当告知其可以申请对他有利的个别证据"。[1]在日本，"如果不在事前保全证据就很难利用某一证据时，犯罪嫌疑人、被告人在该情况下可以请求法官采取搜查、勘验、询问证人或鉴定等措施"。[2]

在我国，立法并没有明确赋予辩护律师在侦查阶段申请侦查机关协助调查取证的权利，因此，辩护律师在侦查阶段很难利用公权力收集到有利的证据。笔者以为，可以充分发挥检察机关的法律监督职能，当辩护律师在侦查过程中发现了可能影响侦查机关对于案件事实进行正确判断的关键性证据时，可以向检察院申请调取。检察机关从维护法律正确实施的目的出发，经过审查，认为相关证据确实可能左右案件的认定，则可以决定引导侦查机关进行相关取证工作。

2. 落实审判阶段辩护律师申请人民法院通知证人出庭作证制度

为了维护控辩平衡的诉讼结构，必须保障辩方审判阶段的调查取证权。调查取证权在中国刑事诉讼立法中又细分为三项权利：一是辩护律师直接向证人或被害人等调查取证；二是辩护律师申请人民检察院、人民法院调查取证；三是辩护律师申请人民法院通知证人出庭作证。[3]由于律师自行调查不具有任何强制力，在被拒绝之后难以获得有效的救济，而律师申请人民检察院调查的方式同样面临着被拒绝后缺乏救济的问题，因此，前两项权利在司法实践中的效果并不理想。为保障辩护律师调查取证权得到有效实现，就需要落实辩护律师申请人民法院通知证人出庭作证制度，尤其是要保证有利证

---

〔1〕《德国刑事诉讼法典》，宗玉琨译注，知识产权出版社 2013 年版。

〔2〕 [日] 田口守一：《刑事诉讼法》，张凌、于秀峰译，中国政法大学出版社 2010 年版，第118 页。

〔3〕 魏晓娜："审判中心视角下的有效辩护问题"，载《当代法学》2017 年第 3 期。

人出庭作证，这样才能有效保障被告人的质证权，同时还可以降低辩护律师的执业风险。

《律师办理刑事案件规范》规定了律师向已经在办案机关作过证的证人调查的一般处理原则，具有一定的指导意义。律师向已经在办案机关做过证的证人调查，由于可能存在证人改变证言的情况，为降低律师调查的风险，防止被司法机关以《刑法》第306条予以追究刑事责任，《律师办理刑事案件规范》第39条明确规定了辩护律师向已经在侦查机关、检察机关做过证的证人了解案件情况、调查取证时，应当以申请证人出庭作证为一般的处理原则，当然，证人确实不能出庭作证的，辩护律师也可以直接向证人调查取证。但是此时应当严格依法进行，并可以对取证过程进行录音或录像，也可以调取证人自书证言。此外，律师在向没有在办案机关作过证的证人进行调查时，也应当遵守上述规则，防止证人改变之前对律师的证言，避免执业风险。

3. 强化辩护律师调查之风险防范

在刑事辩护的过程中，为了维护当事人的合法权利，辩护律师积极进行调查取证是应尽的义务。然而，由于各种原因，调查取证在我国却给辩护律师带来了巨大的执业风险。如何在实现当事人利益最大化的同时防范风险，成为忠诚义务之下需要认真研究的问题。

第一，侦查阶段禁止收集、核实控方证据。

如前所述，辩护律师在侦查阶段应当享有调查取证权，但此时会引发一个问题，就是对于侦查机关调查的控方证人，辩护律师可否在侦查阶段进行单方面的调查呢？无论从保障侦查活动的顺利进行，还是从保护律师的执业安全的角度来看，侦查阶段都应当对辩护律师调取控方证据加以限制，尤其是对于侦查机关所收集的被害人陈述、目击证人的证言等控方收集的言词证据。这是因为：

首先，从侦查阶段证据收集的角度来看，言词证据的稳定性差，易发生变动。在证据固定之前，如果允许辩护律师在侦查阶段单方面接触控方证人，包括被害人及其一方的证人，这些证人很可能受到律师调查的影响而改变证言，无疑会对侦查工作造成极大影响。辩护律师过早介入控方证据的调查，极易干扰侦查机关对于证据的固定和收集工作。

其次，立法对此问题的模糊加大了律师的执业风险，从律师自身的执业安全角度出发，也应尽量避免在侦查阶段单方面接触控方证人，以防止其改变证言而被追究律师伪证罪的刑事责任。从 2018 年《刑事诉讼法》第 43 条的规定很难看出立法是否允许辩护律师在侦查阶段对控方证人进行单方面的调查取证，《公安机关办理刑事案件程序规定》也未作出明确规定。而从《人民检察院刑事诉讼规则（试行）》第 52 条及第 53 条的规定可以看出，辩护律师收集、审核控方证据的权利仍限定在"案件移送审诉后"。辩护律师在侦查阶段也应当尽量避免收集、核实控方证据，以防止侦查机关借此打击报复。

第二，辩护律师在调查取证中的"诱导性发问"。

辩护律师在庭前主动接触辩方证人或者控方证人的过程中，可能会进行一定程度的"诱导性发问"，其目的也是获得有利于被追诉人的证言。但是如果证人之后改变证言，甚至辩解为律师指使，那么律师之前制作证言时采取的"诱导性发问"，很可能成为其有罪的证据，被侦查机关以《刑法》第 306 条"引诱证人改变证言或作伪证"追究律师伪证罪的责任。当辩护律师发现有利于犯罪嫌疑人的证据时，只是到审判阶段通过申请法院调取或者让相关证人出庭作证，法院通常也不予支持，有些证据甚至早已灭失。缺乏有利证据的支撑，辩护就很难取得实质性的效果，维护当事人的利益也就成为一句空话。

所谓"诱导性发问"，缘于英美法系的交叉询问规则中包含"禁止诱导性主询问的规则"，即辩护人对于己方证人，不得进行诱导性询问。其主要目的是确保证人证言的客观真实性，防止辩护律师诱使己方证人改变证言。其法律后果只是在对方律师适时提出反对后，由法官裁断该询问无效，而并不承担其他责任。因此，其仅仅是庭审中禁止询问己方证人的规则，而并非伪证行为。在我国，实践中对于如何区分诱导性问题与非诱导性问题，有一定交叉和模糊性，区分起来有一定难度。正是这样一个模糊地带，给辩护律师调查取证工作埋下了一颗"地雷"。为此，应当从一松一紧两个方面对此问题进行规制。一方面，对于辩护律师来说，自行调查取证的律师本身就已经很少，因此，对于律师调查取证中的具体方法应当采取宽松的态度，只要没有明显故意唆使他人作伪证的确切证据，就不能追究其刑事责任。另一方面，对于侦查机关而言，当其以"诱导性发问"从而"引诱证人改变证言或作伪证"为由，追究律师伪证罪的刑事责任时，应当从证明责任、证明标准等程序上加以严格限制，防止侦查机关滥用权力任意追究辩护律师的刑事责任。

第三，加强辩护律师调查取证权的执业规范导引。

从收集证据的重点来看，证人证言中的模糊与矛盾的地方自然是调查询问的重中之重，通常辩护律师会依此形成书面的证言笔录。然而，这种调查的风险很大，因为它很容易改变证言的内容。而一旦证人在律师调查取证之后出现"改变证言"的情况，即使是证人自行改变证言，也很难与辩护律师"引诱证人改变证言或作伪证"的行为相区分，而且主观方面更是难以证明，导致律师有口难辩。而证言的改变意味着控方的证据体系存在瓦解的可能，控方为了维护自己的证明体系，极有可能对律师采取职业报复。正是由于这种风险的存在，导致很多律师不去积极履行调查取证的义务，损害了当事人的利益。

实际上，辩护律师被追究律师伪证罪的案件频发，其中多数是调查取证过程中取证方法不当所导致。其中一个重要原因，就是《刑事诉讼法》《律师法》以及相关行业规范对于辩护律师在刑事诉讼中调查取证的具体方式指导不明确。因此，对于辩护律师调查取证程序进行规范化引导，成为化解此类风险的最佳途径。公开化、透明化的调查过程，将为律师增加一层保护。2017年8月由中华全国律师协会颁布的《律师办理刑事案件规范》，从律师调查证人以及制作调查笔录两个方面细化了律师调查取证的程序。

首先，明确辩护律师直接向证人进行调查时的保护措施。对取证过程进行录音或录像，也可以调取证人自书证言。也就是说，当律师确信证人证言存在矛盾与可疑之处，而其对于案件的定罪量刑影响重大时，可以直接进行调查取证，但要有必要的保护措施，即对取证过程进行录音录像，或采取调取证人自书证言的方式。通过录音录像留下证据，在客观上起到保护律师的作用，从而将风险降至最低。其次，规范律师调查笔录的制作程序及行为界限。作为律师执业的基本技能，调查笔录的规范化可以有效地规避一些执业风险。《律师办理刑事案件规范》明确了调查笔录的制作规范，并划定了律师在调查取证时的行为界限，具有一定的操作指导意义和对律师的保护作用。

第二节　辩护律师忠诚义务下庭前准备工作之强化

党的十八届四中全会通过的《中共中央关于全面推进依法治国若干重大问题的决定》中规定，"推进以审判为中心的诉讼制度改革，确保侦查、审查起诉的案件事实证据经得起法律的检验"。以审判为中心的改革目标是"保证庭审在查明事实、认定证据、保护诉权、公正裁判中发挥决定性作用"。庭审实质化改革，不仅仅对法官主持庭审和检察官出庭支持公诉提出的要求，更对辩护律师在法庭审理中与控方进行实质性对抗提出了新的要求。而对刑事审前阶段的辩护，实际上也应当做广义上的理解，不仅包括侦查阶段的辩护和审查起诉阶段的辩护，还包括在案件进入法庭审判阶段之后，在正式开庭前所进行的必要的准备活动，我们称之为辩护律师庭前准备工作。

一、辩护律师庭前准备不足导致新"控强辩弱"现象出现

在刑事诉讼的过程中，传统的"控强辩弱"是从控辩双方力量的对比来理解的。然而，在庭审实质化改革的大背景下，"控强辩弱"出现了新的情况，即庭前控方进行了充分的准备，而辩护律师在庭前并没有进行针对性的充分准备，导致庭审实质性对抗出现"控强辩弱"的特征，在这种新"控强辩弱"的背景下，庭审虚化现象严重。

（一）庭审实质化改革对于辩护律师庭前准备提出了新的要求

庭审实质化是以审判为中心的司法改革的重要内容，而 2018 年《刑事诉讼法》新增了认罪认罚从宽制度和速裁程序，实际上更进一步明确了庭审实质化的改革方向，即针对重大疑难复杂的案件要严格实行实质化的庭审程序。而对于被告人选择认罪认罚的犯罪事实简单的案件，只需要通过速裁程序进行审理，这也是基于实现繁简分流，节约司法资源的考量。这些重大疑难复杂的案件，通常会呈现出事实复杂、证据种类繁多的特征，辩护律师要想获得实质化审理的效果，必须与控方进行实质性的对抗。因此，对于辩护律师来说，要想实现庭审的实质化，就必须认真做好庭前准备工作，不仅仅要完成基础性的辩护工作，同时还要根据事实和证据材料，针对起诉书中的指控确定一个合理的辩护策略，并说服被告人接受并配合其辩护，并对被告人进行庭前辅导的工作，以适应庭审实质化改革带来的挑战。

（二）辩护律师庭前准备工作不充分直接弱化了庭审对抗的效果

现代刑事诉讼的基本结构要求控、辩、审三种诉讼职能相分离，裁判者中立，控辩平衡。传统意义上的"控强辩弱"，是从控方权力过大而辩方权利受限的角度去讲的，如果控诉与辩护职能在法庭审判中不保持平衡，那么被

控告方就不能真正享有法定的诉讼权利，庭审过程就会出现"控强辩弱"的局面。

在庭审实质化改革过程中，"控强辩弱"呈现出新的特点，即诉讼能力和准备程度上的"控强辩弱"。一方面，控方对于出庭支持公诉进行了充分的准备，而部分辩护律师不尽职，在庭前准备并不充分，对案情并不十分了解，甚至没有形成自己的辩护思路，加之应对庭审能力不足，导致庭审中无法与控方进行有效对抗。另一方面，在刑事辩护全覆盖背景下，专业从事刑事辩护的律师不足以应对行使辩护全覆盖下案件数量的需求，一些从事民商事和非诉业务的律师也加入到刑事辩护的队伍中来，由于缺乏办理刑事案件的经验和技巧，而且未受过相关的刑事辩护业务的培训，在庭审过程中很难与控方进行实质性的对抗，这也导致在一些案件的庭审过程中出现了一边倒的新"控强辩弱"现象。

二、庭前准备工作对于辩护律师忠诚义务之意义

虽然辩护律师在庭前进行了会见以及充分的阅卷，但是如果不重视庭前准备工作，也可能弱化辩护的效果，庭前准备工作是否充分，是律师能否自如应对庭审的关键，也是庭审能否取得良好效果的关键，对于辩护律师忠诚义务之履行意义重大。

（一）庭前准备工作是整个刑事辩护活动的有机组成部分

庭前准备工作是法庭上进行有效辩护的前提和准备，是辩护活动的重要组成部分。

首先，庭前准备工作有其自身的独立价值。在整个刑事诉讼的过程中，辩护律师的忠诚义务贯穿于接受委托后的每一个阶段，在每一个阶段都应当有所作为，都应当行使辩护律师应尽的职责，庭前准备阶段也不例外。开庭之前的准备工作，是有针对性的工作，针对庭审有的放矢地准备，并对被告人进行辅导，将其培训为辩护律师的得力助手，这样可以有效地防止庭审的虚化和不必要的冲突发生。因此，辩护律师应当认真做好庭前准备工作，充分认识到庭前阶段律师辩护准备工作的独立价值。

其次，认真做好庭前辩护准备工作也是辩护律师忠诚义务的题中之意。如前所述，会见、阅卷、调查义务是辩护律师的基础性义务。正是通过一次次会见、阅卷、调查，辩护律师才对于案件的辩护有了一个初步的思路。但是仅仅到此还不够，在开庭之前辩护律师需要在前期工作的基础上，对现有的证据材料进行分析论证，确定一个最终的辩护思路。同时，还要说服当事人接受其辩护思路，并针对庭审程序及注意事项对当事人进行有针对性的辅导。可以说，庭前辩护准备工作是辩护律师前期基础性义务履行的延续，也是辩护律师忠诚义务的题中之意。

（二）庭前辩护准备工作是确保庭审对抗实质化的重要保障

庭审辩护准备工作的一个重要目的就是保障庭审对抗的实质化。无论是在开庭之前形成自己的辩护思路，与被告人协调辩护思路，还是有关的证据和案件细节向被告人进行核实，都是为了在庭审中与控方进行有效的对抗。

首先，在开庭之前形成自己辩护思路是辩护律师的应尽之责。庭前准备的一项重要工作正是形成辩护思路，任何一名律师都不愿意打无准备之仗，如果在开庭之前这一个阶段没有做好充分的准备工作，无法形成有效的辩护思路，仅仅依赖开庭时随着庭审的进行当庭形成辩护思路，实际上是一种不负责任的表现。虽然在庭前也进行了会见和阅卷工作，形成了一定的辩护思路，但是辩护律师仍然要在开庭之前对于会见和阅卷的成果进行综合分析，并确定最终的辩护思路，这也是辩护律师的应尽之责，同时也是庭审实质性对抗之前提。

其次，开庭之前与被告人协调辩护思路是避免庭审中发生分歧的有效途径。辩护律师庭前准备的一项重要工作，就是在开庭之前进行最后一次会见，说服被告人配合自己的辩护立场和思路。这是因为，当辩护律师确定最终的辩护思路之后，面临的一个问题就是，如何说服被告人接受自己的辩护思路，这就需要对被告人进行开庭前的辅导。由于在我国辩护律师与被告人在法庭上很难进行有效沟通，因此，在开庭前与被告人进行沟通非常重要。辩护律师要向被告人讲解整个庭审程序，以及对于一些可能的问题如何回答。同时还要说服被告人认可并配合自己的辩护思路，以及选择这种辩护思路的理由，避免双方在庭审的过程中发生分歧甚至是冲突，让被告人在法庭上的表现与辩护律师提供的辩护思路一致。

最后，开庭之前就有关的证据和案件细节向被告人进行核实是印证和弥补辩护思路不足的有效手段。通过之前的会见、阅卷、调查，辩护律师确定了自己的辩护思路。在最后一次会见的过程中，辩护律师可以就有关的证据和案情再向被告人进行核实，这是法律所允许的。在现有的辩护思路的基础上，通过了解相关证据和案件细节，印证自己辩护思路的合理性，也可能发现新的证据或者线索，从而修正和弥补自己辩护思路的不足。

三、辩护律师庭审准备工作强化之路径

辩护律师认真做好庭前准备工作是在庭审中与控方进行实质对抗的前提。一方面，从辩护律师自身的角度来看，应当在庭前确定辩护策略并与被告人进行沟通，并做好被告人的庭前辅导工作。另一方面，从改变刑事庭审虚化的现状角度来看，应当充分发挥庭前会议争点整理的功能，从制度上确保辩护律师庭前准备工作取得实质性效果。

（一）庭前确定辩护策略并对被告人进行庭前辅导

在开庭之前，辩护律师准备工作中的一项重点内容就是制订一套最合适的辩护策略，并说服被告人接受其辩护策略，同时对被告人进行庭前辅导，以最大程度地维护当事人的利益。

首先，要根据现有的证据来制定辩护策略。在刑事案件中，辩护律师决定以何种辩护策略来为当事人进行辩护，在一定程度上决定着案件的结果。因此，在前期会见、阅卷、调查的基础上，辩护律师应当在开庭前客观地分析现有的证据，以制定一个适合本案的辩护策略，究竟是进行有罪辩护还是无罪辩护，是进行实体辩护还是程序辩护，是进行事实辩护还是法律辩护，要在开庭之前确定下来。

其次，要在开庭前与被告人进行充分有效的沟通与协商。在开庭之前，辩护律师要重视最后一次会见，说服被告人接受自己的辩护思路。辩护思路是根据辩护律师对于证据和法律的分析以及辩护经验制定的，但是应当获得被告人的认可，而不能无视被告人的意见。例如，在重罪作罪轻辩护时，要与被告人及其近亲属提前沟通好。因为，另一个较轻的罪名是辩护律师建议法院判处的，被告人或其近亲属很可能对这种辩护策略不解，甚至产生抵触情绪。此时辩护律师通过庭前最后一次会见，充分告知、说明此种辩护策略是在推翻原有重罪名的前提下，提出一个较轻的新罪名，并做好协商和说服工作。

最后，要在开庭之前做好被告人的辅导工作。开庭之前辩护律师最后一次会见，还有一个重要的功能就是对被告人进行庭前的辅导，向其解释法庭审理的程序，指导被告人在庭审中应当如何应对。虽然案件已经经历了侦查、审查起诉阶段，历经数月，但是多数被告人对于庭审的流程及需要注意的事项并不知晓，对于即将走向法庭仍然存在紧张情绪，没有做好充分的心理准备。因此，辩护律师需要在开庭前最后一次会见的过程中，向其解释法庭审理的流程，每一个流程应当注意的事项以及要达到的辩护目的，让被告人对于法庭核实身份、控辩审三方发问、法庭调查举证、质证、法庭辩论以及最后的自我陈述等环节有一个大致的了解，甚至在必要的时候可以进行一个简单的模拟审判，对于法庭审理中可能出现的问题和细节都要教会被告人如何应对，让被告人有一个充分的准备，同时也有助于其消除紧张情绪，更好地配合辩护律师开展辩护工作，避免法庭上可能出现的被动和冲突。这对于辩护律师来说不仅是一种责任，更是一项义务。

（二）庭前向被告人核实证据并沟通质证意见

为了确保被告人质证权的有效落实，辩护律师应当在开庭之前的最后一次会见中，向被告人核实有关证据并沟通质证意见。

首先，这是确保被告人质证权有效落实的重要途径。质证权是被告人及辩护人的一项极为重要的权利，2018年《刑事诉讼法》第39条规定了自案件移送审查之日起，辩护律师可以向被告人核实有关证据。这既是被告人的合法权利，同时也是辩护律师应尽的职责。这些证据应当包含全案的证据材料，而不仅仅是被告人的供述和辩解。实践中，由于法院受到了庭审时间等多种因素的制约，在开庭时无法给被告人充分阅读和知晓有关证据的时间，因此，辩护律师在开庭之前的会见中，出示相关证据让被告人知晓案件的证据情况，是确保被告人质证权落实的重要方式。

其次，这有助于梳理辩护思路，保证庭审的顺利进行。在开庭之前会见被告人时，辩护律师已经查阅完证据材料，熟知案件事实，此时，辩护律师可以将需要向被告人核实的问题列成提纲，会见时一一核实，认真听取被告人的陈述和辩解。一方面，通过核实有关证据，可以印证自己的辩护策略是否正确；另一方面，也可以修正和弥补自己辩护策略的不足，在核实证据的过程中，发现存在合理怀疑，可以通过核实证据，发现、澄清案件事实和证据中的合理怀疑，来进一步修正自己的辩护策略。

（三）充分发挥庭前会议争点整理之功能

在开庭之前对双方争议的焦点进行整理，是庭审实质化的必然要求。它可以使庭审围绕控辩双方存在争议的问题开展。2012 年《刑事诉讼法》设立了庭前会议制度，可以说为控辩双方厘清争议焦点提供了很好的平台。充分发挥庭前会议争点整理之平台功能，既是保障被告人的知情权，确保其辩护权实现的需要，也有助于实现以审判为中心的诉讼制度改革下所倡导的"以庭审为中心"的要求。然而，有学者对于庭前会议制度进行了实证研究，发现庭前会议制度目前的适用率普遍偏低。[1]庭前会议争点整理平台的功能并未发挥出来。

为了应对日益增加的刑事案件与司法资源有限性之间的矛盾，提高庭审的效率，许多国家都十分重视庭前的争点整理。例如，在英国，设置了预备听审程序和答辩与指令听审程序，其中的一个重要目的就是进行争点的整理。"预备听证会以及答辩及指示听证会都可以帮助各方当事人简化和确定他们之间的争议问题。"[2]在日本，为了提高审判的效率，设立了专门的审理前整理程序，确保控辩双方在审前对争议问题进行有效的沟通，以实现庭审的集中与快速审理，防止庭审过程中出现迟延或者中断的问题。

在庭审实质化改革的大背景下，为了充分发挥庭前会议制度争点整理的平台功能，让辩护律师更好地做好庭前的准备工作，有必要对于庭前会议制度进行相应的完善。首先，应当赋予控辩双方庭前会议申请启动权。目前，法院独占庭前会议的启动权，使得实践中该制度面临虚置的境地，很难发挥其应有的功能。因此，应当赋予控辩双方申请启动权，确保争点整理功能的发挥。对于辩护人来说，在庭前会议上与控方及法官进行互动，对证据和争点进行交流，实际上也是辩护人在为当事人提供有效辩护的过程。其次，确定需要进行争点整理的案件适用范围。司法资源的有限性决定了不是每一个案件都需要召开庭前会议进行争点整理，需要争点整理的案件应当是被告人不认罪、案件证据复杂且争点较多的案件。对于被告人选择认罪认罚，且案

---

〔1〕 左卫民："未完成的变革——刑事庭前会议实证研究"，载《中外法学》2015 年第 2 期。

〔2〕 ［英］麦高伟、杰弗里·威尔逊主编：《英国刑事司法程序》，姚永吉译，法律出版社 2003 年版，第 295 页。

情、证据简单的案件，没有必要召开庭前会议进行争点整理。最后，明确争点整理的法律效力。庭前会议所得出的争点应当是控辩双方在有效沟通和协商的基础上得出的，因此在庭审中控辩双方应当围绕之前得出的争点展开举证、质证和辩论。争点整理程序是庭审的一项准备工作，与庭审有一段时间间隔，为此，应当解决争点整理程序与正式庭审的衔接问题。例如，成都市建立专门的报告制度，"在庭前会议结束后，由程序法官制作《庭前准备和庭前会议情况报告》，对庭前会议的相关内容以及案件的主要争点进行说明"。〔1〕这就是一个很好的衔接方式。

第三节　辩护律师忠诚义务下辩护合力之形成

沟通、阅卷、调查取证仅仅是辩护律师从自身角度出发作出的努力，可以说是一种"内力"。然而，在有些案件中，由于辩护律师自身知识的局限性等原因，仅仅依靠辩护律师的自身努力很难取得满意的效果，还需要借助一定的"外力"。在"内力"和"外力"的作用下，形成一种辩护合力，才能实现当事人利益的最大化，这也是辩护律师尽责维护当事人利益的应有之义。

一、忠诚义务下需要形成辩护合力之原因

在刑事诉讼过程中，辩护律师忠诚义务的履行，辩护律师通过会见、阅卷、调查等手段固然能够做到尽职尽责，然而要想实现辩护的有效性目标，仅仅依赖自身的努力还不够，由于辩护律师自身知识的局限性以及被追诉人的双重角色等因素的影响，辩护律师还需要借助一些力量履行义务，实现辩护的"合力"。辩护需要"合力"主要是由以下原因决定的。

（一）被追诉人的双重角色

辩护律师无论怎样尽职尽责，如果没有当事人的配合，是很难实现理想的辩护效果的。在刑事诉讼中，犯罪嫌疑人、被告人扮演着双重的角色。一是案件事实的陈述者，因为当事人是最了解案件事实的人，向侦查机关、公诉机关和法院提供关于案件事实的陈述，是其重要的义务。二是作为案件的

---

〔1〕　万毅、赵亮："论以审判为中心的诉讼制度改革——以 C 市法院'庭审实质化改革'为样本"，载《江苏行政学院学报》2015 年第 6 期。

当事人,被追诉人向侦查机关、公诉机关和法院发表意见,提出无罪或者罪轻的主张,行使自己的辩护权。通常来看,在审前阶段,犯罪嫌疑人、被告人的当事人角色通常遭到忽视,侦控机关往往会过多地强调其有罪证据提供的义务。而到了审判阶段,情况就会有所变化,被告人可以充分发挥其当事人的角色,充分行使其辩护权。但由于自身专业知识和辩护技巧所限,通常需要依赖辩护人才能进行。此时,辩护律师就应当充分说服当事人接受自己的辩护观点和思路,双方拧成一股绳,形成辩护合力。

（二）辩护律师自身知识的局限性

刑事案件中的鉴定意见对于认定行为人行为的性质起着重要甚至是决定性作用,因此,对于鉴定意见进行有效的质证,成为辩护律师尽责的重要体现。一方面,在大多数刑事案件的诉讼过程中,鉴定意见通常被视为控方指控的核心证据,而这些鉴定都是侦查机关启动的,被告方并没有独立启动司法鉴定的资格,通常情况下,对于鉴定意见的质证,只能向检察机关或者法院申请重新鉴定或者补充鉴定,但是效果均不理想。另一方面,虽然法律规定了对鉴定意见进行质证,即使辩护一方申请法院通知鉴定人出庭作证,但是由于辩护律师缺少专业技术方面的知识,因此法庭质证通常仅停留在合法性层面,对于鉴定意见的真实性与相关性则很少触及。同时,专业知识的欠缺使得辩护律师对于鉴定人的发问找不到关键点,也就很难发现鉴定意见存在的漏洞,因此辩护方对于鉴定意见的质证功能处于虚置状态。所以,辩护律师应当借助专家辅助人的力量,利用"专家来评判专家"的制度,对公诉方出具的鉴定意见发布评论,防止法官盲目轻信控方提供的鉴定意见,忽视对鉴定意见的有效质证而造成案件事实认定的错误。

二、忠诚义务下辩护合力之目标

辩护合力的目标是实现辩护的有效性,因为辩护的有效性是衡量辩护律师忠诚义务的重要标尺。关于辩护有效性的评价标准有过程主义和结果主义两种观点。通常对于有效辩护的理解是从结果主义的角度出发的,有效辩护就是"犯罪嫌疑人、被告人特别是辩护律师提出的正确的辩护意见或主张被办案机关接受或采纳,在实体上或程序上作出了对犯罪嫌疑人、被告人有利的诉讼决定"。[1]这种主张以结果作为有效辩护的评价标准,固然有一定的合理成分,但是它忽略了刑事辩护的过程性,具有一定的功利性色彩,容易将好律师与好结果等同起来,忽略了辩护律师在刑事辩护过程中所做的努力。还有学者认为,不能根据某种诉讼结果或诉讼效果来评判一项辩护活动的有效性,对"有效辩护"的理解,应当从辩护过程的有效性角度来认识,并提出了辩护过程中体现有效辩护理念的四个方面。[2]笔者以为,应当从辩护的过程性和诉讼结局两个方面衡量辩护的有效性。

首先,"辩护的有效性"应当注重刑事辩护的过程性。辩护的过程实际上就是通过一系列行为说服裁判者的过程。从这个角度来看,有效辩护也是着眼于评价律师辩护过程的一个概念。"辩护律师的职责只有一个焦点、一项责任和一种忠诚,那便是为我们的当事人服务,而无须多虑由案件本身或我们的辩护行为所引发的任何其他后果。"[3]如果仅仅根据法院是否采纳辩护意见来衡量辩护的有效性,由于法院裁判的结果受到了诸多因素的影响,律师无论作出怎样的辩护努力,有时都难以取得令当事人满意的结果。因此,在有效辩护的评价中,应当注重刑事辩护的过程性,只要辩护律师在刑事诉讼过程中充分而合理地行使其法定诉讼权利,尽职尽责地完成了刑事辩护的工作,履行了其对于当事人应尽的忠诚义务,无论结果如何,都应当认为是"有效辩护"。在辩护的过程中,辩护律师不仅要通过会见、阅卷、调查取证等主观努力,同时还要注重借助其他有助于实现辩护有效性的力量。

其次,"辩护的有效性"同样不能忽视辩护的结果。有效辩护是辩护制度的发展方向,而有效辩护本身就是对辩护律师职业水平的一种价值判断。尽管这种价值判断的标准存在着一定的争议,但是,是否能够最大限度地保护犯罪嫌疑人、被告人的合法权益,仍然是衡量辩护效果的重要标准,也是相对稳定的标准之一。而辩护律师忠诚义务的核心目标也是追求有利于当事人的诉讼结局。从这个意义上看,辩护的效果是衡量辩护律师是否履行忠诚义务的重要标准。2018 年《刑事诉讼法》第 37 条重新界定了辩护人的职责,

---

〔1〕　顾永忠、李竺娉:"论刑事辩护的有效性及其实现条件——兼议'无效辩护'在我国的引入",载《西部法学评论》2008 年第 1 期。

〔2〕　陈瑞华:"有效辩护问题的再思考",载《当代法学》2017 年第 6 期。

〔3〕　[美]克里斯蒂娜·阿库达斯:"刑事辩护律师的职责",载江礼华、杨诚主编:《美国刑事诉讼中的辩护》,法律出版社 2001 年版,第 22 页。

以此为依据，从诉讼结果的角度来看，辩护的有效性可以从实质上的有效性和程序上的有效性进行衡量。然而，有时辩护律师仅仅通过会见、阅卷、调查仍然难以取得实质性的辩护效果，此时，可以通过专家辅助人对控方的鉴定意见进行有效质证，或者借鉴先前的判例影响法官，有时可以带来有效的辩护效果。

三、忠诚义务下辩护合力形成之路径

辩护律师在制定辩护策略的时候，应当内外结合，注重主观努力的同时，还需要将当事人转化为得力的助手，充分借鉴专家辅助人的专业力量，同时还要援引相似案例以增强说服力，最终形成辩护合力，以实现辩护的有效性，争取当事人利益的最大化。

（一）说服当事人形成"配合力"

要想取得有效的辩护效果，必须依赖于当事人的配合。如果被告人不积极配合律师，与辩护律师制定的辩护目标背道而驰，则会严重削弱辩护的效果，最终损害的是当事人的利益，同时也无法实现辩护律师的忠诚义务。

首先，辩护律师说服当事人配合其辩护的前提是自身要通过会见、阅卷、调查形成自己的辩护思路。由于被追诉人缺乏相关的专业知识和诉讼技巧，辩护律师应当充分发挥自身的专业优势和辩护经验，通过几轮有效的会见，同时配合阅卷的交叉进行，必要时进行一些调查取证，对于存疑的证据可以向当事人进行核实，通过这些辩护律师自身的努力，形成一个初步的辩护思路，写入初步的辩护意见之中，以便在之后的会见中与被告人沟通。

其次，辩护律师要履行沟通义务，说服当事人接受其辩护思路，配合其辩护工作。如前所述，辩护律师要通过庭前多次会见，与当事人反复沟通和交流，讲述其辩护思路形成的证据材料与法律依据，告知当事人辩护策略与相关的诉讼技巧。这样，在有理有据的基础上进行充分的协商，从而说服当事人接受其辩护思路。因此，最佳的辩护是当事人与律师形成合力、相辅相成。

（二）借助专家辅助人之"专业力"

在 2012 年《刑事诉讼法》修改之前，对于公诉方提出的鉴定意见，辩方很难进行有效的质证，实践中大量的鉴定意见实际上是在没有得到有效质证

的情况下就被采纳了。专家辅助人制度的设立，为鉴定意见的质证在技术上提供了制度支撑。对于辩护律师来说，应当借助专家辅助人的专业力量对抗控方的鉴定意见。

首先，借助专家辅助人力量的方式。专家辅助人提供专家意见的方式有两种：一是出具书面的专家意见，二是出庭发表针对鉴定意见的专家意见。一般来说，当辩护律师对于控方提出的鉴定意见存在疑问，而该鉴定意见又对于案件的定性至关重要时，应当借助专家辅助人的专业力量来对抗控方的鉴定意见。通常情况下，专家在查阅控方提供的鉴定意见之后，邀请专家出具书面的专家意见，辩护律师可以将该意见在庭审前，特别是可以充分利用庭前会议，将其提交给承办法官。当法庭对鉴定意见产生疑问，需要当庭通过专家辅助人和鉴定人出面对质的案件，辩护律师应当向法院提出申请专家辅助人出庭，面对面与鉴定人进行对质，从而更好地说服法官听取专家辅助人的意见。笔者曾经办理的一起非法行医案件，在侦查阶段，某省医科大学出具的鉴定意见对被告人十分不利，如果该鉴定意见最终被法院采纳，被告人就可能面临十年以上有期徒刑的刑罚，由于鉴定内容的专业性，辩护人无法判断其真实性与相关性。为此，辩护人委托了专家辅助人，出具了针对某医科大学鉴定意见的专家意见书，并成功地申请了鉴定人和专家辅助人同时出庭，面对面进行质证，最后成功地否定了某省医科大学的鉴定意见，取得了令当事人满意的结果。[1]

其次，借助专家辅助人力量的目标。辩护人借助专家辅助人的专业力量，目标应当清晰明确，就是针对鉴定意见的证据能力和证明力发表意见，从而提出质疑甚至推翻鉴定意见的证据资格。由于专家辅助人在庭审技巧方面并不专业，因此，辩护律师在质证过程中应当充分发挥引导作用，例如，对于鉴定人、鉴定机构的资质提出质疑；对作为检材的物证、书证、视听资料等证据来源的可靠性提出质疑；判断鉴定意见是否超出鉴定人专业鉴定的范围；鉴定的过程是否符合专业规范；鉴定的依据是否科学；等等。在这些方面引导专家辅助人提出强有力的专家意见，从而排除该鉴定意见，使其不得转化为定案的依据。

---

[1]　参见山西省忻州市中级人民法院（2018）晋09刑终203号刑事裁定书。

本章小结

辩护律师的忠诚义务是律师的首要职业伦理规范，也是律师极为重要的价值追求。诚如美国学者布赖恩·Z. 塔玛纳哈指出："律师职业的首要规则表明：律师作为法律界的一员，他代表的是他的当事人。"[1]对于辩护律师忠诚义务的理论研究，一个首要的问题就是要明确忠诚义务的内涵。忠诚义务的具体内涵包括积极内涵和消极内涵两个层面。积极内涵就是要求辩护律师积极履行相关义务，以实现当事人利益的最大化。在审判中心主义的视角下，辩护律师应当积极履行沟通义务、阅卷义务以及调查义务，克服侦查中心主义带来的弊端，通过积极履行基础性义务来争取当事人利益的最大化。在庭审实质化改革这一大背景下，为了有效应对新"控强辩弱"背景下庭审虚化的问题，辩护律师应当充分重视庭前准备工作，在庭前确定辩护策略并对被告人进行庭前辅导，向被告人核实证据并沟通质证意见，此外还要充分发挥庭前会议争点整理之功能，这也是确保庭审对抗实质化以及忠诚义务履行的要求。此外，在有效辩护这一目标下，除了需要辩护律师自身的努力外，还需要借助一定的"外力"，以形成一种辩护合力。

---

[1] ［美］布赖恩·Z. 塔玛纳哈：《法律工具主义 对法治的危害》，陈虎、杨洁译，北京大学出版 2016 年版，第 187 页。

第三章

辩护律师忠诚义务的消极内涵：
不得损害当事人利益

对于律师—委托人关系而言，再没有什么比信任的建立更为重要的了。

—— [美] 门罗·弗里德曼

忠诚义务积极内涵表现为通过积极的行为实现尽责的要求，而从消极内涵的角度来看，辩护律师的忠诚义务表现为不得作不利于当事人的行为。即在任何情况下，无论基于何种原因，律师都不能通过自身的行为将当事人置于更为不利的境地。因为，辩护律师如果不能尽职尽责地进行辩护工作，这种消极的不作为行为对于当事人利益已经构成损害了，而如果辩护律师继续以积极的作为行为去损害当事人的利益，将会使当事人陷于更加危险的处境。相对于积极的忠诚义务，消极的忠诚义务可以说为辩护律师设立了一条执业底线，也可以说是一种最低限度的忠诚义务。

第一节 辩护律师保密义务之遵守

在刑事诉讼过程中，当事人对辩护律师的行为有一个基本的预期，那就是辩护律师不会披露获得的信息，这也是确保辩护律师和当事人之间具有信任和坦诚关系的关键。因此，律师的职业保密制度是辩护制度需要认真研究的理论问题。我国《刑事诉讼法》《律师法》以及相关行业规范均对律师的保密义务作出了规定。然而，在司法实践中，这些规定也逐渐暴露出其不足，这也是导致部分律师被追究刑事责任的一个重要原因。新修改的《律师办理刑事案件规范》虽然对于辩护律师保密义务的对象进行了扩展，但尚未形成一个完整的制度体系。辩护律师的保密义务，直接关系到其执业的现状以及未来的发展。完善我国辩护律师的保密义务，构建完整的保密义务制度体系，是辩护律师忠诚义务的基本要求。

一、辩护律师保密义务对于忠诚义务之价值

在刑事诉讼中，辩护人对于被追诉人提供有效的帮助是不可或缺的一环。要想让被追诉人获得律师有效的帮助，一个前提就是必须让被追诉人完全信赖律师，愿意向律师坦诚、全面地讲述案件的来龙去脉，而且不必担心律师会将他的陈述作为对其不利的证据。律师基于当事人的信赖获得了案件的完整信息，从而可以更好地为被追诉人提供周全的建议和有效的辩护。反之，如果律师不承担保密义务，必然引发被追诉人的疑虑，从而对案情有所保留，律师功能也难以有效地发挥，而且还会对律师制度产生负面的影响，甚至会动摇人们对于律师制度的信任。因此，律师保密义务不仅体现在保护被追诉人隐私方面，还在于能够更好地厘清事实真相，有利于提供有效的辩护，同时，也有助于律师职业的长远发展以及法治的健全。

（一）保密义务是维系双方信任关系之必然要求

律师的保密义务是维系双方"信赖关系"的关键。辩护律师不仅要从有效辩护的角度，尽职尽责地维护当事人的利益；更深层次的一点在于其不得损害当事人的利益，这其中关键的一点就是辩护律师与当事人之间的信任关系。辩护律师被要求与被告建立一种"信任关系"，被要求说明"充分地获知所有事实的必要性"，以及向当事人说明"令被告的充分表达成为特免权的保密义务"。[1]基于这种信任，被告人才愿意将不为人知的情况、信息以及心理状态等相关情况告知辩护律师，这也有利于辩护律师更好地履行辩护职责。

（二）保密义务是辩护律师尽职尽责之前提

辩护律师的保密义务，不仅是维系双方"信任关系"的关键，同时也是辩护律师尽责履职的前提。律师保守秘密即为克尽忠诚态度，是双方信赖关系存在的表现。而一旦秘密被泄露，双方的信赖关系就会遭到破坏。此外，律师的保密义务也可以说是被告人的一种消极防御权。"律师保密特权的重要作用是对抗诉讼程序发现真实的功能，通过这种对抗，实现发现真实和保证

---

[1] ABA standards, §3.1 (a). 转引自［美］门罗·弗里德曼：《对抗制下的法律职业伦理》，吴洪淇译，中国人民大学出版社 2017 年版，第 34~35 页。

当事人获得有效的法律帮助两种冲突利益的平衡。"[1]对抗制诉讼的实质是在于面对拥有强大的公权力的控诉方的时候，赋予辩护方有效的手段以对抗国家追诉权。例如，赋予辩护方诸如不被强迫自证己罪权等消极的防御权，以对抗控方强大的力量。对于被告人来说，当其确信与辩护律师交流的内容是保密的，那么他就不必再担心自证其罪，从而可以坦诚、全面地与辩护律师进行交流；对于辩护律师来说，也不必担心为隐瞒被告的犯罪事实而受到道德上的谴责甚至承担相应的刑事责任，从而消除后顾之忧，尽心尽力去为当事人辩护。

(三) 保密义务是律师职业长远发展之保障

从律师职业发展的长远考虑，信赖关系无疑是律师制度存在的根基。这其中，保密义务发挥着重要的作用。我国 20 世纪 80 年代初恢复律师制度之初，律师这一职业还不被民众信任，大量的冤假错案没有得到律师的有效帮助，实际上受害最深的还是普通民众。在刑事诉讼中，要想让被追诉人获得律师有效的帮助，一个前提就是必须让被追诉人完全信赖律师，愿意向律师坦诚、全面地讲述案件的来龙去脉，而且不必担心律师会将他的陈述作为对其不利的证据。律师由此信赖获得了案件的完整信息，从而可以更好地为被追诉人提供周全的建议和有效的辩护。反之，如果律师不承担保密义务，必然引发被追诉人对律师的不信任，甚至会动摇社会公众对于律师制度的信任。当社会公众不信任律师的时候，律师制度存在的根基就受到了挑战，受害的将是整个律师职业群体以及社会公众。在德国，有学者将律师保密义务视为律师职业之支柱，此制度可使律师获得信赖，律师借此获得完整资讯，乃能为当事人提供最适当之救济途径选择。此制度一方面系为保障当事人之个人领域不被第三者知悉，另一方面因其可使律师制度功能得到适当发挥，乃亦具有司法公益之意义。[2]从长远来看，律师的保密义务实际上促进了社会的公平与正义。关于"保密"的关键问题是：保证当事人进行全面披露，可以有助于辩护律师提供良好的法律建议，但我们为什么要认为"保密"所促进的改善给当事人提供的法律建议的价值，要高于"保密"所抑制的防止给他

---

〔1〕　李宝岳：《律师参与辩护、代理存在问题及对策》，中国政法大学出版社 2006 年版，第 108 页。

〔2〕　姜世明：《律师伦理法》，新学林出版股份有限公司 2009 年版，第 172 页。

人造成不正义的价值呢？律师职业的回答是：从长远来看它促进了正义。[1]

二、我国辩护律师保密义务存在的问题

辩护律师保密义务应当是要求极为严格的职业行为。然而，在我国，无论是《律师法》，还是相关的执业规范，对于保密义务核心要素的界定都比较模糊，尚未形成完整的制度体系。既不能对辩护律师的执业行为进行有效规范，更难以为辩护律师提供应有的执业保障。

（一）保密义务的立法规定"简陋"

从立法及行业规范来看，我国关于辩护律师的保密义务的规定，都可以用"简陋"来形容。《律师法》第 38 条第 1 款："律师应当保守在执业活动中知悉的国家秘密、商业秘密，不得泄露当事人的隐私。"然而，从刑事辩护的实践来看，对于辩护律师保守秘密的要求非常苛刻，稍有不慎就可能逾越"雷池"。例如，全国首例律师涉嫌泄露国家秘密的案件中，起因就是律师的助手把复印的案卷材料交给了被告人家属，而该材料又被鉴定为"国家秘密"。[2]随着《刑法修正案（九）》增设了泄露案件信息罪这一新罪名，辩护律师的保密义务又受到了来自《刑法》这一更高层面的规制。然而，立法及行业规范等相关规定的简陋，既不能对刑事辩护律师的执业行为进行有效的指引，也不能为律师职业提供必要的保护，使得辩护律师的执业行为处于危险的状态。

（二）保密义务的要素界定"模糊"

无论《律师法》，还是《律师办理刑事案件规范》，对于保密义务的主体、客体、履行期间等关键要素，都没有给出一个清晰的界定，这就导致保密义务在实践中存在着诸多的问题。首先，对于保密义务的主体界定不明确。根据《律师法》第 38 条和《律师办理刑事案件规范》第 6 条的规定，保密义务的主体似乎只能是执业律师。但是，这里就会产生一个问题，律师事务所以及律师助理、行政人员等辅助人员，是否承担保密义务，我国的相关规范

---

〔1〕 ［美］威廉·H. 西蒙：《践行正义　一种关于律师职业道德的理论》，王进喜译，中国人民大学出版社 2015 年版，第 38 页。

〔2〕 银建章："泄露国家秘密罪：悬在律师头上的又一把剑？——全国首例律师涉嫌泄露国家秘密案庭审纪实"，载《中国律师》2001 年第 7 期。

对此并没有明确的规定。其次,保密义务的范围界定不明。从《律师法》以及《律师办理刑事案件规范》的相关规定可以看出,保密义务的主要内容,是辩护律师在执业活动中知悉当事人的有关情况和信息。这里有一个大前提就是"执业活动中知悉的"秘密。然而,如何界定执业活动?从何时开始?信息的来源如何?相关规范对这些问题均没有明确的规定。

(三) 保密义务完整的制度体系尚未形成

对于律师保密义务,我国现行立法及行业规范对于保密义务的期间、保密义务的例外情形、保密义务的履行程序以及律师是否具有拒绝作证的特权,等等问题,都没有相应的规定,尚未形成律师保密义务的完整制度体系。因为辩护律师没有明确的指引,不知道"雷池"的边界在哪里,这大大增加了律师在执业过程中的风险。

三、忠诚义务下我国辩护律师的保密义务

要准确且完整地理解和履行律师的保密义务,必须清晰厘定律师保密义务的主体、范围、期间及例外情形等核心要素。

(一) 保密义务的主体:"信赖" 之责任人

即何人负有保密义务?笔者认为,律师保密义务作为维护"信任关系"的根本,在确定保密义务的主体时,要充分考虑律师职业的特殊性和司法实践的特点,应当从广义角度解释保密义务的主体。首先,承办案件的律师作为保密义务的主体毋庸置疑。一方面,这里讲的律师保密义务,不仅仅发生在办理案件的过程中,还要贯穿于律师的日常生活中,律师尤其要提高自身在庭外发表言论时的保密意识。另一方面,辩护律师所指导的律师助理、指导的实习生等辅助人员,也要承担泄露当事人秘密的责任。其次,律师事务所也是保密义务的主体。虽然立法没有明确规定,但是从相关规定可以推导出保密义务的主体包括律师事务所。例如,《律师法》第 23 条和《律师执业行为规范》第 86 条,都规定了律师事务所的责任,其中之一就是"健全档案管理"制度。档案管理制度的核心内容之一就是档案的保密制度。作为保密义务的主体之一,律师事务所应当建立相关的保密制度并提供安全的卷宗保管条件,案卷归档后,如果出现因案卷丢失而泄露秘密的,律师事务所理应承担责任。最后,承办案件的律师所在的律师事务所内可能了解到案件信息

的所有人员均应负有保密义务。这是因为，在律师执业过程中，存在着一个群体参与人员，例如律师助理和律所行政人员等，他们都有可能了解到案件的信息，因此这些人的保密义务是由办理案件的律师承担的保密义务所延伸出来的义务。例如，全国首例律师涉嫌泄露国家秘密案件，起因就是办理案件律师的助手把复印的案卷材料交给了被告人家属。各地制定的律师执业行为规范逐步强调相关人员的保密义务。

（二）保密义务的范围："信赖"之框架

从我国律师法和律师执业行为规范可以看出，我国律师需要对国家秘密、商业秘密、当事人的隐私、当事人和其他人不愿泄露的其他信息这四类内容予以保密。对此有一个大前提，就是"在执业活动中知悉的"秘密。如何界定"在执业活动中知悉的"秘密成为确定保密义务范围的关键。

从境外法治发达国家和地区的相关规定来看，对于律师保密义务的范围，通常都是进行广义的理解。例如，《美国律师职业行为示范规则》第一节律师与当事人的关系中1.6规定，"除非当事人作出了明确同意、为了执行代理对信息的披露已经得到默示授权或披露为该条规则所规定的例外款所允许外，律师不得披露与代理当事人有关的信息"。[1]将律师保密的范围界定为"与代理当事人有关的信息"，可见美国律师保密义务范围的广泛性。《加拿大律师协会联合会职业行为示范守则》在其第3.3-1条规定了"秘密信息"的范围，即"律师在任何时候都必须对在职业关系过程中获得的关于当事人的业务和事务的信息严格保密，不得泄露任何上述信息"，将律师保密的范围界定为"在职业关系过程中"获得的"关于当事人的业务和事务的信息"。[2]《日本律师法》将保密义务与律师职务结合起来，把律师保密义务的范围界定为"由其职务上所得知的秘密"。[3]这些国家规定的律师保密义务的范围都比我国《律师法》界定的范围要宽泛得多，如此规定的原因在于让当事人感觉到完全安全，保证律师和当事人之间全面和毫无保留地交流，以便提供有效的

---

〔1〕 王进喜：《美国律师职业行为规则理论与实践》，中国人民公安大学出版社2005年版，第67页。

〔2〕 《加拿大律师协会联合会职业行为示范守则》，王进喜译，中国法制出版社2016年版，第55页。

〔3〕 日本律师联合会编：《日本律师联合会关系法规集》，郑林根译，中国政法大学出版社1989年版，第8页。

法律服务。

笔者认为，对于保密义务的范围，应当作广义的界定。首先，对于"律师的执业活动过程"进行广义的解释，即只要律师以律师身份与当事人及其亲属或者其他人进行的交往，都应该被理解为"律师的执业活动"，而不仅仅限于会见、阅卷、开庭等常规工作。其次，对于"其他人"和"情况和信息"的范围应该作更宽泛的理解。"其他人"可以是证人，也可以是当事人的朋友、同事等。"情况和信息"不仅仅限于国家秘密、商业秘密、个人隐私，只要是当事人不愿泄露的情况和信息，都应当保密。再次，对于保密的对象。这其中有一个争议非常大的问题，就是当事人及其家属是否应当保密？即辩护律师复制的案卷材料以及调查得到的相关证据信息，可否向当事人及其家属透露，这也是目前刑事辩护律师执业的风险之一。目前，从我国《律师法》《律师职业道德和执业纪律规范》以及《律师办理刑事案件规范》，很难找到直接的依据。笔者以为，辩护律师与当事人或者其家属交谈的内容，应当限定在"核实案情"的范围内。这是因为，从当事人及其家属的角度来看，实践中确实存在着当事人及其家属干扰侦查审判的情况，律师无法控制犯罪嫌疑人、被告人及其家属的行为，出于自身安全的考虑，没有必要把阅卷、调查所了解到的情况向当事人家属通报。

（三）保密义务的期间："信赖"之延续

虽然秘密信息是"在执业活动中"所知悉的，但是律师的保密义务不可能随着"执业活动"的结束而终止，因此，保密义务的期间不限于"在执业活动"的过程中。为此，需要注意以下两点：第一，保密义务的开始时间并不等同于委托关系的建立时间。司法实践中，我们会发现很多时候，当当事人家属到律师事务所进行咨询时，其并不知道提供咨询的是执业律师还是实习人员，只要在当事人看来，其有理由认为是在与律师接触，保密义务就已经产生。因为他所信赖的就是律师这个行业，相信其所提供的信息能够得到保守。否则，在建立委托关系之前谁还敢与律师交谈并透露信息呢？反过来讲，律师如果不能了解案件的具体情况，则很难对案件作出一个基本判断，又如何决定是否接受委托呢？第二，保密义务的终止时间不等于委托关系的终止时间。关于保密义务的终止时间，我国《律师法》《律师执业行为规范（试行）》以及《律师办理刑事案件规范》，均未明确规定。笔者认为，从辩护律师的职业性质和执业实践情况来看，律师在委托期间及委托关系结束后都负有保密义务，也就是说委托关系终止并不意味着保密义务随之自动终止。但是，由于涉及的秘密内容有所不同，保密义务的终止时间应当注意两个问题：首先，如果国家秘密和商业秘密已经成为公开的信息，辩护律师即不再承担保密义务，这是基于国家秘密和商业秘密的时效性而言。其次，对于"当事人的隐私"以及"当事人和其他人不愿泄露的情况和信息"，律师在委托期间及委托关系结束后都负有保密义务。

（四）例外情形的界定："信赖"之限制

律师保密义务是在律师与当事人信赖关系的维护与刑事诉讼发现真实两项价值之间进行权衡的结果。当律师保密所带来的社会价值高于揭露该秘密的价值时，就应当坚持履行保密义务。然而，在一些特殊情况下，为保障更为重要的利益时，就需要对律师保密义务设置例外，这也是为了防止辩护律师对于被告人过度忠诚而损害其他重要利益。为此，各国在规定保密义务时，均规定了诸多的例外情形。我国《刑事诉讼法》对于保密的例外仅仅规定了"准备或者正在实施危害国家安全、公共安全以及严重危害他人人身安全的犯罪的"情形，该规定过于笼统，如何理解该例外规定的适用成为关键；此外，损害司法公正的行为也应当被纳入律师保密义务的例外规定中。

1. 犯罪例外的理解

《刑事诉讼法》第48条对我国律师保密义务设置了例外规定，如何理解该规定，需要注意以下两点。

首先，如何理解"严重"。在刑事诉讼中，犯罪嫌疑人、被告人享有不被强迫自证其罪的权利，因此不能轻易地通过保密义务中的犯罪例外规定而剥夺其享有的权利。法治国家对于保密义务均规定了犯罪的例外，并且对其范围作出了合理界定。例如，《美国律师职业行为示范规则》第1.6（b）（2）条规定了"为了防止合理必然的死亡或者重大人身伤害"，将犯罪行为界定为"合理必然的死亡"和"重大人身伤害"。《加拿大律师协会联合会职业行为示范守则》第3.3-3条规定了保密义务的例外，其中之一就是"进一步伤害/公共安全例外"。"当律师有合理根据认为存在迫在眉睫的死亡或者严重身体伤害风险，为防止该死亡或者伤害之必要，律师可以披露秘密信息，但是披露的信息不得超过所需。"[1]并且在注释中指出,在判断是否存在"死亡或者严重身体伤害"时,律师需要考虑"潜在伤害发生的可能性,它是否迫在眉睫"。上述规定均对保密义务犯罪例外中的"犯罪"作出了从严的解释。这需要对于犯罪例外的解释从严把握,即将严重犯罪限定在可能引起死亡或者严重人身伤害的暴力犯罪,而不应当包括普通的犯罪行为和违法行为。

其次,如何理解"国家安全、公共安全"。保密义务本身就是对刑事诉讼发现真实的限制,用"国家安全、公共安全"这一弹性词语来限制保密义务例外的范围,很容易将辩护律师的保密义务架空,犯罪嫌疑人、被告人在刑事诉讼中享有的不被强迫自证已罪权、获得律师帮助权也将成为一句空话。《加拿大律师协会联合会职业行为示范守则》第3.3-3条规定了保密义务的例外,其中之一就是"进一步伤害/公共安全例外"。加拿大最高法院在 Smith v. Jones 案件中指出,"公共安全"虽然可以把"律师和当事人特免权"废置,但是这种情形应限于在具体的某个人或某些人的生命或身体受到现实威胁时,并且作为犯罪欺诈的例外,对特免权的披露也应限制在保护公共安全的必要的范围之内。由此可见,其对于公共安全的定义和理解是通过个体人身安全来解释的。这对于我们理解"国家安全、公共安全"具有很好的借鉴意义。

2. 损害司法公正的例外

辩护律师对于当事人负有忠诚义务的同时,在客观上还承担了一定的维护司法公正的义务。当这两项义务发生冲突时,应当进行一定的利益权衡,具体来说,以下两种损害司法公正的情形应当作为律师保密义务的例外。

第一,当辩护律师了解到当事人或者其他人向法官、检察官行贿,影响司法公正时,应当将此情形作为保密义务的例外。庭审实质化要求庭审作为进行事实认定的唯一场合。但是由于诉讼外的暗箱操作,使得庭审流于形式,司法公正受到严重影响,司法公信力受到质疑。此时,辩护律师维护司法公正的义务应当优先于忠诚义务。当然,辩护律师不得直接告发当事人,也不得在由此可能产生的对当事人不利的诉讼中作证。此时辩护律师应当向法院揭发存在着司法腐败的现象,由法院进行调查,如果查证属实,应当更换办案人员,这也是辩护律师在两种责任的冲突中选择的一个平衡点。

---

[1] 《加拿大律师协会联合会职业行为示范守则》,王进喜译,中国法制出版社2016年版,第63页。

第二，当辩护律师在和当事人交流的过程中得知被指控的犯罪行为并非当事人所为或者有其他不构成犯罪的信息，应当将此种情况作为保密义务的例外。这是因为：第一，此类信息直接关系到当事人的人身自由这一宪法中最基本的权利。例如，目前实践中存在出于某种目的而替人顶罪的行为，此时被定罪的人可能构成包庇罪，如果辩护律师在得知此情形后，不予揭露，会导致无辜的人承担刑事责任。第二，此类信息直接关系到司法公正的实现。将无罪的人判为有罪，是最大的司法不公。因此，《刑事诉讼法》第42条规定了辩护人收集的三类证据，有义务及时告知公安机关、人民检察院。第三，这也是考虑到律师职业的长远发展。信赖关系无疑是律师制度存在的根基，然而，人身自由的利益也是不容忽视的。对于当事人无罪的信息，如果辩护律师得知后隐瞒，从而导致当事人被错判，社会公众就会对律师制度产生怀疑，从根本上会动摇人民对于律师制度的信赖。因此，无论是从司法公正的角度来看，还是出于维护当事人的利益，辩护律师对于此类信息应当积极向法庭提出。第四，这也是我国认罪认罚从宽制度有效落实的要求。认罪认罚从宽制度有效落实的大前提就是犯罪嫌疑人、被告人认罪认罚的自愿性。在认罪认罚案件中，无论是值班律师，还是辩护律师，如果在会见并与犯罪嫌疑人、被告人进行沟通之后，发现其并不构成犯罪或者存在重大疑问时，为了防止冤假错案的发生，其沟通的上述内容并不受保密义务的约束，值班律师或者辩护律师应当及时向司法机关反映，使犯罪嫌疑人、被告人及早摆脱诉讼，获得自由。

第二节　利益冲突之禁止

忠诚义务要求坚持利益冲突禁止规则，这是因为当事人委托律师，必然期望律师在合法的范围内追求其利益的最大化。近年来，我国出现了一些涉及律师利益冲突的案件，引发了人们对辩护律师利益冲突问题的关注。一些职业失范行为可折射出当地刑事司法的基本生态。职业伦理问题仅仅只是表征，根源还在于刑事司法系统本身。

在刑事诉讼过程中，无论是立法还是行业规范，关于辩护律师利益冲突的相关规定还存在不足之处。一方面，辩护律师和当事人的利益发生冲突时，出于自身利益的考虑，辩护律师的执业行为可能会受到影响；另一方面，辩护律师在诉讼活动中可能与其他主体存在一定程度的利益冲突，这在很大程度上可能会影响到案件的辩护过程甚至是结局。大量案例的发生，在一定程度上折射出对刑事辩护中的利益冲突进行研究的必要性和紧迫性。律师与当事人发生利益冲突，都会不同程度地削弱律师辩护的效果，动摇当事人对辩护律师的信任。

一、刑事辩护中利益冲突的内涵与价值博弈

律师与当事人之间的关系是律师执业过程中最基本的法律关系。这其中，不仅要维护当事人的利益，也要尊重律师的基本利益，同时还要处理好司法公正、司法秩序等诸多利益。这些利益在个案中存在着不一致的问题，这也是利益冲突产生的根源。利益冲突规则有着深刻的理论根源，同时也是一个价值博弈的过程。

(一) 利益冲突的内涵

利益冲突是指"一种合理的可能遇到不能实现所有对于时间、精力和忠诚的合法需求的情况"。[1]利益冲突作为一种社会学现象，广泛存在于各行各业中。在辩护律师的执业行为规则中，"利益冲突"是一个非常重要的概念。但何为"利益冲突"，却存着诸多争议。

在法治发达国家尤其是美国，已经基本形成一套规范律师执业利益冲突的规范体系。美国联邦宪法第六修正案确立了"被告人有权获得为其辩护的律师帮助的权利"这一宪法权利，要求辩护律师对于被告人的利益须"不可分割的忠诚、绝对忠诚"，这也是第六修正案宪法保障的核心、关键要素。在司法实践中，辩护律师不忠诚最常见的表现形式就是"利益冲突"。《美国职业行为示范规则》对于律师在执业过程中可能产生的各种利益冲突，较为系统地制定了相关的规则。《美国律师协会律师法重述》第 121 条规定，"如果律师对当事人的代理将存在受到律师的自身利益或者律师对其现任当事人、前当事人或第三人的职责的严重不利影响的实质风险，则涉及利益冲突"。[2]《英格兰及威尔士 2007 年事务律师行为守则》对利益冲突进行了以下解释：

---

〔1〕　［美］蒙罗·H. 弗里德曼、阿贝·史密斯：《律师职业道德的底线》，王卫东译，北京大学出版社 2009 年版，第 281 页。
〔2〕　北京市律师协会组编：《境外律师行业规范汇编》，中国政法大学出版社 2012 年版，第 290 页。

"一个律师或者一个律师事务所对两个或两个以上当事人所负的保密职责与披露职责之间的冲突。"[1]美国联邦最高法院也认为"辩护律师有避免冲突代理的道德义务，一旦审判中出现利益冲突应及时告知法庭"。[2]第六修正案承诺的"不可分割的忠诚"要求确保辩护律师不受不当利益影响。

对"利益冲突"的内涵，学者们也提出了不同的见解。美国学者罗伯特·埃若森指出："利益冲突问题也许是律师职业责任中最普遍的问题，也是从业人员最难理解的问题。不仅潜在的利益冲突有时难以区分，就是对于特定情形下利益冲突的适当的补救也难以判断。"[3]当律师对对立利益的追求导致他采取的行动或作出的决定与被告人的最佳利益相悖时，利益冲突就已经发生。我国学者李本森教授认为："利益冲突是指律师在代理当事人的过程中，律师对当事人的代理将对律师自身的利益、律师现当事人的利益、律师前当事人的利益或者第三人的利益可能产生重大不利影响的情况。"[4]本书重点考察的是刑事辩护中发生的或者潜在的利益冲突。笔者认为，在刑事辩护的过程中，律师在与当事人确立委托关系时，应当以当事人利益为核心，全面审查是否存在可能损害当事人利益的情形。

（二）利益冲突的价值博弈

利益冲突是律师面临的各种冲突中的一个重要表现，在一定程度上使得当事人很难得到辩护律师忠实勤勉的服务。如果不能很好地解决利益冲突的问题，不仅会损害到辩护律师与当事人最基本的信任关系，还可能妨碍到司法公正。实际上，利益冲突也是一个价值博弈的过程。

1. 利益冲突与利益权衡：当事人利益的优先性

首先，辩护律师与当事人在地位上天然的不平等是利益冲突产生的重要原因。一方面，多数当事人缺少法律专业知识，不得不依靠辩护律师来为其提供专业服务，正是辩护律师的参与，才使得追诉方与被告人不平等状况得到改善，这也正是辩护律师的价值所在。另一方面，在委托辩护律师的过程

---

[1] 北京市律师协会组编：《境外律师行业规范汇编》，中国政法大学出版社 2012 年版，第 63 页。

[2] Cuyler v. Sullivan, 1980.

[3] 北京市律师协会编：《律师利益冲突管理与公益法律服务》，北京大学出版社 2010 年版，第 97 页。

[4] 李本森主编：《法律职业伦理》，北京大学出版社 2016 年版，181 页。

中，当事人无法准确判断所聘请律师的专业水准以及服务质量，更多的是通过熟人介绍和网络宣传来聘请律师。在这种情况下，辩护律师处于天然的优势地位，很可能利用其相较于当事人的优势地位与当事人发生利益冲突。

其次，当事人利益的保护具有优先性。利益冲突的后果就是可能损害当事人利益，虽然律师职业伦理对于律师的行为提出了很高的要求，但是律师有义务忠于当事人的利益，那么仅有道德的约束还不够，还必须有可以预期的限制性规则作为约束，这样才能使当事人的权利"以看得见的方式实现"，避免存在任何"合理的怀疑"。利益冲突禁止规则是基于这种防止产生合理怀疑的程序正义理念而产生的约束性规则，其核心目的也是保护当事人的利益。

2. 利益冲突与司法公正：司法公正的底线原则

律师受当事人委托，不仅仅要实现当事人利益的最大化。同时律师作为社会成员中的一员，其自身的利益也是需要考虑的因素，可以说这是律师执业的根本动力所在。而律师作为法律职业的一员，在执业过程中还负有维护司法公正的义务。因此，辩护律师与当事人关系这一职业伦理的核心问题，实际上涉及多元利益的衡量，这其中就需要有一个底线原则。当利益冲突与司法公正发生冲突时，也要坚持司法公正这一底线原则，严格执行利益冲突禁止规则。

辩护制度是现代刑事诉讼程序构造的基石之一，就像一根"拐杖"，利用自身的专业知识和诉讼技巧，帮助当事人进行诉讼，与国家公权力进行有效对抗。然而，一旦辩护律师与当事人存在利益冲突时，正所谓"旁观者清，当局者迷"，辩护律师对于案件的判断很难避免自身利益的考量，因此这根"拐杖"随时都有可能异变为挥向当事人的"大棒"。这不仅是对当事人忠诚的减损，还会影响律师的职业声誉，更有可能直接影响司法的公正。

二、利益冲突禁止与辩护律师忠诚义务之关系

辩护律师的忠诚义务，既是维系辩护律师与当事人信任关系的根基，也是利益冲突禁止规则产生的逻辑前提之一。实践中，辩护律师所面临的利益冲突实际上是在律师和当事人这条主线下发生的，这就要求辩护律师在为当事人争取利益最大化的同时必须做到对当事人忠诚。"无论是律师的个人利益、其他当事人的利益还是第三方的要求，都不能减弱律师对于其当事人的

忠诚。"〔1〕

（一）利益冲突禁止规则是忠诚义务派生出来的律师重要职业道德

首先，利益冲突禁止规则是信赖利益维护的基本要求。辩护律师对于当事人忠诚的一个基本要求，就是要维护与当事人之间的信任关系。诚如美国学者指出，"忠诚的义务包括两部分，一是律师保证积极支持当事人，为当事人的利益而努力，二是律师能使别人相信他们承诺的忠诚性"。〔2〕利益冲突禁止规则一方面通过设定律师的行为边界，使当事人对辩护律师的行为有一个合理的预期和判断；另一方面通过惩戒机制，对于辩护律师的辩护活动有一个制度上的约束。只有这样，辩护律师和当事人才能在彼此信任的基础上开展有效的合作。

其次，利益冲突禁止规则是维护委托关系的首要环节。律师执业最根本的出发点就是争取当事人利益的最大化，如果存在利益冲突，即使律师能够不为私利，使案件得到公正处理，也难以消除当事人的怀疑，从而可能导致当事人对律师的不信任。因此，辩护律师应当消除一切影响当事人和律师建立信赖关系的因素，让当事人对其产生信任。否则辩护律师将很难从当事人处得到与辩护相关的证据和信息，维护当事人最大利益也就成为一句空话。

（二）辩护律师忠诚义务是利益冲突禁止规则的价值依归

首先，辩护律师忠诚义务的一个具体要求就是要求辩护律师利益的超脱。辩护律师与当事人之间不应当有其他任何利益上的冲突。正如 Meinhard v. Salmon 一案的法官指出："这种忠诚是最崇高的忠诚，不单严格要求律师要诚实，要求律师放弃自己的个人利益。无论这种放弃何等艰难，对律师来说，忠诚不二是不懈的最高原则。"〔3〕建立利益冲突禁止规则的目的就是通过对律师的执业行为进行某些限制，从而减少辩护律师在辩护过程中，基于自身或者其他利益的考量而作出的损害当事人利益的行为。

---

〔1〕 ［美］蒙罗·H.弗里德曼、阿贝·史密斯：《律师职业道德的底线》，王卫东译，北京大学出版社 2009 年版，第 286 页。

〔2〕 ［美］肯尼斯·基普尼斯：《职责与公义　美国的司法制度与律师职业道德》，徐文俊译，东南大学出版社 2000 年版，第 87 页。

〔3〕 ［美］肯尼斯·基普尼斯：《职责与公义　美国的司法制度与律师职业道德》，徐文俊译，东南大学出版社 2000 年版，第 61 页。

其次，利益冲突禁止规则建立在忠诚义务基础之上。正如《加拿大律师协会联合会职业行为示范守则》第3.4.1条避免利益冲突的职责中指出："关于利益冲突的规则建立在忠诚职责基础上，而忠诚职责的根基是关于受托人的法律。律师—当事人关系基于信任存在，这种关系是一种受托关系，因此，律师负有忠诚于当事人的职责。为了维护公众对法律职业和司法的信任，律师在其中扮演关键角色，律师遵守忠诚职责至关重要。"[1]利益冲突禁止规则可以有效防止当事人在不知情的情况下，因辩护律师在利益冲突问题上的"不作为"而损害其利益的情形发生。利益冲突禁止规则通过规制律师在利益冲突情形下的行为，维护当事人的利益。

三、忠诚义务下我国刑事辩护中的利益冲突禁止规则

随着刑事辩护全覆盖试点工作的推进，我国刑事辩护将会进入蓬勃发展的时期。由于律师数量需求的激增导致从事刑事辩护律师的素质参差不齐，因此可能会产生利益冲突的新情况。而且，我国辩护律师参与刑事诉讼活动也呈现出诸如法律援助、值班律师等多样化的类型，这些新的类型也会带来新的利益冲突问题。为此，我国有必要在刑事诉讼中进一步完善利益冲突禁止的相关规则，来弥补利益冲突规则内容的不全面所带来的漏洞。

（一）我国现行刑事辩护利益冲突规则之不足

我国律师利益冲突问题在近年来逐渐得到重视，然而，我国刑事辩护中利益冲突的认定和处理规则还存在着诸多问题。

首先，我国目前的辩护律师利益冲突规范体系比较混乱。不仅发布主体多，而且效力层次混乱。《最高人民法院关于适用〈中华人民共和国刑事诉讼法〉的解释》第38条第2款明确规定："一名辩护人不得为两名以上的同案被告人，或者未同案处理但犯罪事实存在关联的被告人辩护。"这是禁止同一律师代理两名以上同案被告人的具体规定。然而，对于利益冲突的认定原则、认定标准、认定方法、防范机制以及制裁措施等均缺乏细化的规定。全国律协虽然制定了一系列规范，都涉及利益冲突的问题，但规定也比较笼统，执行力度相对有限。

---

〔1〕《加拿大律师协会联合会职业行为示范守则》，王进喜译，中国法制出版社2016年版，第73页。

其次，我国目前的规范性文件中对刑事辩护过程中利益冲突的概念存在着内涵不确切、规制范围狭窄的问题。我国《律师法》第39条对利益冲突的规定是"律师不得在同一案件中为双方当事人担任代理人，不得代理与本人或者其近亲属有利益冲突的法律事务"。该条规定过于简单和模糊，甚至回避当事人之间连续性的利益冲突问题，在实践中很难对律师的利益冲突的审查和规制起到指导作用。

最后，对于利益冲突的规制缺乏相应的程序性规定。《律师执业行为规范》提到了律师和律师事务所在接受委托前应当进行利益冲突查证，然而，该规定较为笼统，没有具体的操作程序规定。这就使得利益冲突的管理缺乏相应的指导流程，同时在实践中通常也只有在当事人利益实际受损的情况下才可能被披露而引发相关的调查，这种事后的调查很难维护当事人的利益。

（二）我国刑事辩护中利益冲突禁止规则之完善

在刑事辩护的过程中，完善利益冲突禁止规则有一个大前提，那就是维护当事人利益。在这个前提下对律师可能涉嫌的利益冲突行为予以约束，使利益冲突禁止规则在整体上能够平衡刑事诉讼的基本原则与律师制度的价值。

1. 利益冲突认定的原则：以当事人利益为中心

刑事辩护这一职业的根本出发点就是维护当事人利益。我国《律师法》第2条对律师的定位是"维护当事人合法权益，维护法律正确实施，维护社会公平和正义"，明确将律师维护当事人的合法权益置于首要地位，也体现了当事人利益中心的理念。同样，在利益冲突处理问题上，也要坚持以当事人利益为中心的基本原则，而以当事人为中心的理念在利益冲突问题上集中体现为忠诚义务和保密义务。

首先，忠诚是辩护律师面对利益冲突问题时秉承的首要价值。如前所述，辩护律师与当事人处于天然不平等的地位，如果律师利用强势地位损害当事人利益又缺乏有效的制约措施，则从根本上会危及律师职业的发展。例如，美国学者詹姆斯·E.莫利泰尔诺认为律师执业利益冲突问题中，有几个发挥作用的基本原则，"第一是忠诚。当事人律师关系是律师制度的基础，忠诚是当事人律师关系的基础"。[1]因此基于忠诚义务产生的利益冲突规则，会最大

---

〔1〕 ［美］詹姆斯·E. 莫利泰尔诺：《律师职业责任》，中信出版社2003年版，第93页。

程度地维护当事人对于律师的信任。

其次，保密是利益冲突禁止规则的重要理论基础。在利益冲突禁止规则中，如果律师在对前当事人的代理中所获得秘密信息可能会被用来服务于现当事人的利益，则律师就可能不能代理该当事人。保密原则的设立是为了鼓励当事人对律师的信赖，使律师能够获得代理当事人所需要的信息，从而使得律师更好地进行代理。[1]因此，利益冲突禁止规则就是保密义务的具体体现，律师不能将自己置于与当事人利益相冲突的地位，其目的就是维护当事人对律师的信赖，也是律师职业良性发展的要求。

最后，利益冲突禁止规则的完善有利于促进当事人中心原则在律师职业伦理领域的落实。辩护律师负有避免利益冲突的基本职业道德。在我国辩护律师的职业伦理领域，由于我国律师的多种角色，实践中当事人的中心地位并没有得到很好的贯彻。因此，在处理利益冲突的过程中，确立以当事人为中心的理念，强调对当事人利益的维护应当贯穿于利益冲突的认定、处置等全部过程，这有助于忠诚和保密义务的落实。

利益冲突禁止规则实际上也是辩护律师行为的一个边界，使得当事人能够对辩护律师的行为有一个基本的预期，其目的就是维护当事人对辩护律师的信赖关系，从而使得双方的合作能够更有成效。

2. 利益冲突认定的标准：有依据的合理怀疑

利益冲突规则是律师与当事人关系的核心问题之一，而利益冲突的认定又是处理利益冲突的关键，这也是我国利益冲突规范中最为薄弱的环节。笔者认为，在刑事诉讼过程中，利益冲突认定要坚持合理怀疑原则，即从案外第三人的角度审视是否存在损害当事人利益的可能。

首先，合理怀疑无需达到"高度盖然性"标准。"合理怀疑"的标准是认定利益冲突的关键。我国的民事证明标准是"高度盖然性"，即高度可能性，是指对某一事实的证据证明无法达到事实清楚、证据确凿时，对可能性较高的事实予以确认。而利益冲突认定的初衷是从形式上防止潜在的可能冲突，因此，这种合理的怀疑无需达到"高度"的可能，只要律师的行为与当事人的利益可能存在冲突，现在或者将来可能损害当事人的利益即可。

---

〔1〕 王进喜:《美国律师职业行为规则理论与实践》，中国人民公安大学出版社 2005 年版，第 66 页。

其次，这种合理怀疑是有所依据的怀疑，而不是想象的怀疑。可以参照美国刑事诉讼中的证明标准，其中第七等是"有理由的怀疑"。[1] 在刑事诉讼中，如果有依据合理怀疑可能损害当事人利益时，就可以认定存在利益冲突，从而适用利益冲突禁止规则进行规制。例如，在杨佳案中，被告人杨佳聘请了上海某律师事务所谢某明、谢某两位律师担任法院审判阶段的辩护人。但自谢某明律师是上海闸北区人民政府法律顾问的身份被曝光后，谢某明律师在审判阶段担任杨佳的辩护人的行为就受到广泛质疑。[2] 虽然从现有的法律规定和律师相关执业规范来分析，无法直接认定谢某明律师的行为违反了利益冲突规则，但是谢某明律师作为闸北区人民政府法律顾问，而闸北公安分局是区政府的职能部门，辩护律师同时存在的其他身份使得民众产生"合理的怀疑"是有依据的，担心存在损害被告人杨佳合法权益的可能性。

最后，这种存在合理怀疑的利益冲突可能直接影响到委托目的的实现。如何理解"利益"一词，是利益冲突认定的基础问题。笔者认为，"利益"应当是当事人通过委托律师可能或者应当获得的益处。因此，只有那些可能直接影响委托目的实现或者减损的利益，才能成为利益冲突规则中的"利益"。因此，在认定利益冲突是否存在合理怀疑时，也要精确把握"利益"的含义，只有已经发生或者可能发生的利益会减损律师对于当事人的忠诚以及辩护的效果时，才能认定存在利益冲突。

合理怀疑规则确立的目的是通过形式正义实现实质正义。如前所述，利益冲突并不必然导致当事人利益受到损害，但是隐藏着极大的可能性。由于当事人在信息资讯、法律知识等方面与辩护律师相比处于先天的弱势地位，因此，对利益冲突的认定应当立足于预防，从形式上排除对律师存在潜在利益冲突的可能，以避免合理第三人产生怀疑，从而避免影响案件的实质正义。

3. 利益冲突认定的方法：对利益冲突进行类型化分析

利益冲突禁止规则中避免律师与当事人之间利益冲突的相关规则集中体现了对律师独立地位和专业判断的维护。西方国家十分重视律师执业中的利益冲突问题，基本形成了一套规范利益冲突的制度体系，而我国的相关规定

---

〔1〕《美国联邦刑事诉讼规则和证据规则》，卞建林译，中国政法大学出版社1996年版，第22页。

〔2〕吴杭民："谢有明担任杨佳辩护人 让人不放心"，载《检察日报》2008年7月23日，第3版。

却稍显不足。笔者认为,对于利益冲突的认定,应当进行类型化的区分。

第一,区分直接利益冲突和间接利益冲突。根据利益冲突程度大小不同,可以分为直接利益冲突和间接利益冲突。所谓直接利益冲突,是指律师事务所及其律师与当事人或准当事人之间、当事人之间、当事人与准当事人之间存在直接的利害关系。间接利益冲突是指虽然存在直接的利害关系,但是仅仅存在损害某一方当事人、准当事人权益潜在的可能性。对于直接利益冲突,通常会进行严格的禁止;而对于间接利益冲突,则在告知风险的基础上,会尊重当事人的选择。

例如,《加拿大律师协会联合会职业行为示范守则》在第3.4条"冲突"的注释中,指出律师负有避免利益冲突的道德职责,并且明确区分了直接利益冲突和间接利益冲突。"一些涉及利益冲突的案件将在加拿大最高法院阐明的亮线规则的范围内。亮线规则禁止律师或者律师事务所代理其法律利益与另一当事人的直接法律利益存在直接冲突的当事人,即使这些事务不相关,除非当事人同意……在不适用亮线规则的情况下,如果对当事人的代理将会造成这样的重大风险,即律师对当事人的代理将会受到律师自己的利益或者律师对其他当前当事人、前当事人或者第三人的职责的严重不利影响,则律师或者律师事务所仍然被禁止进行代理。该风险必须不仅仅是一种可能性;必须对聘请所产生的忠诚职责或者对代理当事人造成了真正的严重风险。"[1]

这两种类型的判断实际上也掺杂着主观方面的因素:如何判断当事人利益是必然受损还是可能受损,也可能存在不同的观点和判断角度。因此,应当确立一定的区分依据,即根据普通公众一般理性判断存在利益冲突即可。从一般公众的正常判断,都可以看出由于犯罪存在关联会导致被告人利益受损,这也是典型的直接利益冲突。

第二,区分同时性利益冲突和连续性利益冲突。同时性利益冲突是指当事人的利益与律师本人的职责和利益、其他当事人的利益、第三人的利益之间存在的冲突。在这种情形下,利益冲突各方都存在利益被损害的风险,通常予以严厉的禁止。而连续性利益冲突指的是律师接受委托的行为,可能受到辩护律师之前职务的影响,或者之前当事人的利益影响,从而引发的利益

---

〔1〕《加拿大律师协会联合会职业行为示范守则》,王进喜译,中国法制出版社2016年版,第72~73页。

冲突。

这种划分的目的是对当事人利益进行一种持续性的保护，但又各有侧重：禁止同时性利益冲突，其目的在于维护双方之间最基本的信任；禁止连续性利益冲突，是为了防止前当事人的秘密被后者滥用，更是为了防止现在的当事人的利益与前当事人的利益存在冲突而影响律师的忠诚义务。例如，"鸿茅案"的律师，虽然其担任鸿茅实业股份有限公司法律顾问是多年前的事情，但其又担任谭医生的辩护人，很容易使公众产生合理的怀疑和不信任，对于辩护结果也有很大的影响。"必须向当事人保证律师有不可分割的忠诚，律师和当事人关系不会受到任何严重破坏。如果律师对一个当事人的代理会受到另一个当事人的直接利益的直接不利影响，这种关系可能会受到不可挽回的损害。当事人可能有理由担心律师考虑到其他当事人而不会致力于其代理。"[1]可见，保护当事人对律师的信任，避免当事人对律师的怀疑，是认定利益冲突的关键。

4. 利益冲突的避免：建立防范机制

为了维护双方的信赖关系以及律师职业的健康发展，对于利益冲突必须建立相应的防范规则，尽早地规避或消除利益冲突。

第一，事前预防：要加强律师事务所的内部监管。

律师事务所要加强内部监管，要把好利益冲突审查的第一道关，进行充分的事前预防。

首先，律师事务所要建立利益冲突审查机制。一方面，要规范律师事务所内部的立案机制。利益冲突的审查，建立在律师事务所业务信息登记完备与及时的基础之上。为此，应当建立律师事务所预立案机制，就某个客户进入实质性洽谈阶段，进行预立案，可以在正式签订委托协议之前进行初步的利益冲突审查，减少由于利益冲突而给律师以及律师事务所带来的损失。另一方面，要建立多重审查机制。要根据立案登记程序与签订委托协议等不同阶段建立多重的审查机制，最大限度地避免直接的和潜在的利益冲突。

其次，律师事务所及律师要履行告知义务。2017年颁布的《律师办理刑事案件规范》第13条第2款规定："同一律师事务所在接受两名或两名以上的同案犯罪嫌疑人、被告人的委托，分别指派不同的律师担任辩护人的，须

---

[1]《加拿大律师协会联合会职业行为示范守则》，王进喜译，中国法制出版社2016年版，第73页。

告知委托人并经其同意。"该规定是一个长期以来困扰律师办案的争议问题。在该规定颁布之前，对同一律师事务所的不同律师接受同一案件中不同被告人的委托时，很多办案机关提出质疑，认为没有明确的规定，并对辩护律师进行限制。世界法治发达的国家和地区也没有完全禁止性的规定。因此，律师事务所及律师只要告知当事人本人可能存在的利益冲突并由此带来的风险，并经过当事人的同意即可。

第二，事后预防：要加强律协主导的利益冲突制裁机制。

律师协会作为律师自治组织，在规范利益冲突方面应当发挥更大的作用。一方面，要完善投诉查处机制。对于当事人投诉，要认真调查，如果确实存在利益冲突损害当事人利益的情况，应当视情节给予必要的处罚。另一方面，建立律师、律师事务所诚信档案，对于违反利益冲突规则的情况定期向社会披露。例如，司法部会定期通报对于律师的惩戒情况，2017 年 11 月份律师协会在惩戒工作通报中，通报了安徽国运律师事务所某律师违反利益冲突禁止义务并给予处罚的情况，该律师违规会见同一案件中两名以上犯罪嫌疑人，确有在同一刑事案件中同时为两名以上的犯罪嫌疑人担任辩护人的违规行为，安徽省律师协会给予该律师中止会员权利 6 个月的行业纪律处分。[1]

第三，内化于心：加强律师职业道德和执业纪律的教育。

利益冲突是每个律师都可能面对的一个价值判断，是律师职业伦理和相关执业规范所规制的核心问题之一，同时也是律师执业活动中一个非常复杂的问题。在我国，刑事辩护中的利益冲突问题尚未引起立法者应有的重视。"无以规矩，不成方圆"，律师在为自己争取权利与社会认同的同时，必须对本身的行为规则及其逻辑作出反思，避免基本的利益冲突的发生。只有这样，律师职业才能得到长远发展。

5. 利益冲突的程序性制裁机制

在刑事诉讼过程中，对于存在利益冲突的情形，设置相应的程序性制裁机制，有助于更好地防止利益冲突的发生。为此，可以将存在利益冲突的辩护，认定为严重的程序违法，应当将其作为《刑事诉讼法》第 238 条"违反法律规定的诉讼程序，可能影响公正审判"的情形，裁定撤销原判，发回重

---

〔1〕 "2017 年 11 月份律师协会惩戒工作通报"，载司法部政府网，http://www.moj.gov.cn/news/content/2017-12/28/lsgz_ 11347. html，最后访问时间：2018 年 9 月 18 日。

审。例如，在《刑事审判参考》总第 96 集第 956 号（指导性案例）中，湖南省邵阳市人民检察院指控被告人岩某、李某犯贩卖、运输毒品一案，判处两被告人死刑。被告人上诉后，湖南省高级人民法院开庭审理后作出驳回上诉、维持原判的裁定。最高人民法院在复核的过程中，发现湖南大行律师事务所袁某明律师，在一审中担任被告人黎某的辩护人，在二审中又担任同案被告人王某的辩护人，违反了禁止同一律师代理两名以上同案被告人的规定，存在典型的利益冲突，极大地损害了其他被告人的合法权益，影响了司法公正。最高人民法院最终不核准湖南省高级人民法院所作的死刑立即执行的刑事裁定，撤销湖南省高级人民法院的刑事裁定和邵阳市中级人民法院的刑事判决，将案件发回邵阳市中级人民法院重新审判。[1]

第三节　独立辩护之限制

我国司法实践一个常见的问题，就是辩护律师与被追诉人在辩护意见上发生冲突。此时，律师是应当独立辩护，还是遵循被告人的意志进行辩护？这种冲突体现了被追诉人与律师之间对辩护主导权的争夺，其中包含了各诉讼参与者之间的权利冲突和利益争夺，其背后的一个重要理论就是独立辩护理论。如何处理辩护律师与被追诉人之间的关系？辩护律师是否具有独立辩护权，是否应当为其权利的行使设置界限？这个问题是律师职业伦理规范构建当中的一项重要内容，也引起了理论界和实务界的重视。

当辩护意见发生冲突时如何处理，关系到被告人利益的保护。辩护律师忠诚义务为独立辩护理论的研究提供了一个全新的视角。从辩护律师忠诚义务的角度来看，其中一个核心问题就是辩护律师与当事人之间辩护观点和辩护思路的协调问题。而在这一问题上，忠诚义务则可以表现为适度尊重当事人意志的义务。这种消极的尊重当事人意志的义务，即指不与当事人故意发生观点和主张的分歧和对立，不造成辩护观点的冲突和抵销。[2]然而，独立辩护人理论与辩护律师忠诚义务之间存在的矛盾，不仅可能损害被追诉人的

---

〔1〕 周小霖："刘洪高、刘开贵贩卖、运输毒品案［第 956 号］——如何理解同一辩护人不得为两名以上犯罪事实存在关联的被告人辩护的限制性规定"，载《刑事审判参考》（总第 96 集），法律出版社 2014 年版，第 116 页。
〔2〕 陈瑞华：《刑事辩护的理念》，北京大学出版社 2017 年版，第 124 页。

合法利益，破坏正常的诉讼秩序，甚至还可能阻碍我国律师职业的健康发展。

一、独立辩护人理论与忠诚义务之矛盾

独立辩护理论确实存在一定的合理之处。[1]对当事人的忠诚义务与尊重法律和事实的义务，构成了律师职业伦理不可分割的两个侧面。[2]这在独立辩护中表现得尤为明显。然而，辩护律师职业伦理必须回答一个问题：辩护律师忠诚于当事人的利益，是否意味着要完全服从于当事人的意志？独立辩护人理论要求在维护当事人利益的过程中，辩护律师还应当维护公共利益。表面上看是要求辩护律师对当事人利益和公共利益都要兼顾，但实际上，这一理论扭曲了律师与当事人之间的法律关系，削弱了辩护的效果，损害了当事人的利益，违背了辩护律师忠诚义务的基本要求。

(一)扭曲了律师与当事人之间的法律关系

首先，独立辩护人理论混淆了律师与法官的职业伦理。独立辩护人理论过分强调律师在维护法律实施方面的作用，这一特点带来的直接后果就是辩护律师承担了"司法裁判者"的职业伦理，我国《律师法》要求辩护律师对于"委托事项违法、当事人利用律师提供的服务从事违法活动或者故意隐瞒与案件有关的主要事实的"等情形，有权拒绝辩护。然而，实践中多数情况下案件的事实尚未明了，法律适用存在争议，律师如何能够判断利益是否"合法"？如何判断是否"故意隐瞒"与案件有关的主要事实？这无异于将辩护律师的职业伦理等同于裁判者的职业伦理，背离了辩护律师忠诚义务的基本要求。

其次，独立辩护人理论扭曲了律师与当事人之间的法律关系。辩护人与当事人之间本质上仍然是一种委托代理关系。一方面，被追诉人法律知识欠缺、人身自由受限，辩护律师基于委托而享有从事辩护活动等相关的权利，其目的就是实现当事人利益的最大化。在从事辩护的过程中，辩护律师承担着不同的义务：一方面，辩护律师对于被告人负有忠诚义务，这也是基于双方之间契约关系的基本要求；另一方面，辩护律师又对法院负有消极的真实

---

〔1〕　有关独立辩护合理性的论述，参见宋远升："律师独立辩护的有限适用"，载《法学》2014年第8期。韩旭："被告人与律师之间的辩护冲突及其解决机制"，载《法学研究》2010年第6期。

〔2〕　陈瑞华：《刑事辩护的理念》，北京大学出版社2017年版，第73页。

义务。而独立辩护理论更强调辩护律师对法庭的真实义务，忽视了辩护律师与当事人之间的契约关系。

（二）辩护观点冲突直接削弱了辩护的效果

从世界范围看，忠诚于当事人的利益是辩护律师的首要职业伦理，如果这一点都无法做到，有效辩护又从何谈起？如果奉行绝对的独立辩护观点，则违背了忠诚义务的要求，会损害当事人的利益。

首先，辩护律师与当事人的辩护观点发生冲突弱化了辩护的效果。在决定是进行无罪辩护还是有罪辩护的策略选择上，辩护律师与被告人的立场时常会发生冲突。有的辩护律师当庭提出了无罪辩护的意见，然而被告人却当庭认罪；有的辩护律师当庭做罪轻辩护，但被告人却坚持无罪的观点。例如，2012 年，北京西城区人民法院审理了一起彩票诈骗案，在庭审的过程中，辩护律师没有按照被告人的意愿为被告人做无罪辩护，被告人和律师发生了直接的冲突，最终被告人当庭解除委托并更换了律师。然而，再次更换的律师仍然以独立辩护理论为依据为其做罪轻辩护。[1]当辩护律师与当事人的辩护意见发生冲突时，恰恰等于为法官提供了两种不一致的案件审理思路，导致被告人与律师辩护观点的相互抵销，很难实现预期的辩护效果。

其次，辩护观点冲突导致控辩力量进一步失衡。独立辩护理论使得本来就不均衡的控辩力量进一步失衡。在法庭上辩护权主体内部之间出现了相互对立的辩护意见，导致辩护一方无法形成辩护合力，反而使得控辩对抗转变成为辩护权主体内部之间的冲突和辩论，因此更难以与控方进行有效的对抗，控辩力量进一步失衡。此时，辩护人客观上发挥了支持公诉的作用，甚至在某种情况下充当了第二公诉人的角色，有学者将其概括为辩护律师的"公诉人化"。[2]

（三）辩护观点的冲突直接损害了当事人利益

首先，当事人利益是各种价值综合权衡的结果。独立辩护理论认为辩护律师才是被告人利益的最佳判断者，这也是该理论的一个基本前提。然而，

---

[1] 参见孙莹："预测彩票诈骗案再开庭，被告炒掉律师坚持不认罪"，载中国新闻网，http://www.chinanews.com/fz/2012/08-07/4090036.shtml，最后访问日期：2018 年 7 月 8 日。

[2] 有关辩护律师的"公诉人化"的详细论述，参见陈瑞华：《刑事辩护的理念》，北京大学出版社 2017 年版，第 79~80 页。

当事人利益并不完全等同于律师以法律视角所衡量的法律利益。虽然辩护律师在法律利益方面的衡量是有优势的,凭借自身丰富的法律专业知识和实践经验,对案件有着更深的理解和把握,但独立辩护理论忽略了当事人利益的综合性,即不同的被告人有着不同的价值选择和其他利益的考量。例如在高晓松醉驾案当中,虽然辩护律师提出该案存在无罪辩护的空间,但被高晓松否决。此时,在各种利益的权衡之间,对于高晓松来说,在公众面前树立良好的形象才是关键,而是否被定罪反而排在次要的地位。[1]实际上,被告人对于权衡涉及自身各种利益方面是有优势的。因为被告人才是案件结果的真正承受主体,并且相关价值的重要性在每个人心目中的排序又各不相同,所以在辩护律师提供的法律服务下,被告人对于自身行为及结果的关系通常能有一个正确的把握。在对各种利益进行衡量之后,如果其甘愿承担自己的选择所带来的后果,辩护律师也没有必要强行进行独立辩护。

其次,绝对的独立辩护观念破坏了双方之间的信任关系。信任关系是律师制度存在的根本,也是委托代理关系存在的基础。有些律师在辩护过程中,缺少积极的交流与细致的沟通,对于被告人的意志未给予充分的尊重,在没有征得被告人同意的情况下自行确定辩护思路。这种绝对的独立辩护观念严重损害了律师与被告人之间的信赖关系,其直接后果就是损害当事人的利益。如何更好地尊重被告人的意志,这对于维系双方之间的信赖关系是至关重要的。

二、处理辩护律师与当事人冲突的两种模式

在处理辩护律师与当事人之间关系的问题上,辩护冲突是一个核心争议。英美法系国家或地区与大陆法系国家或地区基于律师角色定位的不同,在处理辩护人与当事人之间的关系时,也存在着较大的差异。

(一) 英美法系国家或地区:偏重当事人主导型

在美国,从整体上来看在处理辩护人与当事人之间的关系时,更侧重于对当事人意志的尊重。这与律师的角色定位是密不可分的。当事人与律师权利分配问题主要规定在《美国职业行为示范规则》第1.2条中,"律师应当遵

---

〔1〕 "高晓松庭审现场两次打断律师,拒绝无罪辩护",载《北京晚报》2011年5月18日。

循当事人就代理的目标所作出的决定，应当就追求这些目标所要使用的手段同当事人进行磋商……在刑事案件中，当事人就进行何种答辩、是否放弃陪审团审判以及当事人是否作证等事项同律师磋商后所作出的决定，律师应当遵守"。[1]由此可见，该规则将律师与当事人之间的关系分为两个领域：一是被告人对于影响其根本利益的事项有最终决定权的领域，比如认罪与否的权利，只要被告人当庭认罪，法庭审判结束，直接进入量刑庭的程序。律师可以说服被告人，但被告人享有最终的决定权，对于被告人的决定，律师必须服从，如果不同意可以选择退出辩护。二是律师对于不会影响被告人根本利益的事项等，例如传几个证人、对证人怎么发问这些涉及法律技巧等专业性问题，有权决定。

由此可看出，在辩护律师与当事人之间的关系方面，当事人对于所要实现的目标拥有最终的决定权，而且律师对于其采取的手段虽然有决定权但是也要与当事人进行磋商。然而，对于辩护方式的选择，当事人应当尊重辩护律师的法律知识和诉讼技巧。因此，对于"目标"的制定，虽然辩护律师要遵从当事人的决定，但如果辩护律师认为当事人所制定的"目标"会损害其实质性利益，在无法劝说的情况下辩护律师可以选择退出辩护。《美国职业行为示范规则》第1.16条（b）中明确规定了律师可以退出对当事人代理的几种情形。此外，美国法律协会颁布的《律师法重述》，在其第二章"当事人—律师关系"的第三节"决策权限"中，明确规定了律师对于当事人的告知和磋商职责，同时对于当事人与律师之间的决策权分配进行了规定，并对当事人和律师各自可以保留的权限进行了规定。

（二）大陆法系国家或地区：偏重律师独立辩护型

在大陆法系国家或地区，在处理辩护人与当事人之间的关系时，更侧重于律师在刑事诉讼过程中的独立地位。律师具有独立的诉讼地位，而不仅仅是当事人的利益代言人，这与大陆法系国家或地区律师的角色定位具有密切关系。例如，在德国，在刑事诉讼辩护中，依照多数之见解，辩护人并非单方面为被告利益之代理人，其也是类似"辅佐人"（《德国联邦刑事诉讼法》第137条），也即立于被告之侧的"独立的司法机关"。[2]鉴于其独立的地

---

[1] 北京市律师协会组编：《境外律师行业规范汇编》，中国政法大学出版社2012年版，第172页。
[2] ［德］克劳思·罗科信：《刑事诉讼法》，吴丽琪译，法律出版社2003年版，第149页。

位，辩护人不是帮助被告人作出或接受有约束力的程序性指令的代理人。〔1〕《日本刑事诉讼法》第41条规定，"辩护人，以本法有特别规定的情形为限，可以独立进行诉讼行为"，被称为"辩护人的独立行为权"。〔2〕在我国台湾地区，基于辩护人担当一定公益功能并且独立于被告意思之外的自主地位，辩护人可谓整个刑事司法体系中自主的司法单元。〔3〕然而，在大陆法系中，这种独立也只是相对的，例如，在德国，如果被告人选择不认罪，那么律师不得做有罪或者罪轻辩护。

三、忠诚义务下独立辩护理论之限制

从辩护律师职业伦理的角度来看，辩护律师要在忠诚于被告人的前提下开展辩护，最大程度地维护当事人的合法权益，从这个意义上来看，独立辩护应有限度和底线。对于独立辩护进行一定的限制，目前学界基本达成了共识。然而，对于如何进行限制，学者们提出了不同的方案，展开了激烈的讨论。有学者提出在辩护目标上应当尊重被告人意志，但在辩护策略上可适度独立于当事人；在事实问题上应尊重被告人意见，在法律问题上可适度独立于当事人。〔4〕也有学者指出我国应当实现从"绝对独立"向"相对独立"的转型，并通过"辩护协商"的工作机制预防和化解辩护冲突。〔5〕

从行业规范的角度来看，2017年颁布的《律师办理刑事案件规范》对于独立辩护的态度也发生了明显的转变。其第5条第3款明确规定："律师在辩护活动中，应当在法律和事实的基础上尊重当事人意见，按照有利于当事人的原则开展工作，不得违背当事人的意愿提出不利于当事人的辩护意见。"这实际上明确了辩护律师所谓的独立辩护，实际上是一种有限的独立。因此，在构建我国独立辩护制度时，应当在恪守忠诚义务这一核心职业伦理的基础上，以维护当事人利益为辩护活动的出发点和归宿。

---

〔1〕　［德］托马斯·魏根特：《德国刑事诉讼程序》，岳礼玲、温小洁译，中国政法大学出版社2004年版，第61页。

〔2〕　［日］松尾浩也：《日本刑事诉讼法》（上卷），丁相顺译，中国人民大学出版社2005年版，第249页以下。

〔3〕　林钰雄：《刑事诉讼法》（上册·总论编），中国人民大学出版社2005年版，第161页以下。

〔4〕　陈虎："独立辩护论的限度"，载《政法论坛》2013年第4期。

〔5〕　韩旭："被告人与律师之间的辩护冲突及其解决机制"，载《法学研究》2010年第6期。

(一) 积极尊重当事人意志：建立协商机制与退出机制

双方获取信息的不对称，也是导致辩护律师与被告人在辩护观点上发生冲突的一个重要原因。由于被告人专业知识的欠缺，很难对于辩护律师的辩护作出准确的判断。因此，辩护律师作为当事人的协助者，在辩护观点和思路发生冲突时，应当构建一种协商机制，使得辩护律师尽到告知、提醒、说服义务，其目的就是形成与当事人协调一致的辩护思路，从而最大程度地维护当事人的利益。

首先，明确告知义务。基于独立辩护理论，辩护律师可以根据自己会见和阅卷的分析，提出专业的意见。2012 年《刑事诉讼法》虽然规定了辩护律师有向犯罪嫌疑人、被告人核实有关证据的权利，但"核实"的内容和方式存在很大争议。为了避免执业风险，多数律师往往对于自己知悉的案件细节的问题，在审前很少与被告人沟通。为了防止这种信息不对称带来的弊端，辩护律师要取得当事人的信任。这使得被告人可以全面了解案件信息，以便在辩护律师专业知识的帮助之下，作出理性的决策，且尽可能地与辩护律师提供的辩护策略保持一致。将辩护工作的进展情况告知被告人，还可以让被告人看到辩护律师为案件所付出的努力，获取被告人更多的理解与信任，也可以缓解被告人由于人身自由受限所带来的焦虑情绪。

其次，协商与说服义务。辩护律师在准备辩护的过程中，要明确独立辩护的边界，即辩护策略要征求被告人本人同意。辩护律师应当将备选的方案全部告知被告人，并分析各种方案的利弊，并了解被告人的价值需求，确保在其知情和自愿的情况下作出合理的选择。例如，被告人当庭认罪，而辩护律师是按照无罪辩护的策略进行的庭前准备。此时，辩护律师就应当申请休庭，与被告人进行充分的沟通，如果说服了被告人，则可以继续进行无罪辩护。如果被告人坚持认罪，不同意无罪辩护，辩护律师就应当按照被告人的选择及时调整辩护策略；如果辩护律师坚持无罪辩护，而被告人又坚持认罪，辩护律师只能选择退出辩护。又如，一个案件中的两名辩护律师观点存在分歧，此时应当确立一个基本规则，即由被告人确定一位"主辩护人"，另一律师必须服从主辩护人的思路，而不能再进行观点相反的辩护。

最后，建立合理的退出机制。目前我国辩护律师在拒绝辩护方面受到很大限制。根据相关执业规范，辩护律师只有在当事人隐瞒重大事实，利用其法律服务从事违法活动等有限情形下才可以主动选择退出辩护。除此之外,一旦双方辩护观点发生冲突,只能等待被告人解除委托。当然,有些律师选择了极端退出法庭方式,却扰乱了庭审秩序。对于律师是否有权主动退出代理,不同国家有不同的做法。在德国,律师可以在任何时候自由地终止委托关系。而在美国,律师一旦接受了案件,那么这个律师终止其与客户之间委托关系的自由就被严格地限制了,律师仅在紧迫的情况下才可以提出终止委托关系。[1]为此,我国有必要建立一种合理的退出辩护机制。

(二) 消极尊重当事人意志:确立独立辩护的禁区

辩护律师忠诚义务的一个重要要求就是消极的尊重意志义务,因为不履行消极尊重义务会对被告人的利益造成实质损害。因此,应当对独立辩护进行一定的限制,严禁罪重辩护和狭隘的职业利益式辩护。

1. 被告人要求做无罪辩护,律师不得做有罪辩护

如果被告人坚决不认罪,律师不得进行有罪辩护。辩护律师通过对控方指控的证据进行分析和判断,认为无罪辩护的策略难以成立,而被告人坚决不认罪时,有两种选择:一是听从被告人进行无罪辩护。对于无罪辩护的主张,实际上辩护律师只要能够说服裁判者形成合理怀疑即可,无需承担举证责任。辩护律师在做无罪辩护的时候只需要承担消极的真实义务,即不得采取伪造证据、妨害作证等为法律所禁止的方法。二是如果律师认为无罪辩护的策略不可能成立,但又无法说服被告人接受其提出的策略,辩护律师继续辩护就没有太大意义,只能选择退出辩护。

2. 被告人主张罪轻辩护,辩护律师不得做罪重辩护

如果被告人主张罪轻辩护,而辩护律师却作罪重辩护,便严重损害了当事人的利益。这种行为在现代法治国家中,属于普遍禁止的行为。辩护律师的职责就是做无罪或罪轻辩护,因为主张有罪或罪重是控方的职责。如果被告人主张的是罪轻辩护,而辩护律师主张罪重辩护,这明显违背了辩护律师的忠诚义务。例如,在李某涉嫌经适房诈骗罪的审理过程中,公诉机关指控李某的行为构成诈骗罪,结果却爆出冷门,其辩护律师以"李某的行为客观

---

〔1〕　[美] 迪特里希·鲁施迈耶:《律师与社会　美德两国法律职业比较研究》,于霄译,上海三联书店2014年版,第124页。

上给受害人造成了损失，我认为他的行为比诈骗还严重，应该是合同诈骗或非法集资"为理由为其作重罪辩护，这使得旁听席上的记者都笑得扶在椅背上，开庭的法官、检察官和人民陪审员也有些忍俊不禁。[1]辩护律师不仅没有为李某进行无罪或者罪轻辩护，反而提出了比指控罪名更重的罪名，充当了第二公诉人的角色。这样做使被告人独自一人对抗公诉人，陷于不利之境地，严重损害了被告人的利益。

3. 严禁狭隘的职业利益式的"独立辩护"

从职业伦理的角度出发，辩护律师的核心出发点就是维护当事人的利益，因此，辩护律师无论选择无罪辩护还是罪轻辩护，均不能以狭隘的职业利益出发，以"独立辩护"为由违背当事人意志，损害当事人的利益。

首先，严禁"政治性辩护"。有些律师以"独立辩护"为幌子，发表一些与案件无关的政治性言论，还有律师利用媒体和公众舆论的影响，向法官施加压力，甚至对法官提出批评，其目的是迫使法官接受自己的辩护观点。然而，这样做只能激化辩审关系。其结果，除了在极个别案件中成功地操纵了公共舆论，并逼迫法院"就范"以外，在多数情况下，这种辩护根本无法达到说服法官的效果，其当事人的利益最终受到了损害。[2]

其次，严禁"私利性辩护"。在有些案件中，个别律师在辩护过程中实际上很大程度上掺杂了自己的私利，其考虑更多的是案件结果是否有利于扩大名气，能否为其带来更多的潜在客户或者案源，以提高未来承办案件的收费标准，我们将其概括为"私利性辩护"。

最后，严禁"献媚式辩护"。由于刑事辩护具有一定的地方性特征，有些辩护律师为了获取狭隘的经济利益，以讨好办案人员为目的，进行献媚式独立辩护。然而这会毁坏自己的职业声誉以及律师行业的声誉，对于以职业声誉为生存根本的律师而言，无疑是最为致命的。[3]

（三）辩护主导权的区分：构建类型化决策机制

辩护利益的最佳判断者是谁？被告人出于自身利益作出的选择最优，还

---

[1] 参见汪震龙："律师爆冷门，为被告作'罪重辩护'"，载 http://www.law158.com/news/info/1/200873/23344.shtml，最后访问时间：2018年7月14日。
[2] 陈瑞华：《刑事辩护的理念》，北京大学出版社2017年版，第81页。
[3] 宋远升："律师独立辩护的有限适用"，载《法学》2014年第8期。

是辩护律师依据专业优势才能作出最佳的选择？对于此问题，很难给出一个"一刀切"的结论。但是基于考虑的问题和角度不同，应当对辩护过程中出现的不同辩护事项予以区别对待，区分辩护立场与辩护策略、事实问题与法律问题，根据不同问题区分辩护的主导权，构建类型化决策机制。

1. 辩护立场与辩护策略中的辩护主导权

辩护立场的冲突，指的是辩护律师与被告人在罪与非罪、此罪与彼罪等直接关系到案件结果的事项上发生的冲突；辩护策略的冲突双方就实现辩护目标的方式产生的冲突。笔者以为，当辩护立场发生冲突的时候，应当尊重被追诉人的意志；而在辩护策略的选择和决定方面，则可适度强化辩护律师的独立性。

首先，辩护立场发生冲突时，应当尊重被追诉人的自主选择权。这是因为，辩护立场涉及当事人的根本利益，被追诉人作为刑事诉讼程序的主体，对于自身根本利益的事项，需要综合考量其家庭环境、成长经历、经济能力等诸多因素，其理应成为辩护立场的最佳判断者和辩护结果的最终承担者。而辩护律师仅仅是根据契约关系取得辩护资格，发挥着弥补当事人能力不足，并与强大的控方进行有效抗衡的作用。当被追诉人主张无罪辩护时，严禁辩护律师进行有罪或罪轻辩护；而当被追诉人认罪的情况下，辩护律师应该尊重被追诉人的选择，将重点放在罪轻辩护上。

其次，辩护策略上发生辩护冲突，应当充分尊重辩护律师在辩护策略上的主导权。一方面，对于为了实现辩护目标而采取的单纯的法律技术上的问题，辩护律师在充分履行完技术性法律问题的告知及说服义务之后，应当具有独立选择具体辩护策略的权利。例如，是否申请某证人出庭，是否申请鉴定等技术性事项的安排上，应当尊重辩护律师的独立选择权。由于辩护律师的专业素养及长期的办案经验，尊重其独立选择权能更加有效地保护被追诉人的利益。另一方面，对于那些虽然是技术性问题，但涉及被追诉人隐私的事项方面，辩护律师的这种独立性应当受到限制，即必须在获得当事人授权的基础上才能够进行辩护策略的选择。

2. 事实问题与法律问题中的辩护主导权

《律师办理刑事案件规范》为独立辩护设置了底线，即如果被告人拒不认罪时，辩护律师不得进行罪轻的辩护。但是，独立辩护的限制又不是绝对的，并不意味着任何时候律师都不得违背当事人的意愿。此时，应当对事实问题与法律问题分别对待。一方面，当双方在事实问题上发生冲突时，应当由被追诉人来决定辩护方向。这是因为，被追诉人作为案件的亲历者，对于案件的发生及具体情形更为清楚。另一方面，在法律问题发生冲突时，应当尊重律师的专业性，承认其在对案件事实的法律分析方面的主导权。由于多数当事人没有法律知识，因此，当辩护律师在法律适用问题上的选择对被告人有利时，应该允许辩护律师独立发表意见。例如，当被告人承认了某些犯罪事实，辩护律师应当对其认罪的自愿性与真实性问题进行核实，并提出其对案件事实的专业法律判断意见，以期取得最有利于当事人的辩护效果。

（四）特殊情形的权衡：被告人实际利益受损时真实义务优先

在一些特殊情形下，需要在辩护人对法庭的真实义务以及对当事人的忠诚义务之间寻求一种相对的平衡。

在被告人实际利益受损的情形下，律师应当偏向于履行真实义务，适用独立辩护。因为在这些情形下，被告人的意思表示并不真实，如果辩护律师服从被告人思路进行辩护，反而会损害被告人的实际利益。因此，在这些情形下，辩护律师可以遵循独立辩护。例如，侦查人员存在违法行为的情形直接影响到被告陈述的自愿性。许多案件在侦查阶段被告人由于受到了侦查人员的威胁、引诱、欺骗甚至刑讯逼供，被告人陈述的自愿性受到了严重影响，被迫作出虚假供述；在法庭审理阶段，又担心翻供之后可能会带来更为不利的结果，因此被告人选择维持在侦查阶段所作的供述，放弃了律师的帮助。此时，被告人已经很难表达自己的真实想法，如果辩护律师发现存在上述情况，即使双方辩护意见冲突，仍然应当坚持独立辩护，以维护被告人的合法权益。

（五）特殊程序之考量：认罪认罚从宽制度中独立辩护之限制

2018年《刑事诉讼法》新增了认罪认罚从宽制度。随着认罪认罚从宽从试点到正式经过立法确认，在认罪认罚从宽案件中，对于独立辩护的适用也需要进行一定限制。

首先，辩护律师要对案件进行精准研判。我国目前庭审结构仍然是定罪和量刑程序合一。依照刑事诉讼法的规定，被告人认罪可以带来量刑上的"优惠"。不少被告人基于量刑从宽所带来的现实利益的考量，会积极配合侦查机关，选择认罪认罚，这就导致了在辩护策略的选择上存在困境。认罪认罚从宽制度仅仅适用于犯罪嫌疑人、被告人认罪的案件。在很多案件中，是否选择认罪，不少被追诉人会咨询辩护律师或者值班律师。此时，辩护律师和值班律师的建议对于被追诉人的选择至关重要。而对于辩护律师来说，选择辩护策略的前提是通过会见、阅卷，在确定事实和证据没有问题的基础之上，再选择是否为犯罪嫌疑人、被告人争取认罪认罚。

其次，在认罪认罚案件中，辩护律师不能在脱离事实和证据的基础上一味地坚持做无罪辩护。对于辩护人来说，绝不能拿被告人的利益去进行所谓的独立辩护。由于认罪认罚从宽程序适用的前提是被告人认罪，如果辩护律师通过会见、阅卷已经初步判断其所代理的案件可能是一个有罪案件，但仍然坚持无罪辩护，将会牺牲被告人选择认罪认罚获得从轻或者减轻处罚的机会。在笔者办理过的一起案件中，两名被告人在审查起诉阶段均表示认罪，而且均在值班律师的见证之下签署了认罪认罚具结书。然而，第一被告在案件进入审判阶段后，家属为其聘请了一名律师。庭审过程中，第一被告当庭翻供，辩护人也为其做了无罪辩护。由于本案事实清楚，证据体系完整，辩护人的无罪辩护策略没有起到效果。最终第一被告被判处有期徒刑三年，并处罚金，第二被告被判处有期徒刑二年，缓刑二年，并处罚金。由此可见，所谓的独立辩护，应当在事实和证据的基础上进行，不能以牺牲被告人的利益为代价。

最后，如果存在无罪的可能，应当对当事人进行充分的告知，不能为了罪轻辩护而做妥协式辩护。忠诚义务要求辩护律师在制定辩护策略时，应当以案件事实和证据为基础，以当事人利益为出发点。在被告人选择认罪认罚的案件中，如果辩护律师在对证据进行研判之后，发现存在无罪的可能性时，应当建议被告人选择无罪辩护，而不能牺牲当事人利益进行认罪认罚，这才是忠诚义务的应有之义。

第四节　无效辩护行为之规范

2019 年 1 月 8 日，备受关注的陕西张扣扣杀人案在汉中市中级人民法院公开审理。经过一天的审理，法庭当场宣布张扣扣犯故意杀人罪、故意毁坏财物罪，两罪并罚决定执行死刑。与过往热点案件有所不同的是，在裁判结果之外，该案的辩护词成为公众以及法律专业人士争议的话题之一，围绕张扣扣辩护人邓学平律师发表的《一叶一沙一世界——张扣扣案一审辩护词》，在公检法系统以及部分律师在内的法律共同体之中产生了巨大的争论和分歧，形成两极化的看法。赞成者认为，辩护律师紧紧抓住天理和人情，在辩护词中通过对天理的阐释、对人情的解读，试图打动法官，以及所有关心这个案件的听众，为自己的当事人求得一线生机。[1]反对者认为整个辩护词通篇没有什么深奥的法律问题，而是谈历史、文化、心理学，文采飞扬，富有感情，读起来让人感同身受、深受触动，但都是说一些和案件事实、法律规定没什么关系的东西。[2]辩护律师忠诚义务的消极内涵，不仅包括前述违反保密义务、存在利益冲突以及独立辩护等损害当事人利益的行为，实际上，辩护律师应当进行的辩护工作没有进行，或者所进行的辩护工作偏离辩护人的职责以及辩护的目的，导致其辩护行为对当事人利益没有实质性的帮助。我们将这些行为统一概括为无效辩护行为。

一、无效辩护行为之实践表象

笔者所概括的"无效辩护行为"大体上属于对维护当事人利益这一辩护目的没有实质性帮助的行为。在我国辩护实践中，根据辩护律师的行为方式及其对辩护目标产生的影响，无效辩护行为可以分为"消极不作为之辩护"和"脱离案件事实证据之辩护"。

（一）消极不作为之辩护

消极不作为之辩护，是指辩护律师没有尽到本应尽之责，没有开展最基础的辩护工作，或者是配合司法机关"走过场式"的辩护，这些都对当事人利益造成了损害，很难对裁判结果产生实质影响。

1. 基础性辩护准备工作缺失

辩护律师要想在刑事诉讼过程中取得有效辩护的效果，基础性的准备工作必不可少。这其中，阅卷义务、会见义务以及调查义务的履行是必不可少

---

〔1〕 张峰："别人不行，那你上——也评张扣扣案律师辩护词"，载 http://www.lawtime.cn/article/lll105424022105429116oo609252，最后访问时间：2019 年 2 月 18 日。

〔2〕 "为什么张扣扣案辩护词的口碑会如此的两极分化？"，载 http://3g.163.com/dy/article/E-55NELHF0521C22L.html，最后访问时间：2019 年 2 月 18 日。

的，构成了辩护律师准备活动的"三驾马车"。然而，实践中有不少律师并没有在这些必须的环节上下功夫，又或者仅交由助理来办理。实践中，确实存在不少律师，甚至是一些知名大律师，在谈完案件并完成收费之后，将会见、阅卷这些基础性准备工作交由助理来完成。可以想象，一个律师如果在出庭之前不去会见当事人、没有认真阅卷掌握公诉方的指控证据材料，该调查的有利于被告人的证据没有进行调查，那么，这些消极不作为的行为也将导致他所进行的辩护实质上就是一种无效辩护。

2. 配合司法机关"走过场式"辩护

在实践中，有不少律师为了不得罪司法机关，在辩护的过程中权衡各种利弊得失之后，选择了一种配合司法机关走完司法程序以快速完成定罪量刑的辩护形式，我们将其概括为"走过场式"辩护。在此种辩护下，在侦查阶段，辩护律师通常不对侦查机关的侦查行为提出任何异议，对于逮捕也不发表任何意见；在审查起诉阶段，辩护律师也不发表任何法律意见，直接将案件"放行"到法院；在庭审阶段，不对控方指控的实体罪名发表意见，也不对侵犯被告人的程序违法行为提出异议，即使在量刑辩护中，也不会提出新的量刑证据和实质性的量刑意见，只是提醒法庭注意那些有利于被告人的法定或者酌定情节。这样的辩护往往就是配合司法机关"走过场式"的辩护，对裁判结局不会产生任何实质性的影响，争取当事人利益最大化也可能变为一场空谈。

(二) 脱离案件事实证据之辩护

从辩护的目的和内容来看，辩护不能脱离案件事实证据。

首先，辩护的目的是争取当事人利益的最大化。追求当事人利益的最大化是辩护律师制定辩护策略、选择辩护方案的最基本出发点。

其次，辩护的内容要有针对性。辩护实际上是一种被动行为，先有指控后有辩护，辩护词的内容要针对控方起诉书指控的内容，包括指控的案件事实、证据，对法律适用的定性、量刑、程序等。辩护词的内容应该主要指向以下五个方面：一是对案件事实、相关证据的认定；二是对案件性质的认定；三是量刑方面，包括对检察机关的量刑建议；四是所持的法律依据；五是案件的诉讼程序。在辩护的过程中，法律和情理之间的关系非常重要，但法律仍然是最重要的，情理上的辩护只具有从属性，情理不能成为辩护的主要依据。

再次，辩护工作说服的对象是法官。我国的法庭审判跟欧美国家或地区不同，我国并没有陪审团，有罪还是无罪的决定不由陪审团决定，而是法官通过听取控辩双方的意见作出决定。即使辩护律师的辩护词情真意切，让法官感动，但是在感动之余，法官仍然会从事实和证据的角度对案件进行裁判。

最后，庭审后书面辩护词对法官之影响力。庭审结束后辩护律师提交的书面辩护词仍然是对法官产生重要影响的法律文书。从辩护的效果来看，辩护律师在法庭上对辩护技巧的把握固然重要，但由于我国没有英美法系的陪审团审理，法官写判决书的时候，往往会与庭审相隔很长时间，法官会重点参考律师的辩护意见。因为现在法院要求法官必须在判决书里对律师的辩护意见进行回应，采纳与否及理由都要写在判决书上。从这个意义上来看，一份优秀的辩护词应当运用规范的"法言法语"进行严谨且富有逻辑性的说理和论证。

二、无效辩护行为与忠诚义务之背离

刑事辩护的终极目标就是争取当事人利益的最大化，让当事人通过辩护行为最终受益，这是刑事辩护事业的意义所在。而上述无效辩护之行为，实际上是背离了辩护人的基本职责，同时也背离了刑事辩护的基本目的，是对辩护律师忠诚义务的背离。

（一）辩护人职责之背离

我国《刑事诉讼法》第 37 条明确规定了辩护人的职责，即根据案件事实和法律规定，提出被告人无罪、罪轻或者减轻、免除刑事责任的材料和意见。无论是消极不作为之辩护行为，还是与案件事实证据无关之辩护行为，本质上都是对辩护人职责的背离。

首先，辩护律师不进行会见、阅卷和调查取证实际上就是没有尽到辩护职责。会见和阅卷是辩护律师了解案件情况、发现控方证据漏洞、形成辩护思路的必由之路，如果一个辩护律师在接受委托之后，不进行会见、阅卷，或者仅仅是安排助理完成这些工作，实际上是很难发现公诉方证据体系的漏洞，也很难发现有利于被告人的证据材料或者线索，更难以整理出清晰的辩护思路的。此外，对于可能影响案件走势的关键性证据没有进行调查，消极地等待开庭之后挑公诉人案卷中的问题，通常选择被告人平时表现良好，认罪态度较好或者事实不清、证据不足等泛泛的理由来进行辩护都是消极的不作为。这种消极的不作为的辩护实际上是一种不尽职尽责的表现，是对辩护人职责的背离，违背了辩护律师忠诚义务的基本要求。

其次，仅仅通过情感和伦理进行辩护，实际上是与案件事实、证据无关之辩护行为，也违背了辩护律师的基本职责。情感表达要在事实、证据和法律的基础上进行。在辩护的过程中，好多律师会选择一定的情感表达，但是如果在辩护词中空谈情感，是很难起到辩护效果的。真正的情感和伦理辩护应在讲事实、证据和法律的基础上进行，这样才能使得辩护更有理有据，更富有影响力和感染力。只有把法、理、情有机地结合起来，"理"和"情"在"法"的空间内才会发生作用。

（二）辩护目的之背离

任何辩护工作的出发点和归宿都是要维护当事人的利益，这也是刑事辩护的根本目的。而无效辩护行为实际上是置当事人利益于不顾，背离了辩护的基本目的。

首先，由于我国律师管理制度还存在着一定缺陷，使得律师辩护没有最基本的服务质量控制标准。而且实践中律师收费形式通常是一揽子收费，要将全部费用一次收齐。实践中，有的律师在完成谈判和收费工作之后，将基础性的会见、阅卷、调查工作交由助理来办。实际上，这些常规的基础性工作，凝聚了一个律师的专业技巧、经验智识，而助理在这些方面的能力极为有限，可能发现不了影响案件走势的关键证据和线索。案件办理的质量得不到最基本的保证，实际上就是置当事人的自由、财产甚至生命于不顾，不仅影响了当事人的利益，长此以往，辩护律师自身的声誉也会受到影响。

其次，与案件事实证据无关之辩护行为很难达到应有的辩护目的。在张扣扣案件中，虽然辩护律师在庭前进行了认真的准备工作，通过会见、阅卷了解了案件的基本情况。但是其辩护策略的选择却有待商榷。在刑事辩护中，辩护策略选择的重要性与战争中战略的选择同样重要，在很大程度上影响着辩护目的的实现。通常来讲，辩护策略包括无罪辩护、罪轻辩护、量刑辩护、程序性辩护及证据辩护。而仅仅采取情感和伦理辩护，很难实现有效辩护的效果。一篇辩护词如果与案件事实、证据无关，缺乏针对性的说理与论证，那么，实际上等于并没有向法官提出明确的辩护意见。从最终辩护的效果看，也很难达到争取当事人利益最大化的辩护目的。

三、无效辩护行为之制约

虽然我国辩护律师的执业环境还存在诸多客观条件的限制，但这并不能成为辩护律师消极不作为的理由。为了防止出现无效辩护的行为，督促律师提高刑事辩护质量，确保当事人能够获得有效的辩护，还应针对辩护律师构建起符合中国现实情况的约束及制裁机制。

（一）客观标准之约束：确立最基本的辩护质量标准

近年来，实践中出现了很多质量低下、偏离宗旨的辩护，有学者将其概括为"表演性辩护"。[1]表演性辩护形象地道出了我国刑事辩护存在的格式化、空洞化问题。有的辩护律师缺乏基本的职业素养，在接受委托后不做任何实质性的工作，甚至不会见、不阅卷就出庭应诉，很难提出具有针对性的辩护意见，于是出现了"认罪态度好请求减轻处罚、主动取得被害人谅解请求减轻处罚、系初犯请求减轻处罚"这样格式化的"三段论"式的辩护意见。质量低下的辩护，影响了刑事辩护律师职业在公众心中的形象，甚至引发了法官的反感。

要防止无效辩护行为的发生，不仅需要职业伦理进行约束，更需要具体的辩护质量标准来衡量，对此应当确立可操作的最低服务质量标准，对辩护活动的每一个环节都制定行为规范，以具体条款为标尺来衡量律师辩护行为的有效性。为此，中华全国律协进行了有益的尝试，2017 年修改的《律师办理刑事案件规范》将一些具体辩护工作是否有效进行了细化规定，在司法改革的大背景下，在兼顾刑事诉讼基本理念的同时，对于长期以来刑事辩护中争议较大的律师职业伦理问题进行了谨慎的规定，对律师辩护活动提出了更高要求，也指导着全国的律师正确办理刑事案件，同时也为判断律师是否尽职尽责提供了一套相对明确客观的判断标准，可以作为辩护律师服务质量评估标准的一个参考规范。例如，《律师办理刑事案件规范》第 22 条对于律师会见工作，以列举方式规定了辩护律师要向犯罪嫌疑人、被告人重点了解的

---

〔1〕 参见李奋飞："论'表演性辩护'——中国律师法庭辩护功能的异化及其矫正"，载《政法论坛》2015 年第 2 期。

十二种情况；又如《律师办理刑事案件规范》第 36 条对于律师阅卷工作，列举了十四种阅卷时需要了解的情况。这样，不仅为律师从事会见、阅卷工作指明了方向，而且还为这些工作是否达到有效性提供了评价标准，有助于辩护律师为当事人提供规范化、专业化和精细化的服务。与此同时，律师界也开始了对律师辩护规范化的探索。例如，由北京尚权律师事务所编制的《尚权刑事辩护指引》，对于刑事辩护的各个阶段的行为进行了具体的规定，对于推动刑事辩护系统化、专业化以及提高辩护的有效性起到了一定的示范作用。[1]

（二）当事人之制约：适度调整诉讼收费制度

根据辩护律师忠诚义务的基本要求，律师应当在各个诉讼阶段都能履行勤勉尽职的义务，而不能消极地不作为。然而，我国长期以来对于委托辩护一直实行以"件"为单位的"一揽子统一收费"制度，这对于有效辩护的落实构成根本妨碍。道理很简单，这种制度难以做到奖勤罚懒。因为在我国，当事人对辩护律师的辩护工作没有有效的制约机制。律师一旦完成了全部收费，部分不负责任的律师很可能丧失案件办理的主动性，甚至连基本的会见、阅卷、调查等准备工作都不亲自进行，认为"辩多辩少一个样，辩好辩坏一个样"，因此辩护的效果大打折扣。这种极不合理的收费方式也是造成部分律师不认真履行辩护职责的重要原因。刑事辩护律师收费制度改革势在必行，通过调整收费制度，加大当事人对于辩护律师的制约力度。

首先，可以按照具体的工作环节来收费。随着我国刑事诉讼制度的改革，辩护律师在审前发挥作用的空间大大增加，无论是在侦查阶段，还是在审查起诉阶段，辩护律师都可以进行具有针对性的辩护活动，可以将笼统的辩护细化成若干个工作环节，包括侦查阶段、批捕环节、审查起诉、审判阶段的辩护等。这样的收费方式为当事人制约辩护律师提供了保障，可以有力地督促律师在各个诉讼阶段尽职尽责地履行该阶段应尽的义务。

其次，建立"奖勤罚懒"的激励机制，实行"基础性收费"与"拓展性收费"相结合的收费方式。所谓"基础性收费"，就是刑事辩护律师从事诸如会见、阅卷、调查等必要工作所收取的最低费用。所谓"拓展性收费"，就是

---

〔1〕　关于刑事辩护操作指引的书还有门金玲主编：《刑事辩护操作指引》，法律出版社 2015 年版；徐宗新：《刑事辩护实务操作技能与执业风险防范》，法律出版社 2016 年版。

在必要工作之外进行的其他有助于促成有利辩护结果的工作所收取的额外费用，例如，促成刑事和解、申请非法证据排除，等等。此外，为了更好地激励辩护律师尽责履职，还可以借鉴民事"风险代理"收费制度的经验，实行"胜诉酬金制度"，律师与当事人在签订委托合同时约定，在达到某一诉讼结果后，支付给辩护律师一定的费用作为奖励。"奖勤罚懒"的激励机制，有助于促进辩护律师忠诚义务的履行，从而推动刑事辩护业务向专业化和高端化方向发展。

（三）程序性之制裁：构建无效辩护制度

有效辩护是一种法律理念，无效辩护是一项用来确保有效辩护实现的诉讼制度。虽然目前有效辩护的理念在学界和司法实务界都得到了普遍的认可，然而，如果不建立无效辩护制度，即使确立了有效辩护原则，也难以保障律师尽职尽责地辩护。我国应当构建无效辩护制度，通过无效辩护的"责"来保障被告人获得有效辩护之"权"。

首先，确立无效辩护的标准。在美国法律制度中，无效辩护同时由三个要素构成：一是律师没有进行尽职尽责的辩护，或者在辩护过程中存在重大的过错或者瑕疵；二是司法机关没有采纳律师的辩护意见，或者对当事人作出了不利的裁决；三是律师辩护的过错或瑕疵与当事人受到的不利裁判之间存在因果关系。[1]在我国，构建无效辩护的判断标准，应当综合相关因素进行判定。一方面，要考虑到辩护律师的职责、通过列举的方式说明辩护不尽责的各种表现形式；另一方面，要注意到无效辩护的成立应当以结果的实质性影响作为前提条件，即案件发生了不利于当事人的裁判结果。

其次，明确无效辩护的法律后果。无效辩护作为一项制度，需要一定的法律后果作为保障。在美国，这种消极法律后果既可以是上级法院撤销原判、发回重新审判的后果，也可以是律师协会对律师的惩戒后果。[2]一方面，在刑事辩护的过程中，律师没有尽职尽责，对当事人造成了不利的后果，对于这些存在过错的律师，由律师协会依据相关行业规范进行惩戒，这也是美国

---

〔1〕 ［美］约书亚·德雷斯勒、艾伦·C.迈克尔斯：《美国刑事诉讼法精解》（第一卷·刑事侦查），吴宏耀译，北京大学出版社2009年版，第627页。

〔2〕 ［美］韦恩·R.拉菲弗等：《刑事诉讼法》（上册），卞建林等译，中国政法大学出版社2001年版，第661页。

早期的一种治理律师失职行为的基本思路。另一方面，当"获得律师有效辩护的权利"被确立为被告人一项宪法权利之后，无效辩护就会被视为剥夺被告人有效辩护权利的行为。上级法院撤销原判、发回重审的方式，不仅是对被告人的一种权利救济，更是对下级法院在审判过程中未保障被告人获得有效辩护的机会而采取的一种程序性制裁方式。

在我国，辩护律师没有尽职尽责地辩护，或者辩护存在重大过错的情况，通常被纳入违反职业伦理的范畴予以规制。当当事人针对律师的不当行为向律协投诉的，律协通常会召开听证会，启动对律师的纪律惩戒程序，对相关律师作出相应的纪律处分。这是针对律师个人未履行忠诚义务的惩罚。按照传统的程序性制裁理论，只有"一审法院违反法定诉讼程序，影响公正审判"，上级法院才能撤销原判、发回重审，这里强调的是一审法院的过错责任。按照《刑事诉讼法》目前的规定，程序性制裁主要是针对一审法院违反诸如回避制度、公开审判等程序的行为。那么，对于律师的无效辩护行为，上级法院能否通过撤销原判、发回重审的方式对下级法院审判行为进行程序性制裁呢？笔者以为，若要发挥无效辩护制度的作用，必须确立程序性制裁的法律后果，强调一审法院的无过错责任。只要在一审程序中，律师没有恪尽职守，导致当事人遭受不利的诉讼结果，从而构成无效辩护的话，那么，上级法院就可以推定一审法院违反了法定的诉讼程序，并对其实施宣告判决无效的制裁后果。[1]亦即，法官在面对辩护律师不尽责时不予理会，本身就可能构成一种失职行为，裁判结果是在被告人有效行使辩护权缺失的情况下作出的，违背了程序正义的基本要求。可喜的是，我国已经有此先例。在2013年，北京市就发生了一起案例，由于律师辩护工作存在缺陷和过错，没有按照规定在开庭前会见被告人，因律师的辩护工作流于形式，可能影响案件的公正审判，导致一审判决被上级法院作为"无效辩护案件"而发回重审。[2]

最后，确定无效辩护的举证责任和证明标准。在美国，一般而言，无效辩护是由被告方提出的抗辩事由，也理应由被告方对无效辩护的成立承担证明责任。[3]具体到我国，考虑到刑事被告人的主观能力和客观条件，如果无

---

〔1〕　陈瑞华："有效辩护问题的再思考"，载《当代法学》2017年第6期。

〔2〕　陈瑞华："有效辩护问题的再思考"，载《当代法学》2017年第6期。

〔3〕　[美]罗纳尔多·V.戴尔卡门：《美国刑事诉讼：法律和实践》，张鸿巍译，武汉大学出版社2006年版，第516页以下。

效辩护之诉的证明责任一概由被告人承担，举证会具有很大的难度。为此，可以确定被告人需要证明的内容：一是辩护律师存在过错行为；二是案件的判决结果不利于被告人；三是律师不尽责辩护与不利诉讼结果之间存在因果关系。至于证明标准，被告人证明案件属于无效辩护无需达到最高的证明标准，只需要达到优势证据的程度就足够了。

本章小结

从消极内涵的角度来看，忠诚义务就是要求辩护律师与当事人相互信任。消极的忠诚义务直接表现为辩护律师与当事人这种信任关系的维护，可以说是为辩护律师设立了一条执业底线，即在任何情况下，无论基于何种原因，律师都不能通过自身的行为将当事人置于更为不利的境地。辩护律师应当最大程度地维护当事人的利益，至少不能从事不利于当事人的活动。为此，辩护律师负有保守秘密的义务，确保辩护律师和当事人的信任和坦诚；不得与案件有任何利益冲突，坚持当事人利益的优先性，坚守司法公正的底线原则；对于独立辩护应当有所限制。此外，对于辩护律师应当进行的辩护工作没有进行，或者辩护工作偏离辩护人的职责以及辩护的目的，导致其辩护行为对于当事人利益没有实质性的帮助，这些无效辩护行为也应当被禁止。因为这些行为破坏了律师与当事人之间相互信任的基础，直接动摇了辩护律师忠诚义务的根基，因为"对于律师—委托人关系而言，再没有什么比信任的建立更为重要的了"。[1]

---

〔1〕〔美〕门罗·弗里德曼：《对抗制下的法律职业伦理》，吴洪淇译，中国人民大学出版社 2017 年版，第 34 页。

第四章

辩护律师忠诚义务的边界：对法庭的真实义务

不考虑程序制度上的差异，无论英美法系国家还是大陆法系国家，都要求律师陈述事实，在法律界限内执业，并对法庭诚实和尊重。

——[美]迪特里希·鲁施迈耶

美国著名刑事辩护律师罗伊·布雷克（Roy Black）在某杀人案件中，聘请了私家侦探，发现了许多重要但警方遗漏的毒品犯罪证据。他提出"这些材料为我们带来困扰。只有在小说里面，刑事被告的律师才会闯进公寓、毁灭证据，以掩饰当事人的罪行。在现实生活中，我们坚守着法律、遵循着法律专业的道德准则。对我们而言，私自保有非法的事物，即使只是微小的一部分，也是犯罪。那么这是否表示，我们应该把上述发现转交给警方呢？当然，那些警察一定会试图运用这些证据来攻击。难道说，辩方律师的积极性工作，该对自己的当事人不利么？让这些资料留在他们原来的地方吧。我可没有道德义务告诉警方，他们忽略了什么东西"。[1]上述提问，引发了我们对于忠诚义务的进一步思考，辩护律师的忠诚义务，是否应当有一定界限？实际上，辩护律师的忠诚义务并非绝对，在维护当事人合法权益的过程中，也不能以损害其他法律价值为代价。在刑事诉讼的过程中，辩护律师对于当事人不能唯命是从，必须诚实公正地履行其职责，不能采取积极的行为来蒙骗司法机关，这是辩护律师真实义务之要旨。无论是在当事人主义诉讼模式国家或地区，还是在职权主义模式的国家或地区，辩护律师均承担一定的真实

[1]　[美]罗伊·布雷克：《据理力争》，方佳俊、林怡州译，商周出版社2001年版，第245~246页。

义务，真实义务为忠诚义务的履行设定了"边界"。

第一节　辩护律师对法庭真实义务的内涵

律师除了对当事人有责任之外，对于社会及法庭也有一定的责任，而律师在法庭诉讼过程中需要履行的最大的责任就是律师的真实义务。[1]实际上，刑事诉讼程序的参加者均负有真实义务。然而，根据诉讼职能区分理论以及举证责任分配原理，其各自承担的真实义务内涵与范围存在着显著差异。辩护律师对法庭的真实义务内涵应当从以下三个方面把握。

一、真实义务性质的消极性

真实义务从性质上来看，可以分为"积极的真实义务"和"消极的真实义务"。在刑事诉讼中，"积极的真实义务"一般只能由追诉一方承担，即积极主动地收集证据。辩护律师基于忠诚义务，对于那些不利于被告人的证据并不承担真实发现的义务。因此，辩护律师的真实义务具有消极性。

首先，辩护律师不承担"积极的真实义务"。根据举证责任的分配原理，在刑事诉讼中，证明被告人有罪的举证责任应当由公诉方承担，而且必须达到一定的证明标准。侦查机关和公诉机关为了满足举证责任和证明标准的要求，应当积极寻找证据和相关案件线索，这就是其所承担的"积极的真实义务"。而被告人在刑事诉讼中受到无罪推定原则、不被强迫自证己罪原则的保护，无需承担证明自己有罪的责任。辩护律师在庭审中需要对控方的指控进行积极的对抗，而非积极协助控方查明事实。例如，在日本，认为辩护人没有"积极的真实义务"的观点已经达成共识，即辩护人不应当承担"积极的真实义务"，没有义务协助法院发现真实。《日本律师职务基本准则》第5条规定了信义诚实原则，即"律师应当尊重事实，遵从信义，诚实并且公正地履行职务"。第82条（解释适用指南）规定，"遇有第5条解释适用时，在刑事辩护方面，应注意嫌疑人即被告人的防御权和辩护人的辩护权不被侵害"。这一规定明确表明了辩护律师并没有"积极的真实义务"。然而，对于如何理解辩护律师"消极的真实义务"，有学者认为辩护人不得积极地歪曲真实，"消

---

〔1〕 王惠光："我国律师伦理规范真实义务的界线"，载《月旦法学教室》第 106 期。

极的真实义务"是建立在这种理念基础之上的。[1] 基于忠诚义务和保密义务，辩护律师即使发现了不利于被告人的证据，也不能向侦查机关检举揭发，而是应当强调那些足以证明被告人无罪或罪轻的证据和事实。从这个角度来看，辩护律师所要承担的义务只是有利于被告人的"真实发现义务"。如果让辩护人承担"积极的真实义务"，那么委托辩护人的被告人将比没有辩护人的被告人更为不利，这是违反常理的。[2]

其次，辩护律师承担的是"消极的真实义务"。法律对于辩护律师提出了真实义务的要求，这些要求通常是一种消极地"不作为"行为，即不得实施伪造、毁灭证据等妨碍事实真相发现的行为，因为这些行为本身已经构成犯罪。例如，在我国台湾地区，基于律师职业特性以及"律师法"及"律师伦理规范"的基本要求，律师负有"消极的真实义务"，不能积极阻碍法院发现真实。我国台湾地区"律师法"第 28 条规定，"律师对于当事人、法院、检察机关或司法警察机关，不得有蒙蔽或欺诱之行为"。我国台湾地区"律师伦理规范"第 23 条规定，"律师于执行职务时，不得有故为蒙蔽欺罔之行为，亦不得伪造编造证据、教唆伪证或为其他可以阻碍真实发现之行为"。这种"消极的真实义务"，作为辩护律师的执业底线，构成其忠诚义务的外部边界。在对抗制诉讼当中，犯罪行为即使是被告人所为，其也不会积极配合真实的发现，相反还有权合法地隐瞒事实真相。而作为其辩护人，律师参与诉讼主要也是为了保护处于弱势地位的被追诉人的利益，以此来平衡控辩双方的力量，保障对抗制诉讼的有效进行，这也决定了辩护律师承担的真实义务的消极性。

二、真实义务范围的片面性

从真实义务的范围来看，作为国家追诉机关的检控方承担着客观、全面的真实义务。刑事诉讼采用实体真实主义，它要求在真实发现与保障人权之间寻求一个平衡，这使得控方在案件办理的过程中负有真实义务。证据收集活动便是履行真实义务的方式，要求控方在收集证据时负有全面收集的义务，这与侦查人员、检察官肩负的客观义务有关。"检察官的客观义务，指的是检

---

〔1〕 ［日］佐藤博史：《刑事辩护的技术与伦理　刑事辩护的心境、技巧和体魄》，于秀峰、张凌译，法律出版社 2012 年版，第 48 页。

〔2〕 ［日］佐藤博史：《刑事辩护的技术与伦理　刑事辩护的心境、技巧和体魄》，于秀峰、张凌译，法律出版社 2012 年版，第 37 页。

察院负有义务，应当不偏袒，公正地采取行动，特别是要全面地侦查事实真相，检察院不得单纯谋求证明被告人有罪。"[1]我国《刑事诉讼法》第52条也明确规定了公、检、法三机关证据收集的客观义务，要收集能够证实犯罪嫌疑人、被告人有罪或者无罪、犯罪情节轻重的各种证据。也就是说，其对于法庭的真实义务实际上已经延伸到对于证据的收集和判断方面。是否能够要求律师与侦查机关负有同样全面的真实义务呢？这显然是不切实际的，这与律师的作用、律师的忠诚义务是相矛盾的。辩护律师承担的真实义务具有片面性特点，仅承担对于当事人有利的真实义务。这是因为：

首先，辩护律师的诉讼地位决定了其应当承担对当事人有利的真实义务。从辩护律师的职责来看，其主要任务是最大程度地维护当事人的利益，这一任务也就决定了其承担的真实义务只能是在有利于当事人范围内的一种片面的、有限的真实义务。这其中很重要的一个表现就是证据收集的片面性，即只需要收集和关注对于被告人有利的证据和情节，无需理会对被告人不利的证据和情节。这一点在我国《刑事诉讼法》第37条关于辩护人的责任中也有明确体现。正如有日本学者指出的那样："从辩护人的地位、任务来看，辩护人不像检察官那样承担完全的真实义务（客观义务）。在维护嫌疑人、被告人的正当利益上不产生矛盾的限度内，负担真实义务。换句话说，辩护人以维护嫌疑人、被告人的正当利益为任务，在这个限度内为发现真实而协作。"[2]也就是说，作为辩护律师，不负有揭露对其当事人不利的事实真相的义务。

其次，从证明责任的分配原理来看，这也决定了辩护律师承担的真实义务的片面性。这是因为，刑事诉讼中的证明责任由控方承担，在证明责任分配的模式下，辩护律师作为当事人利益的忠实维护者，在庭审中其主要任务就是对控方提出的证据进行反驳，引导和控制证人的证言，全力阻止控方证据被法院采纳；即使对于控方提出的证据并无异议，也可以从证据收集的合法性等方向进行程序性辩护；甚至在明知被告有罪的情况下，仍然可以根据相关证据进行无罪辩护，争取对当事人有利的诉讼结果。律师不可以主动积极协助控方查明事实，甚至揭发被告人的行为。因此，证明被告人有罪的责

[1] 谢佑平、万毅："检察官当事人化与客观公正义务——对我国检察制度改革的一点反思"，载《人民检察》2002年第5期。
[2] 日本司法研修所编：《刑事辩护实务》，王铁成译，中国政法大学出版社1989年版，第58页。

任由控方承担，如果无法达到法定的证明标准，控方则面临着败诉的风险。至于被告人是否有罪，最后交由法官根据相关证据作出判断。例如，在日本，根据《日本刑事诉讼法》第 1 条的规定可知，刑事诉讼采用的是实质真实主义，它要求在案件侦查与犯罪嫌疑人、被告人的人权保障之间寻求一个平衡。因此，检察官收集证据就是追求真实的活动，检察官在此意义上负有真实义务。而对于辩护律师是否承担真实义务曾经有过争论。有学者从刑事诉讼实质真实主义的角度出发，否定辩护律师的真实义务的存在，"辩护人只存在与当事人的关系的诚实义务，而不存在与法院的关系上的弄清事实的义务，更不存在为必须协助对立的当事人——搜查机关弄清事实真相的义务"。[1] 这说明在日本，虽然辩护律师有真实义务，但是其所承担的真实义务与检察官所承担的真实义务有别，从律师的作用和律师的诚实义务来看，对于不利于当事人的事实，辩护律师不负有揭露的义务；只有在对其当事人有利的事项上，才负有说明真相的义务，即辩护律师仅承担消极的真实义务。

三、真实义务对象的特定性

正确理解辩护律师的真实义务，还有一个关键问题，就是如何理解"真实"？这对于如何理解真实义务的"对象"具有重要的意义。在刑事诉讼中，对于"案件事实"应当理解为"法律真实"，这是因为，无论控方还是辩方，其主要任务都是依据事实和法律对案件性质作出判断。而由于案件已经发生，无法恢复到发生时的状态，根据诉讼认识的有限性原理，控辩双方只能收集案件留下的相关证据材料，去证明已经发生过的案件事实，随着证据的不断完善，也会不断地接近客观真实，但是永远无法达到客观真实的状态。控方即使"明知"是被告人所为，但是其证明如果没有达到证明标准，也不能对被告人定罪处罚。因此，"案件事实"的性质从一定意义上来看只能是"法律真实"。

辩护律师所追求的是正当程序保障之下的法律真实。刑事诉讼程序为国家公权力设置了诸多障碍，旨在约束国家追诉权，保障被追诉人的合法权利。这其中一个典型的例子就是程序性辩护的兴起。虽然控方所提出的证据在内容上是客观真实的，但是如果取证的手段侵害了被追诉人的基本权利，辩护

---

〔1〕　［日］村冈启一："辩护人的作用及律师的伦理"，尹琳译，载《外国法译评》1998 年第 2 期。

律师就有职责请求排除该证据。"在刑事诉讼中，所谓必然被追究的真实，其实是检察官与嫌疑人、被告人双方控辩后产生的真相大白的结果，即诉讼的真实。如果这样理解真实的意义将会更为彻底。那么在当事人双方控辩之前，就变成了既没有真实也没有真实义务。"〔1〕从这个角度来看，辩护律师真实义务的对象是特定的，其实质就是"对法庭的真实义务"。因为，只有在法庭上，经过控辩双方对证据进行质证，法庭依据这些经过质证的证据，才能查明案件"事实真相"。辩护律师不得积极地去阻碍事实真相的发现，不得向法庭提交明知是虚假的证据，防止对法庭审理产生误导。从诉讼职能区分的角度和举证责任分配的原理来看，辩护律师对于控方不承担真实义务。

第二节　辩护律师对法庭真实义务的理论根据

辩护律师在刑事诉讼的过程中所承担的真实义务，其核心要旨就是不得就相关事实和法律作虚假陈述，不得积极蒙蔽和欺骗司法机关，误导法庭审理，其背后有着深刻的理论基础。

一、辩护律师承担的社会责任

"律师作为当今社会管理活动中的一种正当职业，其正当性基础就在于，不仅社会有需求而且国家有需要，并集中表现为它是维护社会公平和正义的一支不可或缺的重要力量。"〔2〕如何理解"律师的社会责任"？律师社会责任是以"维护当事人合法权益"为基础的。律师职业伦理的核心就是最大程度地维护当事人的合法权益，这也是律师的基本职责所在。因此，法律和行业规范对于律师行为设置了一系列禁止性规定，防止律师为了追求社会公益而把当事人的利益放在从属的位置。忠诚义务仍然是律师职业的根基，离开维护当事人的利益而空谈律师的社会责任，是对于律师社会责任的一种误读。

律师所承担的社会责任，是要求律师在一定限度内承担真实义务。真实义务是律师社会责任的有机组成部分，这是因为：首先，律师在履行党派性忠诚义务的同时，还承担着"维护法律正确实施"的社会责任，二者在一定

---

〔1〕　[日]森际康友编：《司法伦理》，于晓琪、沈军译，商务印书馆2010年版，第143页。
〔2〕　顾永忠："论律师维护社会公平和正义的社会责任"，载《河南社会科学》2008年第1期。

情况下会发生角色的冲突。律师在履行忠诚义务的同时，还要意识到其维护当事人利益的活动会受到一定的限制，即不能以维护当事人利益为借口从事一些违法活动或者违反公益的不当行为，应当维护法律的正确实施，这也是律师所承担的消极真实义务的基本要求。其次，律师还承担着"维护社会公平和正义"的职责。如何理解公平和正义？这里的公平和正义不是以牺牲当事人利益为代价的公平和正义。律师作为法律专业人士，在尽职尽责维护当事人利益的前提下，应为"维护社会公平和正义"出一分力，这同样也是律师真实义务的一个组成部分。

二、刑事诉讼发现真实的基本目标

首先，发现真实是刑事诉讼的核心价值。近现代以来，虽然程序公正、诉讼效率等观念逐步兴起，但在刑事诉讼中追求实体公正仍然是刑事诉讼所追求的核心价值。辩护律师的真实义务对于案件事实真相的发现具有积极的促进作用。例如，在德国，就实务及学界而言，德国联邦最高法院及联邦宪法法院均认为律师作为独立司法机关，在诉讼上为不真实之陈述，乃与其法律地位不相当，亦即，其应负有正义及真实之义务。而在学说上亦有认为自《德国联邦律师条例》第 1 条可推导出律师真实义务者，例如 Finger，Ficht，Isele 等皆是。[1]

其次，诉讼各方在一定程度上均负有真实义务。辩护律师作为诉讼参与者，也不例外。基于发现真实的目标，刑事诉讼对于控辩双方的职能作出了不同的划分，但是作为诉讼参与各方，均应当从不同角度上负有真实性义务。"任何理性的诉讼制度都以追求客观真实为其基本使命，因此，任何诉讼参与者，在不同角度和不同意义上均负有真实性义务，律师也不例外。"[2]由于控辩双方职能的不同，虽然控辩双方均承担对法庭的真实义务，但是这种真实义务在真实程度和义务范围上还是有别的。

三、维护司法权威之客观需要

司法权威作为一种特殊的权威类型，是指司法在社会生活中所处的令人

---

[1] 姜世明：《律师伦理法》，新学林出版股份有限公司 2009 年版，第 282~283 页。
[2] 龙宗智：《刑事庭审制度研究》，中国政法大学出版社 2001 年版，第 353 页。

信从的地位和力量。[1]而辩护律师所承担的消极的真实义务有助于维护司法权威，这是因为：

首先，辩护律师的真实义务有利于维护司法公正。在诸多影响司法权威的因素中，最为根本的，也是"司法权威"的命脉所在，乃是司法必须公正，包括审判程序正当与实体判决公正。[2]辩护律师的真实义务的首要作用就是保障法庭审判的公正。消极的真实义务要求律师不得伪造、毁灭证据，也不得向法庭提交明知是虚假的证据。因为如果这样的证据进入法庭，可能误导法官对于证据的判断和事实的认定，影响实体判决的公正，从而破坏司法所秉具的"权威"基础。

其次，辩护律师的真实义务有利于增加民众对司法的信赖。在刑事辩护过程中，如果辩护律师只关注当事人利益的实现，为此不择手段甚至进行虚假辩护，将会对法庭审理及裁判产生严重误导，其本质上是对法庭尊严的严重蔑视，严重贬损司法权威。"辩护人使用的武器应当是战士的武器，而绝不是暗杀者的武器。辩护人为了实现他的当事人的利益，应当使用堂堂正正的手段，而不应当使用暗器搞突然袭击。"[3]而辩护律师消极的真实义务在一定程度上促进了程序的公正和实体判决结果的正当，增强了社会大众对于司法的信赖和认可。

四、辩护律师职业良性发展的内在要求

从律师职业发展的整体来看，辩护律师的真实义务也是律师职业良性发展的必然要求。最大程度地维护当事人的利益是刑事辩护的核心出发点。因此，即使辩护律师明知犯罪行为是当事人所为，也应当为其进行罪轻、减轻处罚等辩护，而不应当积极揭发其犯罪行为。如果要求辩护律师承担完全真实义务，随意揭发当事人提供的虚假证据，虽然有利于庭审发现真相，但长远来看将破坏当事人对律师职业的信任。例如，在德国，《德国联邦律师条例》第1条规定"律师是独立的司法机关"。这一规定赋予律师双重功能，强调了律师不仅在法律地位上具有独立性，同时负有维护司法公益的任务。可

---

[1] 陈光中、肖沛权："关于司法权威问题之探讨"，载《政法论坛》2011年第1期。

[2] 许章润："司法权威：一种最低限度的现实主义进路"，载《社会科学论坛》2005年第8期。

[3] ［日］佐藤博史：《刑事辩护的技术与伦理 刑事辩护的心境、技巧和体魄》，于秀峰、张凌译，法律出版社2012年版，第40页。

以说，律师真实义务源自律师的角色定位，即法治国家司法公益角色的期待，并非局限于当事人利益的维护。因此，律师不可以违反真实义务而损及他人。《德国联邦律师条例》第43a条规定了律师的基本义务，其中第3项规定"律师在从事其职业时不得以不客观的方式行事。不客观特别指某项行为涉及故意传播不真实情况或者那些其他当事人或程序过程中未引起的贬低性陈述"。[1]因此，辩护律师仅仅需要承担消极的真实义务。正如能高速行驶的车辆需要高性能的刹车装置一样。在当事人主义制度下，辩护人的活动领域越来越大了，仅从这一点看也必须强调辩护人的"消极的真实义务"。也可以说，这是辩护人享有的附带特权的内在义务。[2]

第三节　我国辩护律师真实义务存在的问题

我国关于辩护律师真实义务的相关规定主要集中在《律师法》《刑事诉讼法》《律师办理刑事案件规范》等法律规范性文件中。长期以来，我国刑事诉讼存在着一种探求事实绝对化的倾向。对于真实义务的含义，有人认为是"辩护律师在刑事诉讼中忠实于案件客观事实，维护嫌疑人、被告人的正当利益，与此同时，协助司法机关查明发现案件中事实，使犯罪嫌疑人、被告人受到公正、平等的待遇和应有的惩罚"。[3]但是如果以此来界定辩护律师承担的真实义务，以"忠实于案件客观事实""协助司法机关查明发现案件中事实"来要求辩护律师，有些过于苛刻。从立法及司法实践来看，我国辩护律师真实义务存在以下问题。

一、真实义务的要求过于严格

在打击犯罪理念的作用下，我国更多地强调辩护律师维护国家法律实施的任务。如果对辩护律师所承担的真实义务规定得过于严格，可能成为辩护律师执业风险的重要来源，也可能会限制律师积极辩护的动力。"实践中，严苛的真实义务要求加之流水线型诉讼构造影响下，辩护律师承担的真实义务

---

〔1〕　北京市律师协会组编：《境外律师行业规范汇编》，中国政法大学出版社2012年版，第544页。

〔2〕　[日]佐藤博史：《刑事辩护的技术与伦理　刑事辩护的心境、技巧和体魄》，于秀峰、张凌译，法律出版社2012年版，第38页。

〔3〕　李忠强："辩护律师的真实义务和保密义务"，载《律师世界》2000年第6期。

不仅约束其本人对法庭的真实，还要求律师依照侦控方认定的保障当事人的真实、证人证言的真实和高标准的证据真实。"[1]

首先，我国辩护律师的真实义务要求保障被告人的真实，这其中一个突出问题就是律师教唆翻供的问题。实践中，辩护律师会见犯罪嫌疑人、被告人之后，一旦其在法庭上改变供述的，律师将会承担违反真实义务的责任，甚至承担刑事责任，这也成为律师执业风险的主要来源。然而，这里面有两个难题。第一，从客观上来说，辩护律师的何种行为属于教唆翻供的行为？第二，从主观上来看，如何证明辩护律师具有教唆翻供的故意？因为我国《刑法》第306条规定的律师伪证罪是一种故意犯罪，多数情况下会见时实际上只有辩护律师和当事人两人在场，而且会见是在不被监听的情况下进行的，因此教唆伪证的行为如何证明？仅凭被告人提供的证词就能证明律师存在教唆伪证的行为么？

其次，我国辩护律师的真实义务还要求证人证言的真实。实践中，在律师对于证人调查取证的过程中，区分"引诱"与"诱导性询问"的界限并不是十分清晰。通常情况下在辩护律师掌握了与控方不一致的证人证言，而该证言对于被告人有利时，辩护律师就有可能被追究伪证罪的刑事责任。法律关于辩护律师真实义务的要求，反而成为辩护律师伪证罪的依据，这也在一定程度上说明对律师真实义务规定的严苛性，也加剧了辩护律师的执业风险。

二、真实义务的内容规定过于笼统

实践中之所以出现辩护律师被追究伪证罪的刑事责任后存在较高的错案率，[2]这与辩护律师承担的真实义务的内容过于笼统不无关系。我国辩护律师的真实义务的相关规定散见于《律师法》《刑事诉讼法》《律师执业行为规范（试行）》，而这些规定的内容较为笼统，实践中很难判定律师的某些行为是否违反真实义务，因此有被司法机关滥用而任意追究辩护律师刑事责任的风险。

首先，从证据角度来看，律师提交法庭的证据的真实性要求缺乏具体的

---

[1] 张曙、司现静："中国辩护律师的真实义务范围研究"，载《辽宁大学学报（哲学社会科学版）》2013年第2期。

[2] 有学者曾对此进行研究，以我国《刑法》第306条适用为例，适用该条追究刑辩律师的错案率超过50%。参见王丽：《律师刑事责任比较研究》，法律出版社2002年版，第96页。

操作性规定。证据是刑事诉讼活动查明事实的关键，证据裁判原则是证据法的核心原则。从证据裁判原则的角度来理解，诉讼活动的参与者所承担的对于法庭的真实义务，实际上更多的就是对证据的真实义务。因此，为保证裁判依据的真实性，法律禁止双方提供虚假的证据。然而，关于律师的真实义务当中如何对待证据却存着诸多模糊之处。第一，律师的真实义务是否包含确保庭审提交证据的真实性的义务？《律师办理刑事案件规范》第 253 条明确规定了律师参与诉讼活动，不得故意向司法机关提供虚假证据。对于"故意"一词的理解，成为判断律师行为的关键。"故意"一词的字面理解为"知道或者应当知道"，然而，如何判断其内心是否明知，却是司法实践的一大难题。此外，对律师不明知某一证据的真实性的情况，该如何处理？第二，辩护律师对法庭的真实义务是否限制辩护律师在内容真实的证据基础之上对其提出相应的质疑，或者进行虚假的推论及抗辩？例如，律师明知证人提供的是真实证言，仍然对其进行质问。第三，辩护律师真实义务能否限制证人证言的真实性？例如，对于证人善意认为是真实的证言，辩护律师已经确认该证言为虚假，能否提交给法庭？

其次，从当事人的角度来看，如何处理当事人伪证问题，是个争议非常大的话题。辩护律师的首要职责是维护当事人的合法权益，因此，辩护律师的真实义务与当事人的行为在目的上具有一致性，即通过在法庭上出示无罪或者罪轻的证据，反驳控方提出的证据，以争取最有利的结果。然而，辩护律师的真实义务是否包含保障其当事人对法庭的真实存在着诸多争议。第一，辩护律师明知当事人供述中的证据是真实的，但是却不利于当事人，可否建议当事人收回该证据，或者告知其对此问题保持沉默？受到不被强迫自证其罪原则的保护，法律并未对当事人提出其履行真实义务的要求，即使当事人的供述是虚假的，也无需承担刑事责任。然而，从辩护策略的角度来看，如果这些有罪供述确属真实，一旦被控方利用，将会对辩护造成不利的影响。此时，辩护律师是否可以建议当事人收回或者告知其保持沉默？第二，律师的真实义务范围能否扩展到当事人？虽然辩护律师的真实义务严禁其故意向法庭提交虚假证据，辩护律师自身从主观上也不愿意将这些证据提交给法庭。然而，实践中当事人要求辩护律师将这些虚假证据提交给法庭的情况时有发生，有时在法庭上律师明知当事人向法庭所作的供述是虚假的，在辩护律师的真实义务与忠诚义务发生冲突的时候，律师应当如何对待当事人的伪证？

法律及相关的行业规范并没有具体的规定，辩护律师经常处于一种危险的境地，稍有不慎，就会触碰"雷区"而断送执业生涯。

第四节　我国辩护律师真实义务的完善

近年来，随着我国辩护律师权利的逐步扩大，辩护人承担的真实义务呈逐步限缩的趋势。我国 1996 年《刑事诉讼法》的相关规定，对于真实义务存在着变相扩张的情形，使得刑事辩护律师承担的真实义务的范围已经不限于自身行为的真实，还涉及律师依照控方认定的事实，进而确保被告人供述的真实和证人证言的真实。例如，律师会见时，侦查机关可以派员在场；律师不得威胁、引诱证人改变证言。这些规定实际上是扩大了刑事辩护律师承担的真实义务的范围。这些规定导致实践中辩护律师在会见过程中，不得与被告人谈论案情。律师一旦获得与控方不一致的证人证言，就有可能涉嫌威胁、引诱证人改变证言，从而被认定违背真实义务，甚至可能被追究律师伪证罪的刑事责任。

2012 年《刑事诉讼法》针对 1996 年《刑事诉讼法》一些不恰当的规定进行了修改，使得真实义务的范围逐步限缩。例如，辩护律师会见犯罪嫌疑人、被告人时不被监听；辩护律师自案件移送审查起诉之日起，可以与犯罪嫌疑人、被告人核实有关证据；辩护人或者其他任何人不得威胁、引诱证人作伪证。从辩护律师真实义务的角度来看，这些规定带来了变化：一方面，允许辩护律师与被告人进行信息的双向交流，使得律师不再承担保障被告人供述稳定不变的义务。这是因为，被告人在核实证据之后，发现新的证据从而改变供述的，律师并不违反真实义务。另一方面，辩护律师只是不得威胁、引诱证人作"伪证"，如果经过律师调查取证之后，证人改变了原先所作的不真实的证言，意味着律师的行为协助了法庭查明案件真相，并未违反真实义务。

然而，我国辩护律师的真实义务仍然存在着范围宽泛以及内容模糊等诸多问题，造成了辩护律师与当事人之间紧张的关系，实践中甚至出现了通过揭发律师伪证来立功的荒诞行为。因此，科学构建辩护律师真实义务的体系，对于维护辩护律师与当事人的信任关系，促进律师职业的健康发展具有重要意义。

一、核心争议：辩护律师如何对待虚假证据

这一问题是真实义务的核心问题，其所涉内容更多的还是忠诚义务与真实义务之间的冲突问题，因此，辩护律师如何对待虚假的证据会在辩护律师忠诚义务与真实义务冲突一章进行详细介绍。这里只是针对我国现有的规定提出一些基本的观点。

辩护律师不得提交"明知"虚假的证据，这其中也包括当事人委托其提交的虚假证据。由于被告人享有不被强迫自证其罪的权利，被告人提交虚假证据并不受伪证罪的制约。而辩护律师的真实义务仅仅规范的是律师的行为，对于明知虚假的证据，辩护律师不得提交给法庭。根据我国《律师法》第49条及《律师及律师事务所惩罚办法》第32条规定，对于辩护律师提交明知虚假证据的行为可能给予吊销律师执业证书的处罚，甚至会追究其刑事责任。

律师不承担保证其当事人行为真实的责任。当辩护律师确实无法辨明证据是否真实的情况下，将其提交给法庭，也无需承担责任，只能经过控辩双方质证以辨明真假。对于当事人提供伪证的问题，即辩护律师在明知被告人的供述是虚假的情况下，其最终的处理方式却存在着很大的争议。大陆法系和英美法系国家或地区存在着不同的做法。在德国，对被告人提交的虚假证据，律师对此持有的态度是消极不赞同。"如果被告自行为不实之主张，则其辩护人虽知其为不实，但仍不得向法院告知其不实……辩护人只能将此叙述为其当事人之主张，而不得说成是出自自己之确信。"[1]

二、真实义务的判断：如何看待辩护策略

现代法治国家出于控制犯罪的需要，通常允许侦查机关在一定的范围内采取一些特殊的侦查手段，通常称之为"侦查谋略"。侦控机关对于案件承担着全面的真实义务，可以采取"侦查谋略"等手段，那么辩护律师所承担的仅仅是片面真实义务，更有理由可以采取一定的"辩护技巧"。辩护律师在法律和证据的基础上对案件进行分析，并给予被告人相关法律建议，这是律师履行辩护职责的体现。而被告人在听取辩护律师关于法律及证据的分析之后，推翻了先前的供述或者决定，并不违反真实义务，这也是辩护策略的一种选

---

〔1〕　[德]克劳思·罗科信：《刑事诉讼法》，吴丽琪译，法律出版社2003年版，第168页。

择。具体来说，以下几种情况下的"辩护策略"是可以被允许的：

（一）以证据为支撑给予被告人的建议

诉讼中案件事实的确认源于对证据的认定。一方面，面对被告人不利于己的供述，在辩护律师有确凿的有利证据支撑的基础上，可以给予被告人收回不利供述的建议。面对被告人在侦查阶段作出的不利供述，在辩护律师有相关证据的基础上，可以为被告人利用法律知识对相关证据进行解释，为被告人作出正确的指引，从而为被告人获得无罪或者罪轻的结果。另一方面，对于被告人有利的证据，辩护律师更是可以此为基础，给予被告人详细阐述有利证据的相关建议。

（二）真实义务与证据抗辩

证据裁判原则是刑事诉讼的一项重要原则，司法裁判所认定的事实是在对证据的审查和判断基础上认定的事实。依据证据裁判原则，只有经过法庭质证的证据，方可作为定案的根据。在证据裁判的过程中，基于辩护律师的职业定位，其所承担的是消极的真实义务，在法庭审理过程中，辩护律师可以采取一定的"证据抗辩"技巧，这亦在证据裁判原则允许的范围之内，也不违反辩护律师的真实义务。

首先，控方证据不足时的无罪辩护。由于当事人享有无罪推定以及不自证其罪权利的保护，律师给予法律建议是其合法积极行使辩护之职责。根据举证责任的基本原理，在刑事诉讼的过程中，虽然辩护律师明知当事人有罪，但是当控方未能提出充分的有罪证据时，辩护人可以从并未形成完整的证据体系，证明标准也没有达到法定的证明标准等角度进行无罪抗辩，此时并不违背真实义务。

其次，程序性抗辩。即使辩护律师明知指控被告人的证据属实，也可以进行程序性抗辩。2012年《刑事诉讼法》在关于辩护律师责任的规定中，明确了辩护人的辩护目的不仅要维护犯罪嫌疑人、被告人的实体权利，为其争取无罪判决或者从宽处理的机会，同时还要"维护犯罪嫌疑人、被告人的诉讼权利和其他合法权益"。这其中，"被告人诉讼权利"是指被告人在刑事诉讼所享有的程序性权利，维护其诉讼权利是辩护律师的职责所在。具体到辩护律师的真实义务当中，辩护律师可以提出"证据抗辩"。司法实践中，目前运用最广泛的"证据抗辩"就是关于非法证据排除的申请。在辩护的过程中，即使辩护律师明知指控被告人的证据属实，基于程序正义的基本要求，也可以提出排除非法证据的申请。此外，还可以进行管辖违法或者提出回避申请等程序性辩护，以维护被告人合法的程序性的权利。

三、真实义务的界限：禁止损害实体真实

辩护律师在追求被告人合法权益和程序正义价值的过程中，也不能以损害其他法律价值为代价。这其中，实体真实的价值便是真实义务履行过程中的界限所在。我国《律师法》以及《刑事诉讼法》《刑法》都规定了禁止辩护律师采取损害实体真实的手段进行辩护，这也是辩护律师的执业底线，也构成了辩护律师忠诚义务的"外部边界"。我国《律师法》禁止律师从事提供虚假证据的行为，允许律师在被告人隐瞒事实真相时拒绝辩护。一方面，从消极的角度来说，律师不得伪造、毁灭证据，教唆他人伪造证据。各国法律对此规定大体相同，如果律师违反了相关规定，其法律后果不仅是违反律师职业伦理和执业纪律而承受相应处分，甚至还可能因此承担刑事责任。另一方面，辩护律师不得威胁、引诱证人提供虚假证言，不得诱使被告人提供虚假陈述。这其中，一个重要的问题就是在庭前辅导过程中的真实义务。这是因为，在开庭之前，辩护律师通常要对被告人进行一次辅导，以便被告人更好地应对庭审。此时辩护律师应当遵循真实义务的底线，即不得引诱证人提供虚假证言，不得诱使被告人提供虚假陈述。此时如果在会见辅导的过程中，通过核实证据，被告人推翻了之前的有罪供述，辩护律师一定要谨慎对待。首先要依照规范做好会见笔录，还要结合现有的证据进行综合研判，以判断被告人的翻供是否合理？如果认为现有的证据体系足以支持被告人的决定，则律师可以在征得被告人同意的基础上进行无罪辩护；如果认为现有的证据体系不足以支撑无罪辩护，则需要与被告人进行沟通与协商，从专业的角度说服其接受律师的辩护思路。此外，辩护律师在庭前如果与辩方证人会面，要注意会谈的重点应当是围绕庭审的程序对其进行指导，不得对证言内容进行实质性干预，尤其是不得教唆证人按照被告人供述的思路提供证言，这样明显违背了真实义务的基本要求。

本章小结

　　辩护律师是刑事诉讼活动中重要的诉讼参与人之一，由于其特殊的地位和忠诚义务的要求，其对法庭的真实义务呈现出消极性、片面性以及对象特定性的特征。辩护律师对法庭的真实义务是由其所承担的社会责任、刑事诉讼真实发现的基本目标、维护司法权威之要求以及律师职业良性发展所决定的。无论是英美法系国家或地区还是大陆法系国家或地区，都对律师提出了一定程度的真实义务的要求。我国刑事诉讼程序长期以来一直存在着一种探求事实绝对化的倾向，使得我国对于辩护律师真实义务的要求过于严格，但是真实义务的内容规定过于笼统。为此，应当完善我国辩护律师的真实义务，明确辩护律师对待虚假证据的处理方式；区分真实义务与辩护策略；确立禁止损害实体真实这一真实义务的基本界限。

第五章

辩护律师忠诚义务与对法庭
真实义务之冲突与平衡

> 律师执业如同椭圆，有两个中心，一个是法律职责所要求的对
> 法庭的真实，一个是保障当事人信赖的对当事人的忠诚。
>
> —— ［美］门罗·弗里德曼

近年来，诸如杭州"保姆纵火案"等一系列争议大案凸显出律师职业伦理中的一个重要问题，即律师维护当事人利益和尊重法庭对法庭真实义务两大根本义务经常发生冲突，其本质就是辩护律师忠诚义务与对法庭真实义务的冲突。辩护律师对法庭的真实义务源自法治国家对于辩护律师公益角色的期待，其相应的真实义务的对象主要是指向法庭，而辩护律师的忠诚义务对象主要指向当事人。在刑事诉讼的过程中，辩护律师的忠诚义务难免与对法庭的真实义务产生冲突，辩护律师经常遇到陷入伦理冲突的情况。例如，被告人或其近亲属要求律师私自会见被害人或者证人，说服其改变证言；或者要求律师向法院提供并不可靠的证据材料，或者有的被告人在作证时说谎，此时律师究竟应当如何应对？如果把问题再抽象化一点，可以转换为律师职业伦理的一个根本问题：在对法庭的真实义务和对当事人的忠诚义务这两项律师义务之间，是否存在优先性差别？两者发生直接冲突时，应当以何者优先？在美国，刑事诉讼中被告人可以作为证人，如果涉嫌作伪证，将受到伪证罪的处罚。而我国刑事诉讼中，被告人不能作为证人，我国《刑事诉讼法》第52条赋予被告人"不被强迫自证其罪"的权利，被告人虽然有"如实陈述"的义务，但是违反该义务最多会在量刑上受些影响。对于辩护律师而言情况大不相同，辩护律师对法庭负有真实义务，如果被告人要求律师向法院提供虚假的证据材料，或者律师明知被告人在作证时说谎，律师应当如何对待？同时负有"保密义务"与对法庭"真实义务"的辩护律师，在得知当事人将在法庭上作伪证或者提交虚假证据时，应当如何解决律师履行"保密义

务"所导致的当事人伪证对于司法造成的消极影响，这些是非常棘手的问题。这其中的核心问题是律师应当如何平衡忠诚义务与真实义务的冲突问题。

第一节　比较法视野下辩护律师忠诚义务与真实义务冲突之考察

律师在辩护的过程中，必须对案件事实进行全面的了解，才能为当事人提供有效的法律服务；而辩护律师又必须严格遵守保密义务，以维系与当事人之间的信赖关系。然而，当律师得知他的当事人有在法庭上作伪证的意图时，律师对法庭的真实义务以及律师伦理的相关规范又课以律师向法院揭露当事人意图的义务，这使得律师陷于一种究竟是要忠诚于当事人并为其保密，抑或背弃当事人利益而向法庭揭露其作伪证意图的困境。显而易见，那些尽职尽责的律师就会面临我们所称的三难困境——也就是律师被要求了解一切，并将对所了解到的信息予以保密，同时还要将这些信息提交给法庭。[1]本节将对美国、日本、德国对于忠诚义务与真实义务冲突处理的理论及实践进行比较和分析。

一、美国处理忠诚义务与真实义务冲突的立场演变及实践争论

辩护律师对于当事人的忠诚义务与对法庭的真实义务冲突问题在美国产生过激烈的讨论。美国弗里德曼教授在1966年曾经提出了刑事辩护律师所面对的三大伦理困惑。一是在律师明知对方证人所作证言真实的情况下，被告律师能否弹劾该证人的证人资格？二是律师能否在明知的情况下呈现当事人或证人的虚伪陈述（或者让有作伪证意图的当事人或证人在法庭上陈述）？三是律师在有合理怀疑自己的专业法律意见将会诱使当事人犯下伪证罪时，律师是否仍应当为委任人提供法律上的建议？[2]这其中，第二项伦理困惑值得认真研究，即当事人意图作伪证，或者要求律师以不实的陈述为其辩护。这个问题在美国已被争论多年，但依然没有找到满意的解决途径。

---

〔1〕　［美］门罗·弗里德曼：《对抗制下的法律职业伦理》，吴洪淇译，中国人民大学出版社2017年版，第35页。

〔2〕　Monroe H. Freedman, Professional Responsibility of the Criminal Defense Lawyers: The Three Hardest Questions, 64 Mich. L. Rev 1469 (1966).

（一）美国处理忠诚义务与真实义务冲突的立场演变

在美国，如何处理当事人伪证问题也是争议非常大的一个问题，近百年来，美国理论界与实务界有过激烈的讨论，其立场也在不断地发生着变化。从 1908 年至今，美国律师协会对当事人伪证的争议曾多次表态，其采取的立场从早期认为律师的保密义务优先于对法庭的真实义务，到后期在舆论强烈要求赋予律师高度的真实义务的压力下，转向认为律师在"明知"当事人有伪证的意图时，应当向法院揭露当事人的不法意图。

1. 第一阶段：忠诚义务优于真实义务（1908—1969 年）

美国律师协会在 1908 年颁布的《美国律师职业道德标准》中，第一次规定了当事人伪证问题。[1]该规定对于律师行为进行了严格的限制，禁止律师递交其相信是不真实的证据，倘若律师是在呈现出该证据后才发现其是虚伪的，律师应当加以纠正。[2]但是由于《美国律师职业道德标准》在当时并未被美国的法院广泛采纳，因此，其仅是对于律师职业伦理规范的一个理想化要求，并未产生广泛的实际效力。

美国律师协会道德和专业责任常任委员会（ABA Standing Committee on Ethics and Professional Responsibility）却在 1945 年发布的 Formal Opinion 268 中表示，《美国律师职业道德标准》确实可能使律师在面对当事人伪证问题时陷入义务上冲突的情形。[3]该委员会认为："律师身为有相当职责的法院人员（officer of the court），有义务向法院揭露任何其合理相信在法庭上发生的欺诈行为（fraud）。[4]然而如此的义务不应超越律师保守当事人秘密咨询的义务。"[5]也就是说，在面对当事人伪证的问题时，律师的保密义务优先于对法庭的真实义务。

早期美国律师协会在处理当事人伪证问题时，认为律师是"法院官员"，并对于这一词汇值得质疑的内涵予以以下解释："我们不会放弃坚持律师应忠

---

〔1〕 美国律师协会制定的《美国律师职业道德标准》实施时间从 1908 年至 1969 年。

〔2〕 ABA Canons of Prof'L Ethics, Canons29, 41（1908）.

〔3〕 ABA Comm. on Prof'L Ethics and Grievances, Formal Op. 268（1945）.

〔4〕 ABA Canons of Prof'L Ethics, Canons22（1908）.

〔5〕 Monroe H. Freedman, Getting Honest About Client Perjury, 21Geo. J. LEGAL ETHICS 133, 139（2008）.

诚于其所供职的法庭。然而，这种忠诚不仅仅包括对于司法部门的尊重或坦诚以及对法官的诚实，它还包括坚定不移地遵循法庭自身发展出的推进司法有效进行的原则，其中最坚定的是保护当事人与其律师之间交流的尚未公开的秘密。"[1]由此可以看出，律师对法院应尽的义务并非只有真实义务，同时律师还负有维护社会公益、司法体制有效运行等义务。这其中律师有义务保障当事人秘密不被泄露，甚至在当事人存在作伪证的情况下也应当如此，秉持忠诚义务优先于真实义务的处理原则。

2. 第二阶段：再次确认忠诚义务优于真实义务（1969—1983 年）

美国律师协会于 1969 年颁布了新的律师伦理规范——《美国职业责任守则》，[2]此规范被当时美国绝大多数法院采纳。

《美国职业责任守则》对于当事人伪证作出了详细规定及限制。首先，禁止律师递交其认为不实的证言。[3]《美国职业责任守则》禁止律师揭露其在委任期间获得的与案件相关的资讯或任何被揭露会使当事人尴尬或对当事人不利的资讯。[4]其次，当律师在得知或可能知悉当事人有伪证意图时，应当退出委任，[5]并向法院揭露当事人的伪证意图。[6]最后，在 DR7-102（B）（1）中规定在当事人欺诈情况发生时需要适用两个执行性条款。当律师获知某一当事人已经"准备欺骗某一个人或者法官"时，律师"应当迅速地要求其当事人纠正"这种欺骗行为。另一条款规定："如果其当事人拒绝或者无法这么做，那么他应该向受影响的人或者法官揭穿这种欺骗行为。"[7]

上述规定似乎推翻了之前美国律师协会道德和专业责任常任委员会根据 1908 年《美国律师职业道德标准》认定的律师保密义务优先于对于法庭的真实义务的立场，而开始站在赞成律师违背当事人的利益并违反保密义务而去揭露当事人伪证意图的立场上。但是之后，美国律师协会立即采取行动，将

---

〔1〕 ［美］蒙罗·H. 弗里德曼、阿贝·史密斯：《律师职业道德的底线》，王卫东译，北京大学出版社 2009 年版，第 139 页。

〔2〕 参见美国律师协会制定的《美国职业责任守则》，其适用时间为 1969 年~1983 年。

〔3〕 Model Code of Professional Responsibility 7-102（A）（4）（1969）.

〔4〕 Model Code of Professional Responsibility DR4-101（A）（1983）.

〔5〕 Model Code of Professional Responsibility DR2-110（B）（2）（1980）.

〔6〕 Model Code of Professional Responsibility DR4-101（C）（2）&（3）（1980）.

〔7〕 ［美］蒙罗·H. 弗里德曼、阿贝·史密斯：《律师职业道德的底线》，王卫东译，北京大学出版社 2009 年版，第 36 页。

刑事被告律师排除在《美国职业责任守则》DR7-102（B）（1）所规定揭露义务之外，在很大程度上限制了该条款的适用。在 1971 年，美国律师协会代表会议批准了《辩护功能标准》（ABA Standards Relating to Defense Function）。美国律师协会对此作出了解释，DR7-102（B）（1）的"并且如果"条款中规定律师揭露当事人欺诈行为的义务，并不包含当事人在刑事案件中作伪证的情形。[1]后来，美国律师协会自己也承认要求律师违反保密义务是不恰当的。1974 年，美国律师协会对于《美国职业责任守则》DR7-102（B）（1）进行了修正，添加了第 3 款，根据该款规定，律师被要求揭穿当事人的欺诈行为，"除非该信息作为特免交流而受到保护"。[2]这样也就缩小了律师应当向法院揭露的范围，如果律师所获得的沟通咨询是受特权所保护的，则无需向法院揭露。

美国律师协会道德和专业责任常任委员会在 1975 年的 Formal Opinion 中对于律师对当事人秘密的保护与律师对法院的诚实义务的冲突进行了说明。其第 341 条指出："第一版的《美国职业责任守则》DR7-102（B）（1）规定律师应当向法院或受欺诈之第三人揭露其当事人的欺诈行为是'难以想象的'，该规定是立法时的疏漏。当事人秘密资讯之保障的重要性高于律师对法院的诚实义务。赋予律师揭露当事人诈欺的义务以及保障当事人秘密咨询的义务的确会产生冲突，然而通过观察长期以来的实务的运作以及条文的解释，可以发现实务界还是倾向保障当事人的秘密资讯。"[3]这也再次肯定了律师对于当事人的保密义务优先于律师对法庭的真实义务。

3. 第三阶段："明知"存在伪证，律师则应当向法院予以揭露（1983 年至今）

美国律师协会于 1969 年颁布《美国职业责任守则》之后，水门案的爆发唤起了民众对于律师职业伦理的再度关注，这使得美国律师协会在 1983 年再度颁布第三版的律师职业伦理规范，即《美国职业行为示范规则》。为扭转民众对于律师形象的负面印象，美国超过 36 个州采用了该规范作为各州律师的执业行为准则，一改之前对于当事人伪证问题的立场。根据《美国职业行为

---

〔1〕 ABA Standards Relating to the Prosecution and Defense Function, Supplement18（1971）.

〔2〕 ［美］蒙罗·H. 弗里德曼、阿贝·史密斯：《律师职业道德的底线》，王卫东译，北京大学出版社 2009 年版，第 36 页。

〔3〕 ABA Common Prof'L Ethics and Grievances Op. 341.

示范规则》第 3.3（a）（3）条的规定，律师不得故意提交其"明知"虚假的证据。如果律师是在证据提出后，才发现该证据是伪证的，律师应当采取合理的补救措施，包括必要情形下向法院揭露该伪证。[1]这里有一个前提，就是律师对于当事人作伪证的意图要达到"合理相信"（reasonably believes）的程度，而律师对于是否采取合理的补救措施享有裁量的权利。[2]此外，律师在明知当事人有作伪证的意图时，应当试图劝阻之；如果劝阻无效，律师应当向法院请求退出代理；如果法院驳回律师退出代理的请求，律师则应向法院揭露当事人作伪证的意图。[3]

《美国职业行为示范规则》第 3.3 条的规定，似乎是关于律师职业伦理中当事人伪证问题的一大变革，甚至有人担心此规定可能会导致法院强制律师揭露当事人秘密的效果，从而破坏两者之间的信赖关系。对此，有学者指出，"由于《美国职业行为示范规则》对于律师'明知'的程度要求极为严格，使得律师揭露当事人伪证的义务在实践中很难得以执行，因此本条规定几乎形同虚设"。[4]因为《美国职业行为示范规则》第 3.3 条明确规定律师只有在"明知"其当事人证言是虚假的情况下，才会产生向法院揭露的义务。如果律师仅仅是"合理相信"当事人存在伪证意图时，则律师对于是否向法院揭露当事人伪证意图，享有自由衡量的权利。而且，对于"明知"的认定非常严格，美国律师协会认为律师违背保密义务而去揭露当事人伪证的行为，必须有超越合理怀疑的确信程度才行。如此严格的条件，使得律师不敢轻易对其当事人伪证的问题妄下结论，甚至在当事人告知律师的事实前后不一，或者与证据明显不同的情况下，律师也不敢确认当事人存在伪证的意图而向法院进行揭露。对于"明知"认定的严格，使得美国律师协会对于当事人伪证的问题依旧采取过去的立场，实际上当事人的保密义务仍然优先于律师对法庭的真实义务。

（二）律师"明知"程度的认定

律师不应当向法庭提供自己"明知"是虚假的证据，这是美国律师执业

---

　　[1]　Model Rules of Professional Conduct R. 3. 3（a）（3）（1983）.

　　[2]　Model Rules of Professional Conduct R. 3. 3（c）（1983）.

　　[3]　Model Rules of Professional Conduct R. 3. 3cmts. 7-10（2004）.

　　[4]　Monroe H. Freedman, Getting Honest About Client Perjury, 21Geo. J. LEGAL ETHICS 133, 142（2008）.

行为准则的基本要求。美国律师协会制定的《美国职业行为示范规则》第3.3 条规定了律师对于裁判庭的坦诚义务，其中在（a）（3）条中规定："律师不得提交明知是虚假的证据。如果律师、律师的当事人或者律师传唤的证人在提供某重要证据后，律师发现该证据是虚假的，则律师应当采取合理的补救措施，包括在必要情况下就此项对裁判庭予以披露。除了刑事案件中被告人的证词外，律师可以拒绝提交其认为是虚假的证据。"[1]如何把握律师"明知"的程度，成为权衡辩护律师保密义务与真实义务的核心要点。律师职业伦理对于当事人伪证的处理问题，其核心是防止律师"明知"当事人意图作伪证，而"协助"其作伪证。因此，处理当事人伪证问题，首先要明确的一个问题就是，律师对于当事人意图作伪证的"明知"程度。其次，对于"明知"的认定却是件非常困难的事情，当事人可能会因为某些利益而隐瞒某些证据或者作出虚假陈述，此时，由律师来对证言的虚假问题进行判断可以说是非常困难的一件事情。

首先，从规范本身来看，美国律师协会在《美国职业行为示范规则》第3.3 条确认了当事人伪证意图确信程度的要件，即律师违背保密义务而揭露当事人伪证，必须有超越合理怀疑的确信程度才可以。然而，律师揭露当事人伪证的情形并不仅限于当事人明确表示伪证意图的情形，当事人的伪证意图也可以通过推断得出。《美国职业行为示范规则》第3.3 条在注释中指出，（a）（3）项要求其拒绝提交明知为虚假的证据，无论当事人的意愿如何。这一职责是建立在这样的前提基础上的，即律师作为"法庭职员"，有防止实质审判者受到虚假证据误导的义务。如果律师提出该证据是为了证明其虚假性，则律师并没有违反本条规则。[2]这也是为了在保密义务与真实义务之间寻求一种平衡，避免对真实义务过度倾斜而导致当事人与律师之间的信赖关系遭到破坏。然而，律师不能仅仅通过自身猜测，便推测出当事人有作伪证的意图从而向法院揭露。

其次，从宪法的角度来看，被告人获得律师忠实代理的权利并非绝对的。获得律师帮助权是美国联邦宪法第六修正案赋予被告人的权利，但是此种权利也并非绝对，在某些重大利益面前，该权利会受到一定限制。例如，在 Nix

---

〔1〕　北京市律师协会组编：《境外律师行业规范汇编》，中国政法大学出版社 2012 年版，第 220 页。
〔2〕　北京市律师协会组编：《境外律师行业规范汇编》，中国政法大学出版社 2012 年版，第 221 页。

案件中，辩护律师意识到被告人意图作伪证以支持其正当防卫的主张。辩护律师威胁被告人如果其作证并给出虚假证言，他将撤销代理并将事实告知法庭。被告人主张其辩护律师劝阻其不得在法庭上作伪证，否则将向法院揭露其伪证意图的行为，已经违反了美国联邦宪法第六修正案赋予的受律师帮助的权利。[1]美国联邦最高法院认为，辩护律师高于一切的不作假证、不作伪证的道德义务允许甚至要求他采取措施劝阻其当事人作伪证。作为阻止伪证和遵守职业伦理的方式，威胁撤销代理或告知法院是可以容许的。因此，被告获得专一、忠实的宪法权利并不要求辩护律师履行违背刑事司法程序的重要义务。相反，防止腐蚀事实调查程序的社会利益高于并且限制被告人获得忠实代理的宪法权利。[2]一般来说，毫无疑问，"律师的忠实义务……应符合刑事审判追求真相的性质，律师须正当、合法地行事"。在美国联邦最高法院看来，"律师维护其当事人的利益的义务受制于同样神圣的依照法律和职业准则行事的义务"。[3]

最后，从司法实践的运作情况来看，对于"明知"的判断仍然要根据个案的情况进行。虽然《美国职业行为示范规范》第3.3条规定了当事人伪证的"明知"要件，但是实践中判断的标准仍然不明确，律师对于当事人伪证的认知是否达到需要向法院揭露的程度，需要根据个案的情况进行判断。而法院通常对于当事人伪证的认知程度的判断采取了较高的标准。例如，在Wilcox v. Johnson案中，法院认为律师对于当事人伪证的认知程度需要达到"确定事实基础"的程度，才能向法院揭露。法院认为"确定基础事实"（实际认知）（actual knowledge）一方面能够保障司法体系的对抗制度，另一方面也能够保障律师与当事人之间的资讯能够自由流通，以确保美国联邦宪法第六修正案中被告受律师帮助权的实现。[4]

对于如何判断"实际认知"的程度，美国法院采取了极为保守的态度，且认定极为严格。例如，美国联邦第八巡回上诉法院认为，只有在当事人承认有伪证的情形下，才达到律师应向法院揭露的"明知"或"实际认知"的

---

[1] Nix v. Whiteside, 475 U. S. 157 (1986).

[2] Nix v. Whiteside, 475 U. S. 157 (1986).

[3] [美] 詹姆斯·J. 汤姆科维兹：《美国宪法上的律师帮助权》，李伟译，中国政法大学出版社2016年版，第154页。

[4] Wilcox v. Johnson, 555 F. 2d 115 (3d Cir, 1977).

程度。律师在判断当事人存在犯下伪证罪的意图时，必须非常谨慎，且只有在当事人明确表示有伪证的意图时，律师向法院揭露当事人秘密资讯的行为才具有正当性。[1]而 Wisconsin 州法院在 State v. McDowell 案中，对于《美国职业行为示范规则》第 3.3 条中的"明知"程度也进行了阐明，其认为辩护律师对当事人伪证意图的"明知"程度，必须建构在当事人向律师清楚、直接地承认有为不实陈述之意图，始足当之。[2]这是因为律师是否需要向法院揭露当事人伪证的意图，直接关系到律师与当事人之间信赖关系的维系，因此对其设定了严格的条件。但是，设定如此高的门槛，使得律师揭露当事人作伪证的义务在司法实践上成为不可能，因此，有学者认为本条之规定形同虚设。[3]

（三）辩护律师能否协助当事人在法庭上作伪证

对于当事人坚持在法庭上作伪证或者提供不实证据的，律师是否应当尊重当事人的意思，协助其在法庭上作伪证，美国学者对此存在着激烈的争论，有肯定说和否定说之争。

1. 肯定说

赞成者对美国律师协会当事人伪证规则提出了尖锐的批评，认为律师应当尊重当事人的意思，当其知悉当事人有伪证的意图时，首先应当劝诫当事人放弃作伪证的意图，如果当事人坚持作伪证，辩护律师应当依一般的程序，协助当事人在法庭上作虚伪的陈述，其理由如下。

首先，当事人伪证规则侵害了刑事被告人受律师帮助以及"不被强迫自证其罪"的宪法权利。美国联邦宪法第五修正案赋予刑事被告人"不被强迫自证其罪"的权利。美国联邦宪法第六修正案赋予被告人"获得为其辩护的律师帮助的权利"，辩护律师应当为其当事人提供有效的辩护，这其中一个重要的内容就是告知被告人有"不被强迫自证其罪"的权利以及该权利应当如何行使。第五修正案与第六修正案是相辅相成的，因为刑事被告人只有在其辩护律师专业的建议下，才能真正有效地行使其"不被强迫自证其罪"的宪

---

〔1〕　United States v. Long，857 F. 2D 436（8th Cir. 1988）.

〔2〕　State v. McDowell，514 N. W. 2d 500（Wis. 2004）.

〔3〕　Monroe H. Freedman，Getting Honest About Client Perjury，21Geo. J. LEGAL ETHICS 133，142（2008）.

法权利。被告基于此项权利，既无供述的义务，也没有真实陈述的义务。而作为当事人的代理人，此时被赋予揭露当事人伪证的义务，不仅会使得当事人失去对律师的信任，而且还使得律师成为被告入罪的工具，实属悖论。律师在事前没有告知其当事人他的陈述有可能被揭露的风险下，基于保密义务产生的信任获得了与案件有关的信息，而后当有当事人伪证的情况发生时，律师伦理规范要求律师向法院进行揭露不利于其当事人的证据。如此一来，其性质与侦查机关对于当事人讯问并无区别，使得当事人有一种被律师和司法制度出卖的感觉，导致其丧失对律师以及司法的信任，其所享有的"不被强迫自证其罪"的宪法权利变得毫无意义。而且当事人伪证规则要求辩护律师明知其当事人作伪证时，应当寻求退出代理或者向法院揭露伪证意图两种解决方式，剥夺了当事人所享有的律师忠诚地为其辩护的权利。此情形的发生，明显违背了宪法所赋予的被告人"不被强迫自证其罪"以及受律师有效协助辩护的权利。因此，应当禁止辩护律师在没有告知被告人其伪证可能产生的后果的情况下，将可能使当事人入罪的证据信息向法院揭露。

其次，当事人伪证规则改变了当事人进行主义之下各方之间的权责分配。正如美国学者指出，"当事人伪证的规定不仅侵害美国宪法修正案第5条、第6条赋予刑事被告的权利，同时亦攻击当事人进行主义中检方、辩方、陪审团与法官间的权责分配的巧妙平衡"。[1] 在当事人进行主义的诉讼制度下，真实发现有赖于控辩双方提供的与案件相关的证据。而美国将真实发现的责任交给了陪审团，必须依据有证据能力的证据来认定事实。虽然美国复杂的程序规则及证据规则，能够确保陪审团了解控辩双方证人的信用能力，但是对于律师如何收集证据来判断被告证言的真实性，却没有相应的规定。控方的职责是检验被告证言的可信度，而陪审团的职责是以中立的角度公正地判断证人的诚实信用，而律师伦理规范下当事人伪证规则课以律师判断其当事人作证是否诚实的责任，当事人伪证规则可以说加剧了律师的角色冲突。此时，律师是应当忠诚于当事人，为实现当事人利益最大化进行辩护，还是认真履行法庭职员对法庭的真实义务？如果律师选择忠诚于当事人，在无法完全确定当事人是否有伪证意图时，不揭露伪证之事，但是此举可能会使律师触犯

---

〔1〕 Jay Sterling Silver, Truth, Justice and The American Way: The Case Against the Client Perjury Rules, 47 VAND L. REV. 339, 358 (1994).

相关的律师伦理规范而遭受惩戒；若律师选择向法院揭露其当事人的伪证意图，或劝阻其当事人放弃伪证，则该律师可能会面对被当事人指控无效辩护的窘境。[1]律师在刑事诉讼中的角色，不仅要求其必须确保自身安全，确保自己免于受到刑事处罚或者职业规则的惩戒，还要判断当事人所作证言的真实性，律师可能会陷入进退维谷的境地。这等同于辩护律师抛弃了忠诚辩护人的角色，而扮演了事实认定者的角色，也加剧了律师的角色冲突，破坏了刑事诉讼构造的平衡。

最后，当事人伪证规则规避了非法证据排除规则的适用。美国联邦宪法第四修正案禁止以不正当方法取得证据。反对当事人伪证规则的人认为，当事人伪证规则实际上违背了非法证据排除规则的保护意旨。如果被告之律师采取如《美国职业责任守则》和《美国职业行为示范规则》所规定的应变手段，直接或间接地向法院揭露当事人之伪证意图，那么原本被非法证据排除法则排除的证据，又因律师向陪审团的揭露行为，使陪审团注意到了被告不诚实的行为，变相达到了使被告被定罪的目的。法院因而间接地允许以不正当方法所取得的证据成为呈堂证据，降低警方以法定方法取得证据的动力，实际上违反了美国联邦宪法第四修正案的规定。[2]

2. 否定说

持否定说的学者认为协助当事人作伪证，是美国律师职业伦理规范所明确禁止的行为。目前美国律师协会要求律师不得在"明知"的情况下参与当事人的不法行为，或者协助其向法院在法庭上呈现不实证据或证言。

首先，被告人受律师帮助的权利并不意味着律师要协助被告人从事犯罪或者欺诈行为。美国联邦宪法第六修正案仅仅保障被告人在法律许可的范围内寻求律师的帮助，仅限于为实现正当、合法的目标。美国联邦最高法院的判决也指出，"美国联邦宪法第六修正案赋予被告受律师协助的权利，仅限于达到当事人目标及协助法院发现真实的正当、合理行为，律师不得协助当事人提出不实证据或违反法律"。而且，保密义务的范围亦有一定的限制。主张律师应当协助当事人伪证的观点，其基本的理论依据就是律师负有保密义务，

---

〔1〕　Nix v. Whiteside，475 U. S. 157，189.

〔2〕　Jay Sterling Silver, Truth, Justice and The American Way: The Case Against the Client Perjury Rules，47 VAND L. REV. 401（1994）.

而且此处是全面的保密义务。虽然当事人必须通过律师的协助来实现宪法赋予的基本权利，但是律师的保密义务并不能够支持其当事人实现不法行为。宪法对公民自主权的保障亦不允许个人通过律师以实现其不法意图。

其次，律师协助当事人伪证有违司法公正的目标。虽然律师职业伦理课以其对于当事人的忠诚义务，然而，一个允许律师对当事人无条件忠诚的司法制度，必定会与追求司法公正的目标有所背离。辩护律师负有一定的真实义务来协助法院发现真实，而并不是阻碍真实的发现。当当事人知道无论在多么严重、不公正，甚至可能造成他人损害的情况下，律师都会对其秘密三缄其口，当事人可能会为所欲为，如此做法并不会促进司法的公正。[1]正如《美国职业行为示范规则》第3.3条的注释所言，"虽然在对抗制程序中并不要求律师无偏倚地展示有关法律，或者对其在案件中提交的证据作出保证，但是律师不得让裁判庭受到律师明知为虚假的关于事实或者法律的陈述的误导"。[2]

二、日本处理忠诚义务与真实义务冲突的理论转变及实践争议

在日本，通常认为辩护人没有积极的真实义务，因为如果让辩护人承担积极的真实义务，那么委托辩护人的被告人将比没有辩护人的被告人更为不利，这是违反常理的。[3]辩护人仅仅承担消极的真实义务，即辩护人不得积极实施歪曲真实的行为。日本学者对于忠诚义务和真实义务的冲突进行了系统的讨论。

(一) 冲突的理论解释："椭圆理论"到"圆形理论"的转变

在日本，对于辩护律师忠诚义务与真实义务冲突问题的解释，有两种理论。

第一，"椭圆理论"。该理论是由日本学者大野正男提出的，他认为，"这个过程毕竟是为了寻找真实，辩护人在诚实义务和真实义务两者之间左

---

〔1〕 Harry I. Subin, The Lawyer as Superego: Disclosure of Client Confidences to Prevent Harm, 70 Iowa L. Rew. 1170 (1985).

〔2〕 北京市律师协会组编:《境外律师行业规范汇编》，中国政法大学出版社2012年版，第221页。

〔3〕 [日]佐藤博史:《刑事辩护的技术与伦理 刑事辩护的心境、技巧和体魄》，于秀峰、张凌译，法律出版社2012年版，第37页。

右为难，十分苦恼，刑事辩护被比喻成有两个中心（被告人和法院）的椭圆"。[1]

第二，"圆形理论"。近年来"椭圆理论"受到了越来越多的质疑，"圆形理论"逐步取而代之。"辩护的中心只是被告人，辩护的理论不是'椭圆理论'，而是'圆形理论'。辩护人的义务只是诚实义务（诚实义务论），这一点在律师之间已经达成共识，以诚实义务为前提的义务是'对司法过程的监视义务'和'公共义务'。"[2]该理论实际上是在强调辩护人的忠诚义务，即辩护人应当围绕的中心只有一个，那就是被告人。刑事辩护应当以被告人的利益为中心，辩护人不应当在被分割的两个中心之间犹疑。

（二）冲突在具体情形下的处理

日本学者对于辩护律师忠诚义务和真实义务的讨论，具体涉及两个问题：一是对于真犯人的无罪辩护，二是清白嫌疑人、被告人的有罪辩护。

1. 真犯人的无罪辩护

也就是说犯罪嫌疑人、被告人向辩护人坦白了自己的犯罪行为，但是要求辩护人为其做无罪辩护。此时辩护律师是否可以进行无罪辩护？在辩护律师忠诚义务与真实义务发生冲突时，辩护人应当采取何种对策，对此，不能一概而论，应当区分为两种情形。

第一，辩护人知道"真实"，即明知被告人的主张是虚假的。对于此种情形，辩护人的辩护活动需要受到一定限制。因为知道"真实"的辩护人进行辩护活动，与不知道"真实"的辩护人相比，辩护活动受到"真实"的制约。[3]依据无罪推定原则，犯罪嫌疑人、被告人此时是被推定为无罪的，如果有罪的证据不充分，那么就必须对有罪的被告人认定为无罪，允许提出被告人不在场等积极的无罪主张，也可以（或应当）提出证据不足的无

---

〔1〕［日］佐藤博史：《刑事辩护的技术与伦理 刑事辩护的心境、技巧和体魄》，于秀峰、张凌译，法律出版社 2012 年版，第 41 页。

〔2〕［日］佐藤博史：《刑事辩护的技术与伦理 刑事辩护的心境、技巧和体魄》，于秀峰、张凌译，法律出版社 2012 年版，第 42 页。

〔3〕［日］佐藤博史：《刑事辩护的技术与伦理 刑事辩护的心境、技巧和体魄》，于秀峰、张凌译，法律出版社 2012 年版，第 48 页。

罪主张。[1]然而，实际情况并没有那么简单，犯罪嫌疑人、被告人向律师坦白的很可能是真实的情况，那么违背"真实"的辩护活动也可能违反消极的真实义务。摆脱这个尴尬境地的有效办法有两个：（1）劝导被告人，并根据"真实"进行辩护活动；（2）辞去辩护人。[2]。但是这里需要明确一点，就是辩护人通常会采取劝导被告人的策略，让被告人供述出真实情况而进行辩护，以该行为的本质为基础进行分析，辩护律师此时是在履行积极的忠诚义务，而不是在履行积极的真实义务以协助法院发现真实。

第二，如果辩护人不知道"真实"，此时辩护律师的忠诚义务就应当优先于真实义务。辩护人应当忠诚地为被告人进行辩护。即使这种辩护活动违反客观真实，也与辩护人的主观认识没有矛盾，此时的辩护活动也不存在任何问题。辩护律师只有在经过对相关证据进行分析和判断的基础上，才能制定相应的辩护策略。也有学者指出，"不管处于怎样的立场，律师都必须据此努力地进行最佳辩护活动。如果从考虑纯粹诚实义务的立场来看，这是诚实义务的当然的归结；从承认消极的真实义务的立场来看，由于否定了积极的真实义务，也导致了一样的结论"。

2. 清白的嫌疑人、被告人承认犯罪事实

第一，替身犯人的有罪辩护：真实义务优先于忠诚义务。辩护人明知犯罪嫌疑人、被告人是真正犯罪人的替身，却接受了其有罪辩护的委托。在日本，直截了当地说"我是犯人替身"，实际上在现实生活中这种情况很少出现。然而，这却是忠诚义务与真实义务冲突最典型的例子。日本学者对此也进行了讨论。对于此种情形，有学者认为此时辩护律师的真实义务应当优先于忠诚义务。从不惩罚无辜的原则而导出的消极真实义务，被认为优先于诚实义务。[3]因为从忠诚义务的角度来看，也不允许有隐匿犯人的活动（《日本刑法》第103条）。所以必须要说服嫌疑人、被告人收回要求，如果不能接受，那么不得不辞去委托（但也就留下了即使辞去委托也是把疑难推给了后

---

　　〔1〕　［日］佐藤博史：《刑事辩护的技术与伦理　刑事辩护的心境、技巧和体魄》，于秀峰、张凌译，法律出版社2012年版，第44页。

　　〔2〕　［日］佐藤博史：《刑事辩护的技术与伦理　刑事辩护的心境、技巧和体魄》，于秀峰、张凌译，法律出版社2012年版，第45页。

　　〔3〕　［日］佐藤博史：《刑事辩护的技术与伦理　刑事辩护的心境、技巧和体魄》，于秀峰、张凌译，法律出版社2012年版，第144页。

任辩护人的问题)。如果站在承认消极的真实义务的立场上，那么即使与嫌疑人、被告人的意向相反也必然要主张其无罪。

第二，为了尽早获得自由而承认犯罪：忠诚义务优先于真实义务。在日本，也存在清白的嫌疑人、被告人希望接受处罚的情形，其目的就是为了得到保释或者早期的缓刑执行判决而承认事实，只为请求量刑上从轻处罚。嫌疑人、被告人以为如果否认事实的话，很难轻易地获得保释。此时辩护律师处于一个为难的境地。如果毕竟嫌疑人、被告人是清白的，辩护律师还是要努力尽到忠诚义务，首先还是要劝说嫌疑人、被告人收回其承认的事实，尽全力为其争取保释，并得到迅速的审理。但是在嫌疑人、被告人不收回要求，保释等不能实现的情况下，从考虑纯粹诚实义务的角度来看，可以看作是服从了嫌疑人、被告人自己的决定。从承认消极的真实义务的立场来看，即使与嫌疑人、被告人的意向相反，也必然要"努力做最佳的辩护活动"。[1]

三、德国处理忠诚义务与真实义务冲突的理论争鸣及指导判决

在德国，如何处理忠诚义务与真实义务冲突，理论上一直存在着争论；而从德国联邦宪法法院的指导判决来看，德国更偏重于辩护律师的忠诚义务。

(一) 理论争鸣：辩护人法律地位之影响

实际上，在德国，如何处理忠诚义务与真实义务冲突，理论上更多的还是受到了辩护人法律地位的影响。

在绝对的"机关论"观点的主导下，辩护律师的忠诚义务几乎是被掩盖的，过分强调了辩护律师的真实义务。从当时荣誉法庭作出的旧裁判，一直到受 1968 年影响的重大事件，其出发点都是辩护人在诉讼活动中对尊重法庭尊严负有义务以及对司法中民众对辩护人的信任负有义务。根据这一主导性立场的观点，辩护人首先是维护司法的机关。据此，辩护人原则上可以法律上允许的方式做一切有利于当事人的事，但要对国家诉讼目的即真实性和公正性负有无条件的义务。[2]

根据布克尔的"受限制的"机关论，辩护律师仅对刑事司法核心领域负

---

〔1〕 [日] 森际康友编：《司法伦理》，于晓琪、沈军译，商务印书馆 2010 年版，第 145 页。

〔2〕 彭海青、吕泽华、[德] 彼得·吉勒斯编著：《德国司法危机与改革——中德司法改革比较与相互启示》，法律出版社 2018 年版，第 114 页。

有义务，始终为平衡公共利益和私人利益作出努力，这实际上也是在忠诚义务与真实义务之间寻求平衡。辩护人会从自己的权利出发而作出行为或者拥有一系列先天性的自身权利。辩护人的机关作用仅仅在通过政府家长式的方式而实现被告人利益时才会存在。

根据"双立场论"的观点，其更多地强调辩护律师的真实义务。根据此观点，在诉讼过程中，辩护人主要是要为无罪推定进行担保。在德国，辩护人的核心职责被认为有两项：其一是援助职责，这一职责表现在为当事人维护其权利和实现其受保护的利益时为其提供专业的帮助和支持；其二是保护职责，国家必须在基本法的框架内通过创设刑事辩护在制度方面的自由空间来履行国家义务，即让律师在公众寻求法律救济过程中为其提供专业的法律援助。[1]而辩护律师作为"无罪推定的担保人"这种观点，实际上是通过《德国联邦律师条例》第 1 条被限制的援助作用反映出来的，是在强调辩护律师的真实义务。其法律依据是《德国刑法典》第 203 条中禁止"证据来源不明"和禁止谎言，即"辩护人所陈述的一切必须真实，但他可以不说出真实的一切"。[2]

"当事人利益代理人理论"包括两种理论：一是"纯粹的利益代理人论"，在该理论的主导下，辩护律师仅仅是为了当事人利益，这种理论实际上过分强调了辩护律师的忠诚义务，而忽略了其对法庭的真实义务；二是"契约理论"，该理论将辩护律师定位为受当事人指示约束的契约方，仅仅受到《德国民法典》《德国刑法典》等相关条文的约束，对公共利益不负有任何直接的义务。这两种理论从本质上来看，均强调辩护律师的忠诚义务优先于真实义务。

（二）德国联邦宪法法院的指导判决：忠诚义务优先

根据德国联邦宪法法院的指导判决，第一审判团第二法庭，NJW1996，3268："作为独立的司法机关以及作为职业法律顾问和寻求法律救济者的代理人，辩护律师的职责是帮助司法机关作出符合事实的判决，防止法院和检察

---

〔1〕 彭海青、吕泽华、〔德〕彼得·吉勒斯编著：《德国司法危机与改革——中德司法改革比较与相互启示》，法律出版社 2018 年版，第 127 页。

〔2〕 彭海青、吕泽华、〔德〕彼得·吉勒斯编著：《德国司法危机与改革——中德司法改革比较与相互启示》，法律出版社 2018 年版，第 113 页。

院或者机关作出不利于当事人的误判，并且保证当事人不受违宪或者国家越权的损害；特别是，辩护人要保护不懂法律的一方，以防权利受到损害。"判决委员会，联邦宪法法院 101，312，328："《德国联邦律师法》更多地以当事人的利益为基础，当事人的利益以诉讼法和实体法的规定为限，并由律师来实现。辩护人的首要义务就是在其受委托的范围内为一切有利于当事人的行为。"[1]从德国联邦宪法法院的指导判决来看，实践中，法院更多的还是强调了辩护律师对于当事人的忠诚义务，以追求当事人利益最大化为目标，同时也强调了律师真实义务，即不能违背诉讼法和实体法的规定。

四、现代法治国家处理忠诚义务与真实义务冲突之比较法分析

在本书第一章，笔者曾经分析了现代诉讼构造以及辩护律师角色定位对于辩护律师忠诚义务的影响。实际上，其他现代法治国家在处理辩护律师忠诚义务与真实义务冲突的方式上，同样也受到了诉讼模式以及律师角色定位的影响。

（一）现代法治国家处理冲突的方式受到了诉讼模式的影响

刑事诉讼模式对于控、辩、审三方在刑事诉讼中的地位和关系产生了很大的影响，导致司法机关的权力配置不同，而被追诉人享有的权利也存在着很大差异，这也直接影响到对于忠诚义务和真实义务发生冲突时的处理方式。例如，对于当事人伪证问题，在美国，受到当事人主义诉讼模式的影响，法官在庭审中处于消极中立的地位，为了充分发挥辩护律师的专业知识和辩护技巧，并与控方展开实质性的法庭对抗，对于证据的真实程度要求就非常严格。《美国职业行为示范规则》明确规定律师不得故意提交其"明知"虚假的证据。但是，为了防止过分干扰辩护律师的辩护，美国对于"明知"的认定又极为严格，实际上使得律师对当事人的保密义务优先于律师对法庭的真实义务，避免过度强调真实义务而影响辩护职能的发挥以及辩护人与当事人的信赖关系。在日本，由于刑事诉讼采取的是混合式诉讼模式，法官在探究事实真相上依然发挥着重要的作用。虽然法官主导庭审的调查已经转变为控辩双方为主的庭审调查，同时也引进了交叉询问的方式来协助发现事实真相，

---

〔1〕　彭海青、吕泽华、[德] 彼得·吉勒斯编著：《德国司法危机与改革——中德司法改革比较与相互启示》，法律出版社 2018 年版，第 129 页。

但法官依职权主动调查证据的传统依然得以保留。这就使得日本处理忠诚义务与真实义务冲突的"圆形理论"逐步取代了"椭圆理论",偏重于强调辩护律师的忠诚义务,即使存在当事人伪证的问题,法官也可以依据职权主动调查伪证的问题。

(二) 现代法治国家处理冲突的方式受到了律师诉讼角色的影响

现代法治国家对于辩护律师的角色定位,即辩护律师对国家、社会以及当事人义务的履行程度,也影响着忠诚义务与真实义务冲突的处理。例如,在德国,虽然关于辩护律师的角色定位有着各种学说,但对于如何理解《德国联邦律师条例》中律师为"独立的司法机构"这一规定,在司法实践中,尤其是从联邦宪法法院的指导判决来看,还是倾向于认为辩护律师作为独立司法机关的目的是帮助司法机关作出符合事实的判决,防止被追诉人权利被不当损害,防止冤假错案的发生。德国在司法实践中还是更多地强调维护当事人的利益为辩护律师的首要任务,因此,在处理冲突的时候更加强调辩护律师的忠诚义务。在日本,普遍认为被告人的利益具有"较高层次公益之地位",当维护被告人利益与司法协力义务发生冲突时,即忠诚义务与真实义务发生冲突时,在一般情况下,还是应当以维护当事人的利益为主,即忠诚义务具有一定的优先性。在美国,虽然《美国职业行为示范规则》对于律师的角色定位较为复杂,但从美国律师协会处理忠诚义务与真实义务冲突的立场演变来看,仍然在强调辩护律师对于当事人利益维护的优先性,即总体而言忠诚义务仍然是优先于真实义务的。同样,在司法实践中,美国联邦最高法院多数大法官的意见也是认为辩护律师的角色的核心依然是维护当事人的合法权益。

第二节 冲突产生的原因:辩护律师的角色困境

现代律师职业一直纠缠于一个根本性的伦理争论:在热忱代言人(zealous advocate)和法庭官员(officer of the court)两种角色之间,律师究竟应以何者为先?纵观现代法治国家或地区辩护律师对于当事人的忠诚义务与对法庭的真实义务冲突的产生,其根源在于辩护律师的双重角色定位。

一、被告人的"热忱代言人"之角色伦理需要超越大众普遍伦理

辩护律师对于当事人负有忠诚义务，其辩护活动应当以寻求当事人的利益最大化为根本目标。这在美国有一个形象的词语叫作"热忱代言人"。

（一）"热忱代言人"之角色要求追求当事人利益的最大化

在辩护律师的伦理中，"代言人"这一角色源自辩护律师与当事人之间的代理关系，由"热忱"一词作修饰，凸显了律师忠诚义务的重要性。律师职业伦理是律师因执业行为和他人产生关系时，应当遵守的行为准则，具体来说是一系列规则对律师执业行为进行的约束。这其中，"热忱"作为辩护律师职业规范的具体要求之一，突出反映了律师为了当事人利益全力以赴的责任。因此，热忱仍然是"律师法律实践的基本原则"以及律师美德的主要标准。[1] 辩护律师参与诉讼的前提是接受当事人的委托，本质上辩护律师与当事人之间的关系是一种代理关系，辩护人无法也不可能兼顾到普通大众所认可的结果公平正义，他只能在法律程序和规则允许的范围内追求当事人利益的最大化，至于辩护所取得的结果从实质上来看是否符合公平正义的基本要求，是否符合公共利益的基本需要，这并非辩护律师需要考虑的问题。

（二）辩护律师的角色伦理需要超越大众的普遍伦理

辩护律师与一般的代理人不同，其角色伦理（role morality）经常需要超越、冒犯甚至伤害社会大众日常遵行的普遍伦理（common morality）。[2] 辩护律师所遵循的职业伦理和大众普遍伦理之间存在着很大的差异，对于热忱代理的履行，美国有学者提出了"职业主义原则"。当律师做辩护人时，他必须在现有的职业行为限制的范围内，使其当事人胜诉的可能性得到最大化。[3] 因此，为了维护当事人的利益，基于律师的角色伦理，律师可以采取包括迷惑、拖延，甚至是保守一些犯罪秘密等手段，而这些手段是辩护律师在处理个人日常事务时都不适合使用的手段。基于热忱代言的要求，辩护律师需要对于案

---

〔1〕 ［美］蒙罗·H. 弗里德曼、阿贝·史密斯：《律师职业道德的底线》，王卫东译，北京大学出版社 2009 年版，第 73 页。

〔2〕 David Luban, Lawyers and Justice (Princeton University Press, 1988), pp. 19-21.

〔3〕 ［美］蒙罗·H. 弗里德曼、阿贝·史密斯：《律师职业道德的底线》，王卫东译，北京大学出版社 2009 年版，第 81 页。

件情况进行全面的了解，方能为当事人提供高质量的法律服务以及有效的辩护，因此，律师必须严格遵守保密义务的相关规定，以维护与当事人之间的信赖关系。此时，当事人才会将对其有利的、不利的，甚至是犯罪的事实向辩护律师坦白，以寻求辩护律师最有效的帮助。而这些行为是大众普遍伦理无法接受的。

二、法庭官员之角色要求辩护律师负有促进司法公正的义务

与"热忱代言人"角色对应，律师还具有"法庭官员"的角色。"法庭官员"这一角色要求律师承担促进司法公正的公共义务，言行得体以维护司法权威，具体包括以下方面。

(一) 辩护律师对法庭的坦诚义务

辩护律师在"法庭官员"这一角色定位下，实际上充当着连接市民社会与政治国家的桥梁作用。在刑事诉讼的过程中，辩护律师要与当事人保持密切联系，而且还要与国家司法机关进行充分沟通。律师的专业性使得关于当事人利益与国家司法权力之间的沟通更加有效。同时，辩护律师"法庭官员"这一角色要求其面对当事人一些不合理、不合法的要求与做法时，要进行劝诚甚至是披露，从而维护司法的公正。例如，美国律师协会《美国职业行为示范规则》第3.3条规定了律师"对裁判庭的坦诚"义务，其中说明了辩护律师应当向法庭强制披露的义务的几种情形：明知在有管辖权的司法辖区存在直接不利于其当事人的法律依据；律师发现其所传唤的证人在提供某重要证据后，该证据是虚假的，等等，这些都是对法庭的坦诚义务的表现。[1]日本"椭圆理论"的提出，也是从辩护律师对司法负有公正义务这个角度考虑的。

(二) 辩护律师对法庭的尊重义务

辩护律师在承担对法庭的坦诚义务的同时，还应当承担对法庭最基本的尊重义务。如果辩护律师需要通过损害法庭尊严的方式来维护当事人的利益，即使个案中取得了胜利，但是从长远来看，因其缺乏对法庭最基本的尊重，会导致社会公众对法庭权威的失望。例如，美国律师协会《美国职业行为示

---

〔1〕 北京市律师协会组编：《境外律师行业规范汇编》，中国政法大学出版社2012年版，第220页。

范规则》第3.5条、第3.6条规定了辩护律师不得损害"法庭的公正性和正派性",包括不得通过法律禁止的手段对法官、陪审员或者其他人员施加影响;不得从事旨在扰乱裁判庭的行为,等等。[1]在英美法系国家,对于辩护律师扰乱法庭秩序,损害法官尊严的行为,法官可以选择直接入罪,以藐视法庭罪径行判决,这对辩护律师起到了很大的震慑作用。德国早期对辩护人的要求,都是强调辩护人对尊重法庭尊严负有义务,这也是一个良性司法体制的必然要求。

三、双重角色给辩护律师带来的伦理冲突

辩护律师对于法庭的真实义务,体现了辩护律师的公益属性,而忠诚义务则是辩护律师对于当事人个人的义务,体现了辩护律师的私人属性。这种双重角色的冲突实际上也是辩护律师"为私"和"为公"的一种博弈。现代律师职业从诞生之日起,就一直存在着一个根本性的"为私"还是"为公"的伦理之争。

(一)双重角色引发的伦理冲突

首先,辩护律师的"热忱代言"也有一定限度。作为当事人的"热忱代言人",辩护律师有义务忠诚于当事人的利益,追求当事人利益的最大化。然而,辩护律师的"热忱代言"也是有限度的,即在现有的法律程序和规则之下去实现当事人利益的最大化,而不能违背最基本的法律程序和规则。当辩护律师的"热忱代言"违背了法律程序和规则,与司法公正发生冲突时,维护司法公正必然占据优先的地位。

其次,对于客观真实的强调必然在一定程度上弱化辩护律师的忠诚义务。因为辩护律师基于信赖关系得知的追诉机关尚未掌握的有罪证据,同时也是真实义务的客体。尤其是当律师基于信赖关系得知当事人提交的证据是虚假证据时,辩护律师又面临着是否予以揭发的伦理困境。此时,如果辩护律师转而以追求结果的公平正义为己任,就意味着背弃了自己"热忱代言人"的角色。因为当事人聘请辩护律师是为了维护自己的利益,而不是请一个中立之人来评判当事人行为的对错。这也是双重角色在特定情形下所引发的必然

---

〔1〕 北京市律师协会组编:《境外律师行业规范汇编》,中国政法大学出版社2012年版,第224~225页。

冲突。

（二）辩护律师对于法律规则和程序过度使用造成的伦理冲突

然而，即使辩护律师遵守法律规则与程序，但如果过度使用诉讼技巧，也会带来忠诚义务与真实义务的冲突。例如，辩护律师在尊重现有法律程序和规则的基础上，对控方本是客观真实的证据提出质疑，尤其是在控方程序和证据方面存在瑕疵的案件中，甚至在某些情形下通过玩弄自身的诉讼技巧，最终让有罪之人逃脱法律的制裁，此时也会引发很大的争议。这种在辩护规则范围内得到的当事人利益的最大化，从个案结果来看，其违背了公平正义的基本要求，与公共利益相背离。此时，当事人获得的法律上的无罪，并不等同于事实上的无罪，这只是控方证据不足或者瑕疵导致的案件事实真伪不明，从而取得的对当事人有利的结果，这是法律所允许的，也是司法实践中经常遇到的情形。或许这一角度可以用来解释律师"热忱代言"和公平正义之间冲突的问题。

第三节　我国辩护律师忠诚义务与对法庭真实义务之平衡

对于事实上无罪的人进行辩护，律师尽职尽责地为当事人作无罪辩护的同时也意味着其忠实地履行了对法庭的真实义务，此时律师的忠诚义务和真实义务并不存在矛盾。事实上，律师大部分情况下是为有罪的人进行辩护，而辩护律师的忠诚义务和真实义务的冲突恰恰发生在为有罪之人进行辩护的过程中。前述分析了美国、日本、德国在处理忠诚义务和对法院的真实义务冲突时的做法。我国立法及相关律师执业规范的规定更强调辩护律师承担的真实义务，而且呈现出扩张的趋势。由于诉讼模式以及司法观念的不同，如何正确处理我国实践中忠诚义务和真实义务的冲突问题，成为我国辩护律师履行忠诚义务的关键。

一、辩护律师是否应当积极揭露当事人提供虚假证据的行为

辩护律师对于当事人固然承担着忠诚义务，但是一般来说，其忠诚义务并不涉及为当事人说谎或者隐瞒真相的行为。律师基于公益角色的要求，不能为违反真实的主张而损害他人利益甚至违反法律。反映在刑事辩护实践中，

这就涉及冲突的处理问题，也是本章研究的核心问题之一，即对于当事人意图或者已经向法庭提供虚假的证据，辩护律师应当如何平衡对当事人的保密义务与对法庭的真实义务？2001年颁布的《律师职业道德和执业纪律规范》第40条规定，律师不得协助当事人实施非法的或具有欺诈性的行为。《律师法》第40条规定，律师不得故意提供虚假证据或者威胁、利诱他人提供虚假证据，妨碍对方当事人合法取得证据。《律师办理刑事案件规范》也有相同的规定。由此可见，我国辩护律师承担的是一种程度较低的真实义务，同时也是一种程度较低的真实义务。也就是说只要辩护律师没有参与伪造、变造证据等行为，律师就不需要承担责任。然而，对于辩护律师面对当事人所提交的虚假证据、不实陈述，出于对法庭的真实义务的要求，是否应当向法庭积极揭露？我国对该问题争议很大。笔者以为，应当具体区分证据的种类，分别进行规制。

（一）律师面对当事人提供的虚假的实物证据：不负有揭露义务

对于案外人提供的虚假证据，如果辩护律师"明知"其虚假，此时无需考虑当事人的意志，应当选择拒绝提交给法庭。而辩护律师在不知情的情况下将该虚假证据提供给法庭，并不能视为违背律师执业道德和法律，因为辩护律师没有保证所提供证据真实的义务。然而，当辩护律师面对当事人提供的虚假的实物证据，应当如何处理？

第一，从积极的角度来看，当律师明知是虚假证据时，不得积极协助被告人将该虚假证据提供给法庭。我国《刑法》第306条规定了律师伪证罪，根据《律师法》第40条规定，律师不得"故意提供虚假证据或者威胁、利诱他人提供虚假证据"。因为辩护律师的真实义务，规制的是辩护律师行为本身，并不要求其保证当事人行为的真实性。对于明知是虚假的物证，辩护律师不能经过自己的手提交给法庭。

那么，当辩护律师将该虚假证据提交给法庭，是否需要追究其伪证罪的刑事责任？笔者以为，不应按律师伪证罪追究法律责任，而是应当将其作为违背律师执业道德和执业纪律的行为加以处理。这是因为：第一，《刑法》第306条律师伪证罪并未将这种情况规定在内，由于辩护律师并未参与制造伪证，只是经其手将当事人提供的虚假证据提交给法庭，社会危害性相对较轻。《律师及律师事务所惩罚办法》规定，辩护律师提交明知虚假的证据，可能会受到吊销律师执业证的处罚。第二，证明辩护律师是否"明知"难度很大，在司法实践中，辩护律师对于当事人陈述的可信度和其提供证据的真实性，很难有准确的认知。实际情况是，除非当事人亲口告知律师其提供虚假证据的意图，否则辩护律师很难知晓其意图。该规定对于"明知"和"故意"的判断并未提出相应的标准，使得该规定形同具文，虚假的证据仍然会在法庭上被提出，由法官审查判断。

第二，从消极的角度来看，在面对当事人或者其亲属提供的虚假的证据时，辩护律师不负有揭露义务。当律师得知当事人意图提交虚假证据时，便产生了一个问题，如果当事人坚持要向法院提交，律师应当如何应对，是否应当向法院揭露当事人的行为？因为从文义解释的角度来看，《律师法》第40条规定的律师不得"故意提供虚假证据"，仅仅指的是律师"明知"是虚假证据而"故意"提供。那么，当事人意图提供虚假证据时，作为其辩护律师，应当如何处理？辩护律师实际上对此并不负有揭露的义务。律师在某些情况下对于当事人提出的证据，很难得知其是否是真实的。此外，即使是虚假的证据进入法庭，控方依据其职能也可以利用其掌握的证据进行反驳，法官也可以通过控辩双方的质证以及自身的调查权来判断证据的真伪，因此，无需课以辩护律师揭露虚假证据的义务。这一争论的实质仍然是辩护律师忠诚义务与保密义务冲突时如何处理的问题。笔者以为，此时辩护律师应当采取以下应对方式。

首先，履行劝阻义务。如果该虚假的证据已经由其当事人提交给法院，此时辩护律师应当采取补救措施，履行劝阻义务。告知当事人对其提供的证言或者证据有疑问，提醒当事人辩护律师在特定情形下对于法院也负有真实义务，并使其知晓在法庭上作伪证可能带来的不利后果。如果虚假证据是由当事人或者当事人的亲属提供，律师也应说服当事人不要把该证据提交给法庭。之所以采取上述应对方式，是因为：一方面，从司法真实的原则来看，法官原则上并不主动调查证据，而是居于中立的地位。而法官能否准确地作出裁判，需要审查控辩双方提交的证据。辩护律师作为刑事诉讼的一方，在履行忠诚义务的同时，还具有一定的公益性质并负有对法庭的真实义务。当律师有足够的理由怀疑当事人提供的证言或者证据虚假时，告知当事人虚伪证据被发现的不利后果，并对其行为进行劝阻的做法符合律师对法院的真实义务的要求，有利于避免虚假证据误导法官对于案件事实的判断。另一方面，从节约诉讼资源的角度来看，如果虚假证据进入法庭，调查证据的任务就全部落在了法官的身上。虽然虚假证据是由当事人来提供，律师明知是虚假的而放纵其进入法庭，实际上是变相地加重了法官对于证据真实性的审查任务，造成司法资源的浪费。出于司法真实的原则和节约诉讼资源的考虑，当辩护人面对当事人提供的虚假物证时，应进行劝阻，甚至退出代理，这样有利于防止伪证损害审判公正，从而在面对保密义务与真实义务两难的境况中，寻找一个相对平衡的点。

其次，审慎地退出代理关系。如果当事人坚持要求向法庭提交该证据，而辩护律师对其进行劝阻无效后，应设法辞去委托。对于该问题，美国对辩护律师提出了较高的要求，《美国职业行为示范规则》第3.3（b）条赋予辩护律师对于劝阻无效，而又无法辞去委托的情况下，其负有的揭露义务。"在司法裁判程序中代理某个当事人的律师在知道某个人意图从事、正在从事或者已经从事了与该程序有关的犯罪或者欺诈行为后，应当采取合理的补救措施，包括在必要的情况下向裁判庭予以披露。"[1]这也就是说，如果辩护律师不可能退出代理关系，则应当选择向法庭公开伪证。该规定对于辩护律师提出了较高的要求，在面对当事人或者第三人作出的足以影响法院公正审判的不法行为，课以律师积极的揭露义务，以维护诉讼程序的公正。笔者以为，在我国辩护律师在劝阻当事人无效的情况下，以退出代理为宜，不宜负有揭露义务。这是因为：第一，在美国，被告人可能承担伪证罪，因此，律师揭露其伪证有可能避免其承担伪证罪的刑事责任，这也是出于被告人利益的考虑，也是美国律师忠诚义务的一个组成部分。第二，我国目前刑事辩护率不高，如果课以辩护律师积极地揭露当事人伪证的义务，势必大大影响辩护律师和当事人之间的信任关系，甚至对于刑事辩护职业产生负面的影响。为此，我国《律师法》第32条明确规定了当事人利用律师提供的服务从事违法活动的，律师有权拒绝辩护或者代理。被告人如果委托律师在法庭上提交虚假证据，实际上就是在利用律师进行违法活动，此时，辩护律师应当享有退出辩护的权利。

（二）律师面对被告人在法庭上的不实陈述或者抗辩：不负有揭露义务

如果是虚假的无罪辩解，应当如何处理？这种情况在司法实践中也比较

---

〔1〕　北京市律师协会组编：《境外律师行业规范汇编》，中国政法大学出版社2012年版，第220页。

常见。在会见的过程中，被告人向律师承认有罪，然而在庭审的过程中反悔，又主张自己无罪。当事人在法庭上作出了不实的陈述或者抗辩时，辩护律师是否应当予以揭露？目前我国相关法律并未对此作出明确规定。不同国家的做法也不尽相同。例如，在德国，如被告自行为此不实之主张，则其辩护人虽知不实，但仍不得向法院告知此不实（此为辩护人职业缄默义务）。对这种不实辩护主张，则其辩护人只能将此叙述为当事人主张，而不得说成是出自自己之确信。[1] 而《美国职业行为示范规则》第3.3（b）条课以了辩护律师较高的要求，在面对当事人或者第三人作出的足以影响法院公正审判的不法行为时，课以律师积极的揭露义务，其目的是维护诉讼程序及实体的公正。

笔者以为，我国辩护律师即使明知其所陈述或者抗辩不实，无需向法庭揭露。这是因为：第一，我国与美国不同，在美国被告人可以为证人，因此当被告人进行虚假陈述时，会受到伪证罪的处罚。而在我国被告人并不适格为证人，即使被告作出了虚假供述，也不会受到伪证罪的处罚。第二，这也是被告人享有的不被强迫自证其罪原则的要求。我国《刑事诉讼法》赋予被告人不被强迫自证其罪的权利，作为辩护人，当其得知被告的陈述或者抗辩不实，不得予以揭露。具体来说，可以采取以下策略：辩护律师首先应当对被告人进行劝阻，劝说其认罪并进行罪轻辩护；如果劝说无果，辩护律师应当直接退出本案的辩护工作，防止误导法庭的审理工作。

（三）律师面对当事人违法或欺诈性的行为：应当负有积极揭露的义务

辩护律师作为诉讼参与人之一，基于其公益的社会责任，负有与法院共同维护司法程序公正运行的义务。毋庸置疑，律师不得协助当事人实施非法的或具有欺诈性的行为。我国2001年颁布的《律师职业道德和执业纪律规范》第40条规定，律师不得协助当事人实施非法的或具有欺诈性的行为。《律师执业行为规范（试行）》第70条规定："律师不得贿赂司法机关和仲裁机构人员，不得以许诺回报或者提供其他利益（包括物质利益和非物质形态的利益）等方式，与承办案件的司法、仲裁人员进行交易。律师不得介绍贿赂或者指使、诱导当事人行贿。"这是对辩护律师进行的约束。那么，当律师得知被告人或者相关之第三人意图向审判人员行贿等非法行为时，是否应

---

〔1〕 ［德］克劳思·罗科信：《刑事诉讼法》，吴丽琪译，法律出版社2003年版，第168页。

当揭露其非法或者欺诈行为？我国相关法律及职业规范并没有作出具体规定。笔者以为，此时，无论从辩护律师忠诚义务的角度，还是从法律规定的角度，均应当课以辩护律师揭露非法或欺诈行为的义务，这是因为：

首先，从辩护律师忠诚义务的角度来看，当事人非法或欺诈性的行为，已经妨害到了国家司法权的公正行使，超出了辩护律师忠诚义务的底线。辩护律师并非是当事人所雇用的打手（hired-gun），其对当事人负有的忠诚义务也是有界限的，即应当以合法性为前提，当事人不得利用律师的行为达到其非法的目标或者影响诉讼程序的公正进行。因此，在刑事诉讼程序中，当辩护律师发现当事人或者第三人意图或者已经实施了与该程序有关的犯罪或者欺诈行为时，辩护律师应当采取合理的补救措施，包括必要的情况下向法院揭露，以杜绝妨害国家司法权公正行使的不法行为。

其次，从法律规定的角度来看，当事人非法或欺诈性的行为已经触犯了法律，理应受到法律的制裁。我国刑事诉讼法及律师法对于保密义务的例外情形的规定过于狭窄，保护对象仅仅限定在危害国家安全、公共安全以及严重危害他人人身安全的犯罪事实和信息，对于其他方面的利益保护不到位。对于当事人利用律师的法律服务来实施犯罪行为的，或者当事人对于律师实施某种犯罪行为的，并没有作出约束。事实上，辩护律师的保密义务不能成为被告人实施妨害国家司法权正当行使的犯罪或者欺诈行为的挡箭牌。被告人得到律师辩护帮助的权利是宪法上的权利，然而该权利的行使需以达到合法和正当的目标为前提。换言之，被告人不得利用辩护律师在诉讼中所享有的保密义务，而实施妨害国家司法权正当行使的犯罪或者欺诈行为。

二、认罪认罚从宽制度下冲突之处理

2018 年《刑事诉讼法》修正案明确了刑事案件认罪认罚制度的原则性程序规定。然而，案件适用认罪认罚程序后，侦查、审查起诉、审判等各个环节对于案件的实体审查都存在减弱的趋势，这可能会导致一个问题，即错案、假案可能融合其中。在认罪认罚从宽制度下，可能会导致原本清白的嫌疑人、被告人主动承认犯罪事实，这实际上是忠诚义务与真实义务冲突最典型的情形。

（一）"顶包"的犯罪嫌疑人、被告人承认犯罪

司法实践中确实出现过"顶包"的犯罪嫌疑人、被告人，即实际上清白

而出于各种原因代他人顶罪的被告人。[1]当律师得知真实情况后,从不惩罚无辜的原则出发,应当坚持真实义务优先的原则。无论是出于忠诚义务还是真实义务,辩护律师都不能任由被告人作出虚假的有罪供述,或者协助被告人隐瞒真相,更不应简单地以退出辩护了事。对于"顶包"的犯罪嫌疑人、被告人,具体可以采取一种"先劝说后揭露"的方式来处理其虚假的有罪供述。首先,辩护律师应当先履行说服义务,与被告人商议,晓以利害,告知其"顶包"行为可能承担的包庇罪等刑事责任,劝说被告人放弃"顶包"的想法,撤回之前的有罪供述。其次,如果被告人坚持要求顶罪,辩护律师此时应当优先考虑对法庭的真实义务,向法庭指出被告人之前的有罪供述的虚假性,并由法庭对被告人供述真实性进行审查判断之后作出裁决,这也是律师职业规范以及人权保障原则的具体要求。而且从忠诚义务的角度来看,也不允许存在隐匿犯人的活动。如果律师明知其"顶包"而继续为其辩护,实际上自身也面临着相当大的职业风险。

(二) 为了尽早获得自由而承认犯罪

实践中,除了"顶包"行为之外,还有一类犯罪嫌疑人、被告人,本身也是清白的,但是面对被指控的轻微刑事犯罪,为了尽早摆脱讼累或者免除牢狱之灾,或者担心不认罪将会受到严惩,也可能选择认罪认罚。在美国事实上无罪的被告人竟表示认罪的情况也时常发生。[2]因此,在认罪认罚从宽制度下,这对于辩护律师处理忠诚义务与真实义务的冲突提出了新的要求。

首先,辩护律师介入案件后,应当认真审查全案证据,只有在确定案件事实和证据没有问题的情况下,才能建议被告人选择认罪认罚从宽程序。越是快速处理的案件,越不能轻信认罪,且不可以忽视证据。如果辩护律师在会见和阅卷的过程中,发现根据法律的规定或者现有的证据,被告人的行为可能不构成犯罪,应当建议被告人放弃认罪认罚从宽程序,而做无罪辩护。这是因为,在刑事诉讼中,被告人享有无罪推定以及不被强迫自证其罪等权利,辩护律师在对现有证据进行分析的基础上给出的合理化建议,属于履行辩护职责的行为。当辩护律师介入后,发现其行为可能不构成犯罪,可以从

---

〔1〕 沈欢欢:"父亲撞人逃逸儿子毅然顶包,父子双双被起诉",载《方圆》2017 年第 23 期。

〔2〕 John H. Blume, Rebecca K. Helm:"'认假罪':那些事实无罪的有罪答辩人",郭烁、刘欢译,载《中国刑事法杂志》2017 年第 5 期。

犯罪构成要件及证据等方面对被告人进行详细的释法说理工作，如果被告人在听取了律师的详细分析后，推翻了先前的认罪认罚决定的，辩护律师并不违反真实义务。

其次，如果犯罪嫌疑人、被告人坚持认罪认罚，辩护律师要"努力做最佳的辩护活动"。实践中，对于有些犯罪行为是法律规定相对明确的行为，而且事实和证据明确，此时被告人选择认罪认罚是基于对于事实和证据的正确判断基础上作出的。而有些行为的法律边界实际上是相对模糊的，被告人很可能是受到从宽结果的"吸引"才作出认罪认罚的决定。此时，律师发现现有的事实和证据表明犯罪嫌疑人、被告人很可能是无罪的，经过劝说后犯罪嫌疑人、被告人仍然坚持选择认罪认罚的，基于忠诚义务的要求，辩护律师不应配合其做有罪辩护，而是应当在现有的事实和证据的基础上进行辩护活动。

三、冲突下的权利制约：赋予辩护律师免证特权

目前我国律师承担的真实义务在实践中被扩展，内容较为宽泛，律师免证权的缺位亦是真实义务拓展范围的缘由。[1] 为了有效地行使辩护权，律师需要全面地掌握案件事实，无论从信赖关系还是诉讼公正的角度来看，我国赋予律师免证特权都具有重要意义。

（一）律师的免证特权是忠诚义务和真实义务发生冲突时的重要调节器

辩护律师对于在执业过程中所知悉的被告人的秘密，为了维护双方之间的信任关系，负有保密的义务。此外，辩护律师还应当对于职业秘密有作证特免权，其全称是"律师—当事人特免权"。作为职业关系特免权的一种，其基本含义是："当事人为了获得法律服务的目的而与律师进行的书面或者口头的秘密交流，受特免权的保护，除当事人放弃保持交流的秘密性外，不能在法庭的诉讼中披露该交流的内容。"[2] 这种特免权实际上是以牺牲部分社会公共利益为代价来维护当事人利益的。律师在一般情况下具有作为证人的资格，纵观现代法治国家的立法及实践，并未规定辩护律师作证义务的具体情形，

---

〔1〕　张曙、司现静："中国辩护律师的真实义务范围研究"，载《辽宁大学学报（哲学社会科学版）》2013 年第 2 期。

〔2〕　吴丹红：《特免权制度研究》，北京大学出版社 2008 年版，第 116 页。

而是通过规定律师的免证特权例外，即当事人为了实施犯罪或者进行欺诈的例外以及存在被告人无辜证据的例外，由此推导出律师负有作证义务的一般情形。

首先，律师免证特权是维护双方信赖关系的保障。保护律师与当事人之间的交流，有助于保障律师全面掌握案件信息，这也是律师尽职尽责辩护的基础条件。律师与当事人之间充分的交流，是有效辩护的基础，而只有在当事人完全信任律师的情况下，才会毫无保留地向律师陈述。律师免证特权正是双方交流的一项保障措施，使律师在全面掌握案件事实的前提下，为当事人进行有效的辩护。其次，律师免证特权有助于维护控辩平等的诉讼构造。在刑事诉讼的过程中，由于辩方力量先天的不足，很难与强大的控方力量相抗衡，这就需要赋予辩方一些权利，弥补其自身先天的不足。赋予辩护律师免证的特权，有助于辩护律师全面掌握案件的证据和相关信息，在此基础上实现实体公正，更有助于控辩双方的平等武装，从而实现诉讼的程序公正。

纵观世界法治主要发达国家，均确立了律师特免权。例如，《德国刑事诉讼法》第53条规定了出于职业原因的拒绝证言权，"以下人员对如下事项亦有权拒绝提供证言：3. 律师……，对于以此身份被信赖告知或所知悉的事项"。[1]《日本刑事诉讼法》第149条也规定，"律师由于受业务上委托而得知的有关他人秘密的事实，可以拒绝提供证言"。[2]由此可见，律师免证特权旨在保护辩护律师与当事人之间的秘密且充分的交流，只要不符合免证特权的例外规定，律师便没有作证的义务。

（二）我国应当赋予律师免证特权

我国立法并没有赋予律师免证的特权，虽然2012年《刑事诉讼法》第48条规定了辩护律师的保密义务，然而保密义务仅仅是律师免证特权的基础来源之一，二者有着明显的区别。首先，发生场域不同。律师免证特权主要发生在法庭之上，是辩护律师在法庭之上免予作证的权利，法庭之外律师并没有作证的义务；而保密义务则发生在刑事诉讼的全部过程中，主要适用于律师与当事人之间。其次，内容不同。律师免证特权涉及的内容范围较小，通常仅仅是辩护律师在案件办理过程中了解到的与案件有关的情况和信息；而

〔1〕《德国刑事诉讼法典》，宗玉琨译注，知识产权出版社2013年版，第27页。
〔2〕《日本刑事诉讼法》，宋英辉译，中国政法大学2000年版，第34页。

保密义务的内容范围更广泛，不仅包括与案件有关的情况和信息，还包括与案件无关的信息。由此可以看出，律师的保密义务并不能真正实现律师免证的特权，律师免证特权在我国立法上仍然缺失。

在我国立法上并没有律师特免权规定的情况下，《刑事诉讼法》规定的强制证人到庭制度未将律师列为排除的对象，这使得我国律师在司法实践中甚至承担了证人的角色，也就是说对律师真实义务的要求在司法实践中产生了变异性的扩张。律师特免权的缺失，不仅扩大了律师真实义务的范围，同时也加大了律师承担刑事责任的风险，极大地影响了律师从事刑事辩护的积极性。2018年《律师执业行为规范（试行）》第65条规定，"律师作为证人出庭作证的，不得再接受委托担任该案的辩护人或者代理人出庭"。虽然仅仅是行业规范，但是对于律师执业过程中的行为具有约束力。律师在成为证人之后，不得再接受该案当事人的委托。因为这样做会造成一个逻辑上的悖论，当事人的辩护律师反过来成为控方指控自己的证人，在严重损害当事人利益的同时，对于律师自身的安全也构成了威胁。当律师因为没有协助控方查明案件事实，控方便以律师违反真实义务为由，任意发动对辩护律师的追诉，使得律师的安全毫无保障，双方的信赖感也会受到破坏，有效辩护便无从谈起，最终损害的是当事人的利益。正如波斯纳所言，"促使当事人对于他们向其律师所作的陈述更加警惕。结果，通过强制传唤律师作为对其当事人不利的证人，并不能获取多少有价值的证据"。[1]这样做反而会破坏双方之间最基本的信任关系。因为辩护人的真实义务，不是要求辩护人积极举报，而是要求其消极沉默，律师不能凭借当事人信任获取信息后而坐在证人席上指控当事人。[2]因此，为了避免辩护律师沦为追诉其当事人犯罪行为的工具，实现控辩双方的平等对抗，需要赋予律师免证特权。

四、冲突的程序规制：完善律师伪证罪的追诉机制

当忠诚义务与真实义务发生冲突时，我国《刑法》第306条规定了律师违反真实义务应承担的实体刑事责任，该条规定过度强调了律师应承担的真

---

〔1〕　[美] 理查德·A. 波斯纳：《证据法的经济分析》，徐昕、徐昀译，中国法制出版社2004年版，第148～149页。

〔2〕　张曙、司现静："中国辩护律师的真实义务范围研究"，载《辽宁大学学报（哲学社会科学版）》2013年第2期。

实义务。虽然我国 2012 年《刑事诉讼法》明确了律师伪证罪的异地侦查制度,首次在立法中对律师伪证罪的追诉程序进行了规范,有利于防止侦查机关利用职权对辩护人进行任意追诉。然而,从《刑事诉讼法》实施后的司法实践来看,侦查机关对律师不当追诉的案件仍有发生。据不完全统计,自《刑法》增设辩护人妨害作证罪以来,先后已有两百多名律师在履行刑事辩护职责中,因触犯《刑法》第 306 条被指控,并有相当数量的涉案人被判有罪。[1]这也是我国侦查机关扩大律师承担真实义务范围的一个重要表现。因此,解决无辜的刑事辩护律师不被错误地追究伪证罪的问题,关键在于程序是否完善,而非伪证罪罪名的存废。[2]为防范侦查机关对于辩护律师承担的真实义务的范围进行任意扩大解释,防范对律师的报复性执法,我们应当将其与一般刑事犯罪的追诉程序进行区分,设置一些特别追诉程序加以限制或保障,以起到对控诉职能的制衡作用。

(一) 严格律师伪证罪案件程序的启动

律师伪证罪案件的立案,目前均由公安、检察机关自行决定,违背了"任何人不能担任自己案件的法官"的基本要求。因此,应当对律师伪证罪案件的启动时间和启动条件进行限制。

首先,追究之时间起点应在原案一审法庭调查结束以后。在原案诉讼进行过程中启动律师伪证罪的追诉程序,面临着两个问题:一是辩护律师是否存在威胁、引诱证人作伪证的行为,必须以证人在作证的案件中是否作伪证为前提。而原案的事实真相还没有确定,怎能认定辩护律师存在伪证?二是在原案结案之前启动对律师伪证的追诉程序,可能会令被告的证人受到来自办案机关的威胁而拒绝作证。事实上,证人究竟是否作伪证,最权威的依据应当是法院的生效裁判。因此,为防止侦查机关任意启动对于辩护律师的追诉,有必要将对律师伪证罪追诉的启动时间限制在原案一审法庭调查结束后。

其次,只有法院才有权启动对辩护律师伪证罪的追究程序。这是因为,在以审判为中心的诉讼制度下,辩护律师是否存在伪证嫌疑,应当由法院作出认定。合议庭应当对辩护律师在原案诉讼过程中相关的证据进行综合分析

---

〔1〕 陈兴良:《判例刑法学》(下卷),中国人民大学出版社 2009 年版,第 511 页。

〔2〕 陈学权:"完善诉讼程序是伪证罪不被滥用的关键",载《中国社会科学报》2010 年,第 10 版。

经过评议之后，如果认为辩护律师确实存在伪证的嫌疑，则应当将初步审查所依据的相关证据材料移送侦查机关。侦查机关只有在收到法院移送的通知之后，才可以对辩护律师伪证罪展开侦查。

最后，控辩双方向法庭提出追究律师伪证罪的申请应当在法庭调查结束以后。在法院移送相关材料之前，严禁追诉方直接立案追究原案辩护律师、证人伪证罪。这是因为：一方面，如果允许追诉方直接决定追究辩护律师、证人伪证罪的刑事责任，基于职业立场和利害关系，追诉机关容易滥用追诉权，这明显违背了控辩平等对抗的基本原理。另一方面，案件一旦进入审判程序后，法院就有义务保证证人及辩护人的人身安全。在未经法院许可的情况下，追诉方直接对辩护律师和证人采取强制措施，就是对审判权威的践踏。

（二）完善律师伪证罪案件异地管辖制度

管辖问题是刑事诉讼程序的核心问题之一，合理确定律师伪证罪案件的管辖权，既是程序公正的体现，也直接影响着实体结果的公正。针对我国律师伪证罪追诉管辖权存在的问题，应当从以下几个方面进行完善。

首先，建立追究辩护律师刑事责任的异地管辖制度。由侦查机关的上级机关或者由上级机关指定的其他机关负责办理律师伪证案件，其公正性令人生疑。为了充分保障辩护律师的合法权益，应当建立追究律师刑事责任异地管辖制度。为了有效地打击职务犯罪，在职务犯罪的办理过程中，异地管辖制度得到广泛应用。近年来，对于省部级以上官员涉嫌职务犯罪的案件，侦查、起诉和审判均都实现了异地管辖，效果良好。律师涉嫌伪证的案件，由于涉及侦查机关自身的利益，更容易出现滥用权力对律师追诉的情况。笔者以为，追究辩护律师伪证罪可以参照办理职务犯罪异地管辖制度的有效经验。具体来说，第一，从横向角度来看，如果律师伪证罪的侦查机关与原侦查机关属于同一级别，那么其上级领导机关不得为同一机关；从纵向角度来看，律师伪证罪的侦查机关与原侦查机关不得存在上下级的直接领导关系。这样可以切断侦查机关与原侦查机关的利益关系，最大限度地保护辩护律师的权利。第二，从更广义的角度来看，应当实行刑事诉讼全程回避，不能局限于异地侦办，还应包括异地公诉和异地审判。应当将案件转由与律师涉案执业活动不存在利害关系的其他地区的公、检、法机关办理。

其次，设立管辖权异议制度。从办案机关的角度来看，通过异地管辖制度，实现了整体回避。那么，从辩护律师的角度来看，如果认为侦查、起诉或审判机关的管辖存在不当，能否提出管辖权异议？我国《刑事诉讼法》并未赋予被告人管辖权异议的权利。纵观世界上法治发达的国家，均赋予刑事被告人申请异地管辖的权利。例如，《日本刑事诉讼法典》第17条规定："由于地方的民心、诉讼的状况及其他情形，有可能不能维持裁判的公平时，被告人可以向直属上级法院提出转移管辖的请求。"[1]我国2012年《刑事诉讼法》虽然确立了对律师伪证罪的异地侦查制度，然而，律师被职业报复的事件时有发生。为保证对律师伪证罪追诉的客观公正，笔者建议赋予律师管辖异议权，如果其在诉讼过程中认为存在违法管辖、不当管辖的情况时，有权向办案机关的上级机关提出改变管辖的申请。这样做不仅可以维护自身的合法权益，同时也是对公权力进行监督的一种有效方式。对于申请的时间，不限于审判阶段，在侦查与审查起诉阶段也可提出。申请提出后，上级公、检、法机关应当进行审查，作出同意与否的裁定并说明理由。

最后，明确违反异地管辖的证据效力。在律师伪证案中，对于违反异地管辖制度收集到的不利于辩护律师的证据，如果允许其毫无阻碍地进入审判程序，将会严重侵害辩护律师的合法权益。从证据合法性的角度来看，为了防止侦查机关任意启动律师伪证案的侦查，立法应当明确违反侦查管辖的程序性制裁后果，即违反侦查管辖所取得的证明律师有罪或者罪重的证据，判决时不能被直接作为定案的依据，而应当由其他有管辖权限的机关重新侦查，以此消除违法侦查的利益链，防止侦查权的滥用，促进辩护制度健康有序的发展。

（二）建立符合律师伪证罪事实认定规律的诉讼证明规则

从刑事一体化的角度来看，研究律师涉嫌伪证罪在案件事实证明及认定上的特殊性，构建符合律师伪证案事实认定规律的诉讼证明机制，有助于完善我国刑法关于律师伪证罪犯罪构成理论，解决律师伪证罪案件在实践中的证明难题。

首先，明确律师伪证罪与原案事实证明上的关系。在刑事诉讼中，依据无罪推定原则，所谓"案件的真实情况"，既不是侦查机关查明的事实，也不是检察机关审查后认定的事实，而应当是人民法院生效刑事判决所认定的案

---

〔1〕《日本刑事诉讼法》，宋英辉译，中国政法大学出版社2000年版，第6页。

件事实。只有人民法院生效刑事判决所认定的案件事实，才能成为追究律师伪证罪的依据。

其次，确立伪证罪认定的证言补强证据规则。我国《刑事诉讼法》第55条对口供的补强作出了明确的规定，而口供以外的其他证据是否需要补强，立法及司法解释并未作出明确规定。从我国目前的立法精神来看，补强证据规则主要适用于可靠性比较薄弱的证据。证人证言由于其言词证据的属性，可靠性相对薄弱，需要用其他证据补强。不仅如此，在被追诉为伪证罪的辩护律师不认罪的情况下，仅凭证人证言即对其定罪处罚，缺乏法理和逻辑的正当性基础。正是基于此，1911年《英国伪证法》第13条规定："仅依靠一个证人作出的某一证词是伪造的证词，不能判决某人犯有伪证罪或收买证人作伪证罪。"〔1〕因此，我国应当确立律师伪证罪认定的证言补强规则，即仅凭一个人的证言，不能认定辩护律师作伪证或者引诱他人作伪证。

最后，严格贯彻非法证据排除规则。实践中，侦查机关通常会以"串供"为名认定律师构成伪证罪。对于律师在会见过程中言词串供的证据，侦查机关通常是通过监听和犯罪嫌疑人、被告人的检举、揭发两种方式获得，但这两种方式的合法性均存在争议。一方面，对侦查机关通过监听获取的律师言词串供的证据材料，应当予以排除。为了保护辩护律师与犯罪嫌疑人、被告人之间的秘密交流权，我国《刑事诉讼法》规定了辩护律师会见犯罪嫌疑人、被告人时不被监听，但对监听取得的证据的效力未作规定。如果通过监听方式收集的证据材料不被排除，那么此条规定不仅对于保障律师与当事人之间的秘密交流权毫无意义，而且还有可能成为侦查机关窃听律师与当事人之间交流内容或者获知辩方信息包括辩护策略的陷阱。〔2〕另一方面，对通过检举、揭发获取的律师言词串供的证据材料，应当予以排除。我国《刑事诉讼法》规定了律师的保密义务，就是为了维护辩护律师与当事人之间的信赖关系，然而，我国保密义务的单向性使得司法实践中部分被告人为获得立功表现而检举、揭发律师，而这些检举、揭发律师的信息也成为侦查机关对律师进行追诉的主要证据来源之一。实践中，部分律师受到刑事追诉的起因，就是因为控方对于被告人立功轻判的许诺，使得部分被告人经不住诱惑，不惜捏造

〔1〕　[英] 理查德·梅：《刑事证据》，王丽、李贵方等译，法律出版社2007年版，第471页。
〔2〕　汪海燕："律师伪证刑事责任问题研究"，载《中国法学》2011年第6期。

辩护律师串供的证据。此举严重损害了律师对当事人的信任。为了维护律师与当事人之间的信赖关系，需解除律师履行辩护职能的后顾之忧，应当确立会见内容保密的双向性，即当事人对与律师会见的谈话内容也负有保密义务，并且规定程序性制裁后果，即如果侦查机关获取的辩护律师言词串供的证据材料是当事人检举、揭发所得，应当予以排除，不得作为追诉律师伪证罪的证据。

本章小结

从律师职业伦理角度而言，弗里德曼教授在 1966 年曾经提出刑事辩护律师所面对的三大困境，至今仍处于热议当中。其中反映出的一个核心问题就是辩护律师忠诚义务与真实义务的冲突与协调问题。这种冲突是由辩护律师作为被告人的"热忱代言人"和"法庭官员"的双重角色所引起的。在美国，律师忠诚义务与真实义务冲突的立场经历了一个演变的过程，从忠诚义务优于真实义务到再次确认忠诚义务优于真实义务，直至现在对于律师"明知"存在的伪证，应当向法院予以揭露。这一过程也是在保密义务与真实义务之间不断寻求平衡的过程。而对于当事人坚持在法庭上作伪证或者提供不实证据的，律师是否应当尊重当事人的意思，协助其在法庭上作伪证，美国学者对此存在着激烈的争论，有肯定说和否定说之争。在日本，日本学者对于忠诚义务与真实义务的冲突进行了理论解释，经历了由"椭圆理论"向"圆形理论"的转变。并对实践中冲突涉及的两个问题，即对于真犯人的无罪辩护和对于清白嫌疑人、被告人的有罪辩护进行了深入的探讨。在德国，如何处理忠诚义务与真实义务冲突，理论上一直存在着争论，其实质仍然是辩护人地位的理论之争；而从德国联邦宪法法院的指导判决来看，则更偏重于辩护律师的忠诚义务。由于诉讼模式以及司法观念的差异，如何正确处理我国实践中忠诚义务和真实义务的冲突问题，在一定程度上制约着辩护律师忠诚义务的履行。对于被告人提供的虚假的实物证据以及在法庭上的不实陈述或者抗辩，辩护律师不负有揭露义务。但是对于被告人违法或欺诈性的行为，出于律师自身的社会责任以及与法院共同维护司法程序公正运行的义务，辩护律师对此负有积极揭露的义务。此外，应当赋予辩护律师免证特权，并完善律师伪证罪的追诉机制，以限制真实义务的扩张对于忠诚义务履行的消极影响。

第六章

辩护律师忠诚义务的保障机制

人之忠也，犹鱼之有渊。

——诸葛亮《兵要》

　　辩护律师忠诚义务的实现，不仅需要对辩护律师忠诚义务的内涵、边界以及冲突的处理进行准确界定，同时还需要相关配套制度的构架以及整个司法运行环境的完善。对于辩护律师在履行忠诚义务的过程中出现的问题以及违背忠诚义务这一律师基本职业伦理的行为如何处理，这就需要一系列的配套保障机制。党的十八届四中全会《中共中央关于全面推进依法治国若干重大问题的决定》中明确提出了对于律师的监督，要"强化准入、退出管理，严格执行违法违规执业惩戒机制"。这实际上也反映了辩护律师忠诚义务保障机制的三个层面，即准入机制、退出机制和惩戒机制。因为准入机制要求律师具备相应的专业能力，退出机制使得不适合继续担任辩护人的律师从现有的刑事诉讼程序中退出，而惩戒机制又对没有尽到甚至是违反忠诚义务的律师加以惩戒。故可以说，需要发挥上述三项机制的保障作用，辩护律师忠诚义务才能逐步实现。

第一节　辩护律师准入机制

　　从刑事诉讼程序参与的角度来看，辩护律师的准入机制描述了辩护律师的"进场机制"。专业伦理有别于一般伦理，即在于专门职业的专业能力、技术较一般职业的差异，其主要内容就是要求专业不应无能，而应有能力解决一般人所无法处理的问题。[1]专业伦理规范的核心要求之一就是要具备专业

---

〔1〕　[美] 布莱恩·肯迺迪：《美国法律伦理》，郭乃嘉译，商周出版社 2005 年版，第 19 页。

的能力，这是辩护律师履行忠诚义务的基础。因为律师作为专业人士，如果不具备相应的专业能力，等于无法遵守专业伦理规范的基本要求，无法尽到相关的专业义务。当前我国刑事辩护律师准入门槛偏低，直接影响了辩护律师忠诚义务的履行和当事人利益的维护。建立完善的刑事辩护律师准入制度，是保障辩护律师忠诚义务有效履行的重要方面。

一、辩护律师准入机制的理论基础

实践中的刑事案件类型不同，对辩护人的素质要求也不尽相同。建立刑事辩护律师准入机制，不仅是实现司法公正、适应律师业务分工专业化发展的需要，同时也是促进"刑事辩护市场"规范运行的有效手段。

(一) 实现刑事诉讼公正目标的必然要求

首先，辩护律师准入机制的建立，在保障实体公正过程中发挥着独特作用。刑事诉讼发现真实的主要途径就是收集证据和审查判断证据这两个环节。辩护律师的专业能力和业务素养直接决定着实体公正是否能够实现。一方面，辩护律师的有效参与，有利于保障证据收集的全面性和客观性。在刑事诉讼过程中，控方拥有绝对的国家权力，被追诉人处于弱势地位。虽然法律规定控方在收集证据的过程中需将有利于和不利于被追诉人的证据一并收集，但基于职业的偏见，通常偏向于收集不利的证据。而辩护律师的有效参与，可以根据被追诉人提供的线索，按照法律规定的手段收集对其有利的证据，这些证据可能就是被控方忽略而对案件的处理结果有终局影响的关键性证据。另一方面，辩护律师的有效参与，有利于法官保持审查判断证据的客观性和中立性，防止法官片面、随意地认定证据。

其次，辩护律师准入机制的建立，是保障程序正义"过程价值"实现的有效途径。在这个过程中，客观地要求被追诉人参与刑事诉讼要"富有意义"，前提就是其享有的权利能够得到充分的行使，而辩护人的专业能力会在这个过程中发挥关键作用。刑事诉讼的理想结构是法官要处于中立和超然的地位，控辩双方力量要保持均衡。刑事辩护律师准入机制的建立，可以从入口处着手，严把辩护律师的专业能力和素质，是实现控辩力量均衡的有力保障。辩护人作为刑事诉讼结构的一方重要力量，其个人专业能力和素质直接关系到控、辩双方力量对比的均衡。因此，保障被追诉人"富有意义"地参与刑事诉讼过程，实现程序正义的"过程价值"，就要以辩护律师的专业能力和职业素养为前提。

（二）对公权力进行有效监督的重要途径

在刑事诉讼的过程中，被追诉人的权利时刻面临着公权力的威胁，辩护律师的介入是制约控诉和审判权力的有效力量，可以有效预防侦查、公诉、审判中侵犯被追诉人权利的违法行为的发生。一方面，辩护律师在侦查和审查起诉阶段的介入，可以对侦查机关的侦查行为进行有效的监督，防止侦查机关侵害被追诉人权益。另一方面，辩护职能也对审判职能起到了有效的制约作用。确保法官中立裁判，是程序公正的基本要求。辩护律师在审判过程中，利用自己的专业知识和辩护技巧，通过在法庭上对证据的全面而有效的质证，发表专业的辩护意见，使得法官心证建立在听取控辩双方意见的基础上，防止法官自由裁量权的滥用，减少了法官违法审理的可能性。

作为国家公权力制衡的一支重要力量，随着我国刑事诉讼的专业化和精细化的增强，对于辩护律师专业能力的要求也会越来越高。建立刑事辩护律师准入机制，对辩护律师的专业知识、职业伦理等方面设定严格的准入条件，确保辩护职能得到有效的发挥，是对国家公权力进行有效监督的必然要求，也是辩护律师尽职尽责维护当事人的合法权利的前提条件。

（三）促进刑事辩护市场规范运行的有效手段

刑事辩护领域本身也有一个类似于经济学上所称的"市场"，有学者将这个市场统一称为"刑事辩护市场"。[1]在这个刑事辩护市场中，服务标准的不明确，导致供需双方信息是不对等的，使得"刑事辩护市场"乱象丛生。因此，建立辩护律师准入机制，有利于"刑事辩护市场"的规范运行。

首先，辩护律师准入机制为供需双方理性决策提供了参照标准。一方面，从辩护律师的角度来看，刑事辩护准入机制在事先明确了辩护律师应当具备的执业能力、执业标准、执业规范以及惩戒和退出机制，使得辩护律师在权衡自身实际情况后，可以理性作出是否进行刑事辩护的选择。同时，这些规范也为刑事辩护律师树立了执业行为的标准，有利于刑事辩护律师参照此规

---

〔1〕　冀祥德等：《建立中国刑事辩护准入制度理论与实证研究》，中国社会科学出版社 2010 年版，第 19 页。

范，为当事人提供高质量的服务。另一方面，从当事人的角度来看，刑事辩护律师准入机制为其选择合格的辩护人，享受高质量的律师服务提供了保证。通过"市场准入"的门槛进入刑事辩护领域的律师都是符合辩护律师执业基本要求的，这样降低了当事人选任辩护律师的成本。此外，当事人也可以参照准入资格中对于执业标准的具体规定，对自己委托的律师进行有效的监督，看其是否履行了应尽的责任。

其次，辩护律师准入机制有效地弥补了供求双方信息的不对等。我国目前刑事辩护市场还很不健全，存在着诸多的问题。辩护律师和当事人信息的不对等是其中一个突出问题，严重扰乱了刑事辩护市场的有效运行。一方面，当事人在选择辩护律师的时候，存在着盲目性和随意性。多数人都是通过朋友介绍或者通过网络宣传的途径获得辩护律师的信息，而这些信息的可靠程度又没有保障，所以对当事人有效决策难以起到实质性的帮助。另一方面，目前刑事辩护市场存在着不正当竞争的问题。在案源匮乏与经济利益驱动下，许多案源不足的律师，采取"薄利多销"的策略，恶意压低价格。恰恰有些当事人在信息不对等的情况下，为了贪图一时的便宜，选择了价格低廉的辩护人。这样一来，不少资深律师无法承受这种低价竞争，从而退出刑事辩护市场。这不仅降低了刑事辩护律师的整体信誉，还阻碍了刑事辩护行业的健康发展。刑事辩护准入机制的建立，通过对刑事辩护资格进行规范，弥补了供求双方之间的信息差距，确保进入刑事辩护领域的律师提供的服务质量，防止刑事辩护市场的恶性竞争，促进了刑事辩护行业的健康发展，最终维护了被追诉人的合法权益。

二、辩护律师准入机制对于辩护律师忠诚义务的意义

辩护律师准入机制为辩护律师忠诚义务的实现设置了第一道门槛，辩护律师准入机制不仅是律师职业专业化发展的必然要求，更是衡量我国刑事辩护职业发展水平的重要标志之一。

(一) 辩护律师准入机制是律师职业专业化发展的必然要求

随着我国经济飞速发展，尤其是金融、证券、房地产等新兴市场的兴起，律师的业务领域也在不断地被拓宽。由此带来了一个问题，就是专业化人才的需求。由于人的精力是有限的，面对复杂的社会分工，一个律师很难面面

俱到、样样精通，"万金油"律师越来越难有所作为。律师职能悄然发生着转变，由"通才"转变为"专才"甚至成为某一个领域内的行家，实现律师职业的专业化发展是大势所趋。为适应现代社会复杂的社会分工，许多国家的律师行业在律师职业化方面均采取了一些做法。如英国很早就形成了诉状律师与出庭律师之分工，出庭律师特别是辩护律师享有极高的社会声望；而在美国企业化经营的律师事务所里，律师们也更是按照自己的特长而形成不同的专业分工。[1]随着我国社会经济的快速发展，近年来，律师的专业化分工有了新的内涵。许多大型律师事务所纷纷采取大部制改革，多数律师事务所设有刑事业务部，这也为建立刑事辩护律师准入机制奠定了坚实的基础。专业化带来的一个直接效果就是辩护律师的专业能力朝着精细、深入的方向发展，也有助于辩护律师更好地为当事人服务。

（二）辩护律师准入机制是衡量我国刑事辩护职业发展水平的重要标志之一

我国目前刑事辩护律师这一职业的发展还处于一个相对较低的水平，辩护律师真正能起到的作用是相对有限的，社会对于刑事辩护律师职业的认同度有待提高，这其中一个很重要的原因就是刑事辩护的门槛太低。除了指定辩护外，刑事辩护甚至不存在门槛。一方面，律师之外的没有受过专业训练的人也可以为被告辩护。根据我国《刑事诉讼法》第34条的规定，被告和犯罪嫌疑人的监护人、亲友或者人民团体或被告和犯罪嫌疑人的工作单位指派的人也可以为被告进行辩护，这些人多数没有经过专业的法学训练，很难为被告人提供高质量的法律服务。另一方面，即使是律师，也存在着良莠不齐的情况。如果是专业能力与素养欠缺的律师，很难有效保障犯罪嫌疑人和被告人的合法权益。我国对于刑事辩护门槛的过低设置，极大地影响着刑事辩护的整体质量。刑事辩护涉及被告人的自由甚至生命利益，对于律师的素质本应当有着严格的要求，而我国目前初入律师界的年轻律师占据了很大比例，刑辩市场成为他们"练兵"的舞台。正如法学泰斗江平先生所呼吁的："刑事辩护需专业化队伍，并不是人人都能干。"刑事辩护准入机制对刑事辩护人的入职资质设置了门槛，只有符合资质的律师才能成为刑事辩护人，这也间接保障了当事人的利益，因为其能委托到的辩护人受到了专业能力方面的严格把关。

---

〔1〕 冀祥德等：《建立中国刑事辩护准入制度理论与实证研究》，中国社会科学出版社2010年版，第31页。

三、我国现行辩护律师准入机制的缺陷

辩护律师准入机制是一国辩护制度的重要内容，也是衡量一国刑事司法制度和律师制度法治化程度的一个重要指标。我国目前辩护律师准入机制的缺失，直接影响了刑事辩护制度的发展和律师忠诚义务的履行程度。

（一）专业化不足弱化了辩护律师忠诚义务的效果

相对于国家强势的刑事侦诉体系，我国目前还未实现刑事辩护的专业化。无论是从刑事辩护人员的素质、数量还是辩护质量来看，都长期停留在表面化和形式化的层面，弱化了刑事辩护的效果。由于缺乏刑事辩护的专业知识和技能的训练，有些律师在法庭上甚至出现了不精准、不正确甚至完全错误和相反的负效辩护。同时，部分刑事辩护律师专业化的欠缺以及对于职业伦理的淡漠，出现了"死磕"现象，把本来正常的控辩对抗，异化成了辩审冲突，甚至借用媒体进行大肆炒作。刑事辩护的专业化不足，降低了刑事辩护的质量，弱化了辩护律师忠诚义务的效果，严重损害了被追诉人的利益，

（二）没有针对案件的复杂严重程度设定不同的准入资格

许多国家均针对案件的复杂和严重程度设立了不同的刑事辩护准入标准。例如，美国对于死刑案件的刑事辩护人设置了特别严格的准入条件，在死刑案件的审理过程中，美国联邦和各州法院一般都要求被告人至少有两名律师为其辩护，一个应该精通诉讼方面的事务，另一个则应该是死刑方面的专家。而且，原则上，死刑案件的辩护律师都应参加过死刑知识和死刑案件辩护技巧等方面的培训。美国还通过《美国律师协会死刑案件辩护律师的指派与职责纲要》设定了死刑案件的代理律师的资格标准。[1]

一般来看，犯罪性质越严重的案件，越可能更多地涉及被追诉人的人身自由甚至生命利益，这类案件对于辩护人的业务水平要求更高。我国目前没有区分案件类型及复杂程度，而是对刑事辩护准入条件进行了统一的规定，这种"一刀切"的做法，导致了部分案件被追诉人的合法权益未得到有效保障。而且只要实习期满取得执业证，律师便可以开展刑事辩护业务，刑事辩

---

〔1〕 冀祥德："提高我国刑事辩护质量的另一条路径——再论刑事辩护准入制度的建立"，载《法学杂志》2008年第4期。

护成为刚开始执业的律师练手的业务领域。

四、忠诚义务下辩护律师准入机制之构建

为保障辩护律师忠诚义务的有效履行，维护当事人的合法权益，我国有必要建立刑事辩护准入机制。可以考虑从死刑案件和法律援助案件开始，分步骤、分阶段地逐步推行刑事辩护准入机制。

（一）辩护律师准入机制构建之前提：严格规范人员构成和准入考试培训

刑事辩护准入机制首先要解决的一个问题就是具备何种资格的人才能成为刑事辩护人。辩护律师忠诚义务的首要能力是能够胜任所从事的工作。从我国目前《刑事诉讼法》的规定来看，我国刑事辩护的进入门槛太低，资格规定过于简单。为此，应当严格规范辩护律师的人员构成，设置准入考试培训机制。

首先，建立以律师为唯一主体的刑事辩护准入机制。刑事辩护作为一项专业化活动，理应由专业人士进行。而依据我国《刑事诉讼法》的规定，除了指定辩护外，任何公民都可以担任刑事辩护人。非律师辩护人担任辩护人的规定是在我国恢复法制之初，是在律师数量相对较少、业务能力相对不高的情况下提出来的。然而，其弊端明显，在客观上非律师辩护人缺乏法学基础知识和相关诉讼技能，而且还缺乏作为辩护律师所享有的一些权利，面对经验丰富、训练有素的公诉人，很难与之对抗。与非律师辩护人相比，律师具备相关的法学专业素养和辩护经验技巧，能为被告人提供更专业的法律服务。随着社会经济的高速发展，我国律师数量大幅增加，截至 2017 年 1 月，我国执业律师人数已经突破 30 万。[1] 与之相对应的是，刑事诉讼越来越精细化，对辩护人能力和技巧的要求也越来越高。如果再允许没有经过法学专业训练的公民充当刑事辩护人，很难有效地维护被告人的合法权益。遗憾的是，2018 年《刑事诉讼法》修正案并未对此进行修改。笔者以为，在我国辩护律师达到一定数量，公民法治意识增强的时候，可以考虑取消非律师辩护人的规定，建立以律师为唯一主体的刑事辩护准入机制，以保障被追诉人的合法权益，提高刑事辩护的质量。即使在基层法院审理的刑事案件，也应当由律

---

〔1〕 "我国执业律师人数已突破 30 万"，载中华人民共和国司法部网站，http://www.moj.gov.cn/index/content/2017-01/10/content_ 7100785. htm? node＝86731，最后访问时间：2018 年 5 月 6 日。

师担任辩护人，而且必须具有 2 年以上其他案件的执业经验，并通过了刑事辩护准入相关的考试和培训。

其次，未来可以实行刑事辩护专业化资格认证。辩护律师的专业化水平高低，不仅是对辩护律师专业性的考验，同时也对当事人利益产生实质影响。为此，刑事辩护律师的专业化成为一种趋势，等待时机成熟时，我国应当逐步开始推行刑事辩护专业资格认证制度，只有经过正规的刑事辩护培训，通过最终的考核，才有资格出庭进行辩护。目前，我国已经有律师事务所开始进行有益的尝试。[1]随着刑辩全覆盖在全国的逐步推行，专业从事刑事辩护的律师人数也会越来越多。加之以审判为中心的诉讼制度改革和庭审实质化改革的逐步深入，对于从事刑事辩护的律师也提出了更高的要求。为此，在我国现有的全国司法人员资格统一考试的基础上，应设立专门的刑事辩护律师准入考试。一方面，要将"文凭律师"转化为"能力律师"。目前在我国只要取得法律职业资格证书，实习期满即可从事刑事辩护，而对于实习效果没有严格的检验程序。因此，建立刑事辩护律师准入机制，要实行严格的、专门化的刑事辩护律师资格考试，通过考试之后还要进行一定期限的实习，以强化实战练习，之后再参加由司法行政部门组织的考核答辩，合格者才能取得专业从事刑事辩护的执照。

（二）辩护律师准入机制构建之路径：由死刑案件逐步过渡到中级人民法院办理的案件

1. 死刑案件中率先建立辩护律师资格准入机制

死刑案件设置辩护执业资格是发达国家的通行做法。例如，在英国有高级律师和初级律师之分，如果一位律师能够为任何刑事案件辩护，他至少需要 20 年的时间。[2]在美国，指定"熟练而有经验的律师"被认为是"联邦死刑程序的一个关键阶段"，美国律师协会专门制定了《美国律师协会死刑案件辩护律师的指派与职责纲要》，设定了死刑案件辩护律师准入的最低标准。[3]

---

〔1〕 "京都律所首创律师独立出庭资格认证"，载民主与法制网，http://www.mzyfz.com/index.php/cms/item-view-id-1355777，最后访问时间：2018 年 8 月 25 日。

〔2〕 莫洪宪主编：《死刑辩护——加强中国死刑案件辩护技能培训》，法律出版社 2006 年版，第285 页。

〔3〕 顾永忠："关于加强死刑案件辩护的若干问题"，载《法学家》2006 年第 4 期。

2007 年，我国死刑案件的核准权收归最高人民法院，给刑事辩护带来了深刻的影响。贯彻"少杀、慎杀"的刑事政策，严格限制死刑，成为基本的共识。因此，建立死刑案件辩护律师准入机制，确保死刑案件的被追诉人获得高质量的辩护，成为防止"错杀"的重要保障之一。笔者将分开探讨死刑案件委托辩护和指定辩护两种情形的准入机制。

第一，死刑案件委托辩护律师设置资格准入门槛。

首先，这是由我国目前死刑辩护效果不佳的现实状况所决定的。死刑案件的辩护质量直接关系到被告人的生死，对于辩护律师的专业能力和职业道德的要求高于一般的刑事案件。我国目前死刑辩护的效果并不理想，这与我国死刑复核程序的缺陷有很大关系，律师很难开展完整意义上的辩护活动。也有学者从辩护准备不足、指定辩护欠缺保障、辩护意见不受重视、律师参与热情不高四个方面进行了分析。[1]影响死刑辩护质量的原因很多，但是其中一个重要原因就是辩护律师良莠不齐，直接影响着死刑辩护的质量。因此，有必要对死刑案件辩护人的准入资格进行明确规定。

其次，关于死刑案件委托律师准入资格的标准设置。由于我国目前辩护律师的整体数量还不能满足刑事辩护市场的需求，因此，对于死刑案件律师准入资格不宜过于严格。总体上来看，具备一定的辩护经验和诉讼技巧，并且通过考试且德行兼备者，方能取得死刑案件被告人的辩护人资格。具体来说，具有中级以上人民法院 3 年以上刑事辩护从业资历，并通过专门的死刑辩护考试，接受专门的死刑辩护培训和通过品行考核者方能从事死刑案件辩护业务。[2]

第二，死刑案件法律援助律师资格准入的设立。

由于死刑案件是法定"应当指派律师"的情形，而律师的业务能力和执业素养直接关系到被告人的生死，因此有必要探讨对于死刑案件法律援助建立刑事辩护准入机制的必要性和制度构建。这里所说的死刑案件，从广义上来理解，应当包括可能判处死刑的案件和处于死刑复核阶段的案件。我国目前死刑案件委托辩护取得的效果并不理想，而指定辩护的实际效果在整体上

---

〔1〕　龚亭亭、刘树桥："死刑案件有效辩护功能的司法检视与实现进路"，载《河北法学》2016年第 4 期。

〔2〕　冀祥德等：《建立中国刑事辩护准入制度理论与实证研究》，中国社会科学出版社 2010 年版，第 174 页。

很可能还不如委托辩护。即便如此，对于死刑案件的法律援助，都应满足公正审判的底线要求，这其中辩护律师的资格是一个重要的要求。

首先，设立死刑案件法律援助准入机制有其必要性。这是因为，一方面，死刑案件法律援助高质量要求与实践中低质量供给存在冲突。根据《刑事诉讼法》的规定，对于可能判处死刑的案件中的被告人没有委托辩护人的，人民法院、人民检察院和公安机关应当通知法律援助机构指派律师为其辩护。最高人民法院、司法部于 2008 年 5 月 21 日联合发布了《关于充分保障律师依法履行辩护职责，确保死刑案件办理质量的若干规定》，要求被指派担任死刑案件辩护人的应是"具有刑事案件出庭辩护经验的律师"。按照通常的理解，只要有过出庭"经验"即可，没有出庭几次或者多少年办理刑事案件的经验要求限制，使得死刑案件法律援助职业几乎没有准入门槛，律师的执业能力和法律素养无法得到普遍的保证。死刑案件法律援助工作量大，但经费不足，很多资深律师不愿意承办，多数案件由年轻律师承办。年轻律师由于缺乏实战经验，他们的辩护策略、细节把握往往不到位，纵然热情高涨，也很难取得满意效果。这导致死刑案件被告人的权利很难得到有效的保障。死刑案件法律援助的质量问题随着近年来刑事辩护的不断发展，逐渐引起了理论界与实务界的关注。

其次，死刑复核案件缺乏高质量的法律援助体系，死刑复核阶段法律援助缺失。虽然《刑事诉讼法》第 251 条规定，"辩护律师提出要求的，应当听取辩护律师的意见"。但是立法对于死刑复核阶段是否应当指定辩护律师并没有作出明确规定，实践中大部分被告人在死刑复核期间没有获得律师辩护。[1] 由于绝大多数死刑复核案件的被告人经济条件欠佳，没有能力再去聘请律师，因此也就失去了最后一次有力抗辩的机会。此外，如何确保援助质量也成为死刑复核阶段法律援助亟待解决的问题。被告人即使聘请了辩护律师，也很难得到有效的法律服务。因为目前我国死刑复核程序中律师的辩护人地位没有被认可，死刑复核程序中律师行使辩护权存在诸多障碍。[2]

最后，死刑案件法律援助准入机制的构建方式要考虑我国的现实情况。《关于完善法律援助制度的意见》中明确提出："建立法律援助参与刑事和解、

---

〔1〕 陈学权："死刑复核程序中的辩护权保障"，载《法商研究》2015 年第 2 期。
〔2〕 陈学权："死刑复核程序中的辩护权保障"，载《法商研究》2015 年第 2 期。

死刑复核案件办理工作机制。"因此,当前的问题是,如何通过具体的制度,为死刑复核案件构建一套高质量的法律援助体系。[1]笔者以为,确保死刑案件指定辩护质量的关键要素就是辩护律师的业务水平和职业素养。建立刑事辩护准入机制,正是解决死刑案件指定辩护质量问题的一个突破口。关于死刑案件指定辩护的准入门槛,目前有三种观点:第一,只能由经验丰富的律师承办,并设置执业年限和案件办理数量。第二,可以由年轻律师承办但需要经过岗前培训。第三,建立联办制度,由年轻律师承办,经验丰富的律师把关,两人共同负责。[2]

笔者以为,死刑案件指定辩护执业门槛的设置,既要保证死刑案件的办理质量,又要考虑到我国目前司法实际情况。第一,必须由经验丰富的律师承办不符合实际。死刑案件法律援助工作量大,需要足够的时间和精力付出。资深律师目前数量有限,而且业务繁忙,面对收费的巨大反差,很难有如此精心的付出。要求必须由经验丰富的律师承办,在我国目前刑事辩护律师资源有限的情况下,是不切实际的。第二,联办制度具有一定的合理性,但是经验丰富的律师毕竟是少数,且精力有限,在目前师傅少、徒弟多的情况下,指导效果很难尽如人意。第三,培训模式具有可行性。实践中,由资深律师承办固然很好,但是更多的案件可以由年轻律师承办,但需要一定的前提条件,具体可以设置为承办过 10 起以上的刑事案件,且必须是岗前培训合格者。这里的岗前培训,应当由司法行政机构,聘请死刑辩护方面的专家为年轻律师授课,使其具备办理死刑案件辩护的基本功。例如,《美国律师协会死刑案件辩护律师的指派与职责纲要》就规定了专门的综合培训计划,从而有力地保障了死刑案件的被告人能够得到高质量的法律服务。[3]为此,我国应当给具体承办死刑案件法律援助的律师进行基本的死刑案件办理的业务培训,以保证死刑案件的办理质量。

2. 辩护律师准入机制逐步推广至中级人民法院办理的案件

短期内在全部刑事案件中均建立辩护律师准入机制不太现实。因为我国

---

〔1〕　吴宏耀、郭烁主编:《行进中的中国刑事诉讼》,人民日报出版社 2016 年版,第 86 页。

〔2〕　杨春洪、付凌云:"论死刑案件指定辩护的有效性——兼谈构建死刑案件指定辩护质量标准",载《政法学刊》2014 年第 5 期。

〔3〕　田文昌、余向栋:"美死刑辩护律师:有资格才能上岗",载《法制日报》2006 年 8 月 14 日,第 4 版。

刑事辩护率还处于一个低水平状态，辩护律师的数量还不能有效满足刑事案件的需求。如果对于所有刑事案件的律师准入资格加以限制，不少律师势必选择放弃刑事辩护转而投入其他领域。因此，分阶段、分步骤循序渐进地引入刑事辩护准入机制是一种可行的做法。在死刑案件辩护中取得一定的经验之后，在条件允许的情况下，有必要对中级以上人民法院受理的案件的辩护律师设置准入资格。因为，按照《刑事诉讼法》关于管辖的规定，中级人民法院直接管辖的案件包括危害国家安全、恐怖活动案件以及可能判处无期徒刑、死刑的案件。此外，还有不服一审判决上诉到中级人民法院的案件。这其中，除死刑案件外，危害国家安全、恐怖活动案件，可能判处无期徒刑的案件均属于重大案件，而不服一审判决上诉的案件也属于对案件事实及证据有重大争议的案件。对于这些案件，只有对刑事辩护律师的资格提出更高的要求，才能为被追诉人提供高质量的服务，防止错判的发生。同样，这些在中级人民法院出庭的除死刑案件外的律师，应当具备基层法院 3 年以上的辩护经验，并且通过辩护律师准入资格相关的考试和培训。

第二节　辩护律师退出机制

辩护人法律地位的取得是建立在与被告委托合同所确立的辩护关系基础之上的，如果这种辩护关系不复存在，辩护人就丧失了继续担任辩护人的资格，就必须从目前的刑事诉讼程序中退出，这就需要构建辩护律师的"退出机制"。退出辩护机制有其存在的正当化机理，为此，应当从退出前的预防机制和协商机制以及退出后的保障机制三个方面，来构建我国辩护律师的退出机制。

一、律师退出辩护的原因解读

辩护冲突是律师退出辩护的主要内部原因，而律师违反刑法或者行业规范的情形，是律师退出辩护的外部原因。律师退出辩护一方面出自辩方内部自身的冲突，另一方面，也可能是由于法院或者律师协会等外部原因而退出辩护。

（一）内部原因：辩护律师与当事人的意见发生冲突

这里的冲突是指辩护方内部的冲突，即辩护律师与当事人的意见发生冲突，或者同一案件中的两名辩护律师观点发生冲突。不涉及辩护律师与控方和法院之间的冲突。辩护冲突无法协商解决的，需要建立退出机制。辩护律师与当事人意见发生冲突的原因包括利益主体的二元化差异以及辩护事项决定权归属不明。

首先，利益主体的二元化差异。被告人和辩护律师虽然同处于辩方，但实际上仍然是两个不同的利益主体。对利益的判断和选择多少存在着差异。因为，虽然同处于刑事诉讼的过程中，但是作出一个决定都会涉及自身风险承受能力、价值排序等多种利益的权衡。但是辩护律师出于忠诚义务的考虑，通常会将被追诉人的法律利益等同于其最佳利益，而实际上法律利益只是被追诉人考虑的其中一点，还可能会有其他利益的考量。

其次，辩护事项决定权归属不明。辩护冲突的解决实际上就是辩护过程中的相关事项由谁说了算的问题。纵观西方法治国家，对于辩护事项的决定权都有明确的规定。例如，美国法学会制定的《律师法重述》第 21 条就明确规定了在委托合同中可以就当事人与律师之间的决策权分配作出约定。这种约定不仅可以是在委托关系确立之时就作出明确约定，以避免日后的辩护冲突；也可随着诉讼的进展进行补充约定，这种做法考虑到了案情的发展变化，以防止事前约定的机械化阻碍有效辩护的进行。我国《刑事诉讼法》对辩护律师申诉、控告和上诉等诉讼活动进行了规定，要根据被告人的意志进行。但是没有具体规定在辩护的过程中，辩护立场或辩护策略的决定权归属于谁。这就导致了一旦发生辩护冲突，辩护律师和当事人对于相关事项的最终决定权属不明，这也就是我国法庭上经常会有"各说各话"情况出现的主要原因。

（二）外部原因：违反法律和行业规范的规定

为了充分发挥辩护律师的职能，保证律师职业的健康发展，法律和行业规范对于律师行为作出了许多约束性规定。

首先，律师违反执业纪律后应当退出辩护。辩护律师的职责决定了其需遵守高标准的职业道德。律师执业纪律是律师职业道德的具体化体现，并且有相应的行业协会处分甚至是司法行政机关的行政处罚保证其强制执行。为此，律师协会也制定了一系列相关行业规范来对律师的执业行为进行约束。这些执业规范也具有一定的强制力，对违反律师职业道德和执业纪律的行为，律师协会将会依据相关的行业规范对律师进行相应的处分。同时，《律师法》

还规定了律师承担行政责任的情形，当辩护律师违反职业道德和执业纪律的情节严重时，还会受到司法行政机关的行政处罚。此时，辩护律师就面临着退出辩护的可能。

其次，辩护律师触犯《刑法》也是退出辩护的一种法定情形。我国《刑法》规定了律师伪证罪、扰乱法庭秩序罪、泄露不公开审理案件信息罪等律师可能触犯的罪名，如果律师涉嫌此类犯罪，将会面临刑事追诉，并因此承担刑事责任。《律师法》也明确规定，律师构成犯罪的，应当依法追究刑事责任。一旦辩护律师自身被追究刑事责任，客观上也就无法继续进行辩护，此时当然要退出其所承办案件的辩护工作。

二、辩护律师退出机制对于辩护律师忠诚义务的意义

在辩护律师履行忠诚义务的过程中，建立有效的律师退出辩护机制，不仅是维护双方信任关系、尊重被告人程序主体地位的有效途径，同时也是维护辩护律师职业利益的需要。

首先，建立律师退出辩护机制是维护信任关系的有效途径。从忠诚义务的消极内涵来看，其核心要素就是信任关系的维护，这不仅能够有效地预防辩护冲突，还有利于辩护冲突发生后的合理解决。辩护的关系是在描述一个"辩护人在被告实行辩护时提供协助的关联性"。[1]这其中，信赖关系是维持律师与被告人之间合作关系存续的一个核心因素。一旦这种信赖关系出现裂痕，合作关系就失去了存在的基础。此时无论是基于被告人一方，还是辩护人一方的考量，都有必要结束这种委托关系，这正是辩护律师忠诚义务内涵中信赖关系的必然要求。

其次，建立律师退出辩护机制是尊重被告人程序主体地位的重要保障。被告人在刑事诉讼中享有程序主体地位，是自身利益的核心决策者，由于知识和能力的欠缺，需要律师提供专业的帮助。因此，辩护律师无论对于案件的判断多么准确，只要可能损及被告人利益，就应当尊重被告人的意思自治而不能固执己见。实践中曾经发生的"倒戈律师"正是因为没有尊重被告人的程序主体地位。例如，北京曾发生某律师在为一被指控为诈骗罪的被告人辩护时，在被告人否认犯罪的情况下仍作有罪辩护，并且提出"我认为被告

---

〔1〕 吴俊毅：《辩护人论》，正典出版文化有限公司2009年版，第238页。

的行为比诈骗罪还严重，应该属于合同诈骗或是非法集资什么的……"此语一出，法庭一片哗然，随后被告向法官申请，要求该律师"回避"。[1]这种律师"倒戈"现象本质上就是没有尊重被告人的程序主体地位，此时，被告可以行使解除权，让该律师退出本案的辩护，防止辩护律师利用法律人的专业优势凌驾于被告人之上。

最后，建立律师退出辩护机制也是维护辩护律师职业利益的需要。律师进行辩护时也要保持一定的独立性，这不仅出于尊重辩护律师的专业技能和辩护经验的原因，也出于律师遵循职业道德以及内心良知的考量。辩护人只能依据所收集到的证据，制定出备选方案告知被告人，由其来作出选择。被告人有时出于各种利益的考量，没有接受辩护人的意见，律师可以进行劝解，劝解无果，也要尊重被告人的选择。此时，辩护律师就面临着不愿辩护又没有办法的尴尬境地，所以应当有一种退出机制，以维护律师职业伦理及其内心良知。

三、忠诚义务下辩护律师退出的程序规范

由于国家权力主导下的辩护律师退出机制属于律师惩戒或者刑事处罚的范畴，所以将在下一节中进行讨论。本部分仅仅讨论由辩护律师或者被告人主导的退出机制的构建。为了保护被告人的合法权益，几乎所有国家都严格限制律师退出辩护委托关系。但是，如果辩护律师与当事人无法就辩护相关事项达成一致意见，继续坚持辩护，那么不仅会损害当事人的利益，还可能损害司法利益和律师职业利益。因此，可以从退出前的预防机制和协商机制以及退出后的保障机制三个方面，构建我国辩护律师的退出机制。

（一）退出前之预防机制

辩护律师与当事人的委托关系本质上是一种契约关系。为避免辩护冲突，应当建立一种辩护事项决定权的归属机制，就双方对具体的辩护事务的主导权及特定情形下律师退出辩护作出明确的规定，可以有效地解决日后的辩护冲突问题。如何明确决定权的归属？有以下三种方式：一是双方约定辩护权的归属。这种做法可以使被告人占据一定的主动权，然而适用起来存在困难，

---

〔1〕　汪震龙："律师爆冷门——为被告作'罪重辩护'"，载 http://www.law158.com/news/info/1/200873/23344.shtml，最后访问时间：2018 年 7 月 9 日。

因为很多被告人的个人素质达不到可以主导具体辩护事务，或者没有经济能力委托律师。二是在《刑事诉讼法》或者《律师法》中明确规定辩护意见决定权的归属。但是如此规定可能会过于原则和笼统，难以适应复杂多变的实际情况。而且立法的强制性后果可能会使得协商机制形同虚设。三是在律师行业规范中明确规定辩护意见决定权的归属。这种律师行业规范本身具有一定的指导性，又不会成为法官裁判的依据，有助于灵活处理实践中发生的各种情况。例如，美国律师协会制定的《美国律师职业行为示范规范》明确地规定了辩护意见的决定权归属问题，在实践中也取得了良好的效果。笔者以为，对于辩护事项决定权的归属，我国可以通过律师行业规范予以明确。在制定规范的时候，区分辩护立场和辩护策略，当辩护立场发生冲突的时候，应当尊重被告人的自由意志和决定权；而由于辩护律师的专业性优势，在辩护策略的选择上，则可强化辩护律师的独立判断。

（二）退出前之协商机制

退出辩护需要设定一个前提，即充分发挥沟通机制的作用。实践中辩护律师与当事人发生观点冲突，一个重要的原因就是双方信息不对等，缺乏有效的沟通与协商。在我国，目前辩护冲突主要发生在法庭审理阶段。然而，在我国现行的庭审模式下，辩护律师与被告人无法秘密地交流，当双方的辩护意见发生冲突时，需要一个独立的空间秘密交流，此时，只有申请法官休庭才能实现。为避免双方独立行使辩护权产生辩护冲突，审前会见中的交流与沟通是一方面，庭审中的交流协商也是必不可少的，这对于消解辩护冲突至关重要。为此，应当建立一种休庭协商机制，允许辩护人与被追诉人在庭审中就不同的辩护意见进行沟通协商。一方面，被追诉人和辩护律师在庭审中如果有辩护意见的分歧，均有权向法官申请休庭，在此期间双方可进行沟通，听取彼此决定产生的原因，并重新梳理辩护意见，以期达成统一的辩护意见，避免庭审之中的辩护冲突。另一方面，法官也可以运用庭审指挥权，在发生辩护冲突后，无法继续审理的情况下，通过休庭给双方一定时间进行沟通与协商。

（三）退出后之保障机制

辩护律师退出辩护后，如果缺乏相应的保障，可能会导致被追诉人利益受损。为此，构建律师退出后之保障机制十分必要。首先，要明确辩护律师与当事人意见冲突无法解决可以成为退出辩护的理由。经过休庭协商之后仍然不能取得一致的辩护意见的，如果被告人坚持己见，辩护律师不愿意继续辩护，被告人出于各种原因又不主动行使解除权，就可以推定双方的委托代理关系已经解除，辩护律师可以当庭向合议庭说明情况，合议庭也应当允许律师审慎地退出辩护委托关系。其次，必须向司法行政机关进行报备。辩护律师在退出辩护之后应当向司法行政机关出具一个退出辩护的情况说明，正式解除双方的委托关系。再次，保障被追诉人继续获得有效辩护的权利。在辩护律师尽到充分告知、协商义务后仍难以解决双方辩护意见不一致的情况下，如果一味地顺从被追诉人，不仅会损害被追诉人的利益，对辩护律师也是一种伤害，此时，允许辩护律师基于职业伦理的需要审慎退出委托关系的同时，还要注意保障被告人的辩护权，让被告人能获得其他律师有效的帮助，并与接手的辩护律师做好相关的交接工作。最后，辩护律师退出辩护后仍然负有保密义务。对于辩护律师来说，退出辩护后仍应负有保密义务，有权拒绝向追诉机关和其他人透露在辩护过程中知悉的案件信息。

四、忠诚义务下辩护律师退庭之反思

2017 年 12 月 21 日，轰动全国的杭州保姆纵火案在杭州市中级人民法院开庭审理。该案件不仅因为案件重大引发关注，还因为被告人的辩护律师党琳山的退庭风波引起律师界对执业伦理与诉讼权利保障的广泛关注。党律师在庭前会议中提出的管辖异议、申请新的证人出庭、针对证言笔录存在的问题申请证人出庭三项申请被拒绝。庭审过程中，党琳山律师再次提出上述申请，被拒绝之后以退庭表达抗议。根据杭州市中级人民法院的官方通告，12 月 21 日开庭伊始，尚未进入法庭调查阶段，担任莫焕晶辩护人的党琳山律师即要求停止审理，理由是该案应由杭州市中级人民法院以外的法院异地管辖。审判长援引《刑事诉讼法》相关条款驳回该请求后，党琳山"无视法庭纪律，不服从审判长指挥，擅自离庭，拒绝继续为被告人莫焕晶辩护"。[1]实际上，近年来，频繁发生的辩护律师退庭现象，表面上看这是律师不尊重法官、不遵守法庭秩序的问题，但其背后折射出更深层次的问题引起了理论界以及实

---

〔1〕 "关于被告人莫焕晶放火、盗窃一案庭审情况"，载浙江省杭州市中级人民法院官网，http://hangzhou. zjcourt. cn/art/2017/12/21/art_1218398_14474178. html，最后访问时间：2018 年 8 月 10 日。

务界的重视。在以审判为中心的诉讼制度改革背景下，律师退庭引发了诸多的程序性问题。

（一）律师退庭之理论争鸣

1. 律师退庭之本质

首先，律师退庭并非是拒绝辩护。律师拒绝辩护的理由有正当和不正当之分。我国《律师法》第 32 条第 2 款明确规定了律师可以拒绝辩护的情形，即"律师接受委托后，无正当理由，不得拒绝辩护或者代理"。对于"正当理由"，《律师法》列举了"委托事项违法、当事人利用律师提供的服务从事违法活动和当事人故意隐瞒与案件有关的重要事实"三种情况。而无正当理由的拒绝辩护是为法律及行业规范所禁止的。那么，辩护律师退庭的行为能否被认为是拒绝辩护呢？我国现行的法律及有关律师行业规范并未明确规定律师退庭行为的性质。由《律师法》规定的三种情形来看，律师拒绝辩护实际上是针对当事人的具体行为进行的，而退庭实际上是在对法庭审理程序不满意且无法得到有效救济的情况下，采取的一种对抗法庭审理的极端行为，其出发点是为了维护被告人的合法权益。辩护律师退庭只是表达抗议的一种诉讼手段，其高明与否以及是否违反法庭纪律等姑且不论，至少法院并没有权力将辩护律师退庭的行为视为拒绝辩护。[1]

其次，律师"擅自退庭"属于强制退出辩护的情形。2018 年 4 月 21 日，最高人民法院、司法部发布了《关于依法保障律师诉讼权利和规范律师参与庭审活动的通知》，该通知在保障律师诉讼权利的同时，也对律师在参与庭审活动中的行为规范作出规定。其中，对"擅自退庭"行为规定了法律后果，"具有擅自退庭、无正当理由不按时出庭参加诉讼、被拘留或者具结保证书后再次被依法责令退出法庭、强行带出法庭的，不得继续担任同一案件的辩护人、诉讼代理人"。该律师不得继续担任同一案件的辩护人、诉讼代理人，这种惩罚性措施，实际上是针对擅自退庭的律师，强制其退出辩护的一种处罚，属于律师退出机制的一种。法律并未禁止律师退庭，禁止的是"擅自退庭"的行为。然而，如何理解"擅自"，便成为是否强制其退出辩护的关键所在。

---

〔1〕 王永杰："论辩护权法律关系的冲突与协调——以杭州保姆放火案辩护律师退庭事件为切入"，载《政治与法律》2018 年第 10 期。

对此，法院应当承担证明律师"擅自退庭"的责任，并应当提供庭审录音录像、庭审笔录以及旁听人员的证言等相关证据。

2. 应然层面：辩护律师是否有"退庭权"？

辩护律师的忠诚义务是律师的首要职业伦理，在法律范围内尽最大努力维护当事人权益，是其职责所在。然而，部分律师采取退庭这种"自杀式辩护"的方式是否妥当，从应然层面来看，律师是否有"退庭权"？是否可以擅自退庭？是否能够以退庭这种律师执业规范禁止的方式阻止法庭的审理？这是一个需要站在律师职业伦理的高度认真思考的问题。笔者以为，无论从辩护权利的来源还是律师行业规范的角度来看，对于庭审存在的种种问题，律师有提出异议的权利，但没有擅自退庭的自由。

首先，从权利来源的角度来看，律师无权擅自退庭。辩护权的取得是因当事人与律师之间的合同约定而产生，除非符合法定情形，否则律师没有权利随便终止委托关系。现行《刑事诉讼法》《律师法》及相关司法解释都未赋予辩护律师中途退庭的权利。辩护律师未经法庭许可擅自退庭实际上是一种失职行为，而非律师权利。《律师法》第 32 条明确规定，委托人可以拒绝已委托的律师为其继续辩护或者代理，同时可以另行委托律师担任辩护人或者代理人。律师在接受委托后，无正当理由的，不得拒绝辩护或者代理。显然，律师退庭不符合法定的拒绝辩护的情形。律师在法庭上的职责是行使诉讼权利，为被告人辩护，全心全意维护当事人的合法权益，辩护律师在没有法定情形出现的情况下，是不得拒绝辩护的。虽然律师退庭不是针对被告人的拒绝辩护行为，但是退庭在一定程度上是一种变相的拒绝辩护行为，因为擅自退庭会直接影响到被告人辩护权的正常行使，也不是一种对当事人特别负责任的做法。因此，只有在当事人解除与律师的委托关系后，律师的权利与义务才消灭，也就是说只有解除委托后，律师才有权退出庭审，否则律师并没有"退庭权"。

其次，从律师行业规范的角度来看，律师擅自退庭也是违背执业纪律的行为。虽然律师擅自退庭并不属于《刑法》第 309 条扰乱法庭秩序罪的情形，但司法部和中华全国律协对于律师擅自退庭的行为规定了严厉的后果。例如，《律师办理刑事案件规范》第 253 条明确规定了律师参与诉讼活动，应当遵守法庭纪律和相关规定，不得有妨碍、干扰诉讼活动正常进行的行为，其中包含"违反法庭规则，擅自退庭"的情形。司法部《律师执业管理办法》明确规定，律师参与诉讼活动应当遵守法庭规则，不得擅自退庭，否则构成《律师法》规定的扰乱法庭秩序行为，轻者处以停止执业半年至一年的处罚，重者可以吊销律师执业证书。[1]由此可以看出，律师擅自退庭属于扰乱法庭秩序的一种行为，可能会受到执业纪律的处分。在杭州保姆纵火案中，辩护律师擅自退庭，导致庭审无法顺利进行，涉嫌违反上述规定，属于妨碍、扰乱法庭秩序的行为。因此，就在党琳山律师退庭之后第三天，其所在的广州市律师协会就立案启动执业违规调查程序。[2]杭州市中级人民法院则直接以党琳山拒绝辩护为由，通知杭州市法律援助中心为莫焕晶另行指定法律援助律师。

3. 实然层面：辩护律师忠诚义务与对法庭的尊重义务之冲突

虽然律师退庭在维护个案公正中可能具有一定作用，甚至有些退庭行为是得到当事人的支持的，通过退庭抗争也取得了很好效果，但辩护律师通过退庭进行抗议的行为，实际上造成了辩护律师忠诚义务与对法庭的尊重义务之间的冲突。如何解决这种冲突，笔者以为，应当以对法庭的尊重义务优先。这是因为：

首先，辩护律师退庭违背了对法庭的尊重义务。辩护律师不仅要维护当事人的利益，同时还有维护司法公正的义务。维护司法公正义务的一个主要内容就是对法庭负有尊重义务。法庭秩序至上，是指所有的诉讼参与人都应当保障正常的法庭秩序，维护司法权威。而辩护律师退庭就是一种妨碍、扰乱法庭秩序的行为，是对法庭权威的贬损。

其次，律师退庭损害了法庭审理的秩序价值，降低了诉讼的效率。无论出于何种目的，辩护律师退庭都是对法庭审理秩序价值的一种贬损。一方面，律师退庭损害了法庭审理的秩序价值。法庭审理案件都要遵循特定的程序和规则，如果诉讼参与人不遵守相关规则，则很可能影响法庭审理的顺利进行。律师作为辩护一方，如果擅自退庭，则会造成诉讼程序的中断。另一方面，律师退庭降低了诉讼的效率。刑事诉讼的集中审理原则，要求法庭审理应当

---

〔1〕 参见司法部《律师执业管理办法》（司法部令第 134 号）第 39 条、第 53 条，以及《律师法》第 49 条。

〔2〕 "广州市律师协会关于对党琳山律师进行立案调查的通报"，载腾讯・大粤网，http://gd.qq.com/a/20171223/012508.htm，最后访问时间：2018 年 8 月 20 日。

顺利、及时地进行。法院安排一次刑事庭审非常不易，需要协调检察院、看守所、律师等多方面的关系。因此，没有特殊情况，法官都希望刑事诉讼的程序能顺利走完。杭州保姆纵火案的律师选择退庭，给法官造成了审理上的障碍，导致庭审无法继续进行，案件延期审理。暂不论孰是孰非，仅仅从诉讼效率上来看，律师退庭也是违背程序正义的。

最后，长远来看，辩护律师退庭是对司法良性秩序的一种破坏。一方面，虽然在有些案件中，辩护律师退庭是在当事人的默许甚至支持下进行的，并且最后取得了很好的结果，表面上看律师很好地履行了忠诚义务，但是从长远来看，律师对法庭权威的贬损是对司法良性秩序的破坏。辩护律师维护当事人利益也要选择恰当的方式，否则会影响社会公众对律师的认识。即律师在个案中的行为如果不当，将会影响广大民众对律师群体的看法。诚如学者所言，"辩护律师以退庭抗议违法庭审，实质上是以一种违法行为对抗另一种违法行为的表现"。[1]另一方面，如果辩护律师并未和当事人商量而擅自退庭，其本质是辩护律师独立辩护权的过分扩张行使，背离了辩护律师的忠诚义务。律师在未征求当事人同意的情况下擅自退庭，这种看似"壮士断臂"的勇气和行为，实则不顾及被告人的利益与感受，是辩护律师独立辩护权的过分扩张行使，破坏的是被告人对律师的信任，是对委托辩护契约的违背。

（二）律师退庭现象之成因

无论从辩护律师职业伦理的角度来看，还是从国家法治进程角度考量，杭州保姆纵火案的律师退庭将我国长期以来存在的辩审冲突推向了舆论的风口浪尖。此次事件也并非孤立事件，实际上，律师通过退庭方式进行抗议，是辩护律师对法官在程序性问题上处理方式的不满。律师退庭背后所反映的正是我国程序正义以及律师权利保障之困境。

1. 程序性辩护兴起之"困"

辩护律师对于程序性辩护的热情与法官对于程序性辩护之困惑形成了鲜明的反差。一方面，伴随着近年来《律师法》《刑事诉讼法》的修改尤其是2017年《关于办理刑事案件严格排除非法证据若干问题的规定》的颁布，越来越多的律师将辩护重点从传统的实体性辩护转向程序性辩护，例如，回避

[1]　陈学权："法庭驱逐辩护律师问题研究"，载《法学评论》2015年第5期。

问题、管辖权问题、取证合法性调查程序启动问题等。一些辩护律师在辩护过程中，不再像以往那样唯唯诺诺，而是抓住程序性问题的可辩之点进行"死缠烂打"。另一方面，程序性辩护的兴起给法官带来了相当大的困惑。面对程序性辩护的兴起，对于已经习惯律师围绕定罪、量刑等实体问题辩护的法官来说，显然准备不足。辩护律师在法庭上的积极攻势，尤其是程序性问题的提出，往往会给庭审带来突发的状况，有些法官对此准备并不充分，甚至是难以应对。有的法官甚至认为律师是在无理取闹，扰乱法庭正常的审理。因此，对于律师提出的程序性辩护，有的法官予以驳回，有的根本不予理睬，继续可能强行推进司法程序而产生冲突。对此，有些较真的律师会当庭表达异议，甚至不惜采取退庭这种极端的方式表达抗议，这些行为令法官十分苦恼与尴尬。

实际上，有些程序性问题并非法官能够左右，比如管辖问题。而面对律师强烈的抗议，又必须作出回应。不过有些法官也会采取极端的做法，即对于扰乱法庭秩序的律师采取驱逐法庭的做法，以维护法庭审判的权威。然而，不可想象的是，法官尚未将律师驱逐出法庭，有些"较真儿"的律师便提前采取行动，退庭以示抗议，直接打乱了原来既定的庭审方案和计划。

2. 律师辩护权利保障之"困"

辩护权利保障及救济机制的缺位，也是造成律师退庭的一个重要原因。

首先，律师辩护权利保障在理论和实践中存在着巨大的反差。作为重要的诉讼参与人，辩护律师在法庭审理过程中享有举证权、质证权等广泛的诉讼权利。作为中立的裁判者，法官应当注重控辩双方诉讼权利平等，依法公平地保障律师发问、质证、辩论等权利的正常行使。而在律师的心目中，法官也是一个不偏不倚、对于控辩双方保持同等对待的角色，是"实现社会正义的最后堡垒"。然而，在司法实践中，辩护律师诉讼权利的行使却经常受到阻碍。例如，提出管辖权异议的申请，经常被"予以驳回"，申请通知证人到庭作证，却被告知"没有必要"。面对一次次的权利申请被驳回，面对着控辩失衡的局面，有些律师会保持沉默，而有些激进的律师会提出抗议，对法官的做法进行质疑。更有甚者，直接采取退庭的方式。

其次，律师异议表达机制的不畅加剧了辩审冲突。在以审判为中心的诉讼制度改革过程中，辩护律师自身的权利意识也在不断增强，但权利受损后却缺乏有效的救济途径。一方面，法官对于律师的申请作出决定之后，辩护律师缺乏有效的当庭救济途径，即使有异议也无可奈何。辩护律师有时会认为审判长存在侵犯律师诉讼权利的行为，而且缺乏对被告人、辩护人权利的救济，因此不断提出诉求。另一方面，法官则认为自己是在依法行使庭审指挥权，辩护律师不听从法庭指挥就是违反法庭纪律。而且法官对于某些问题作出决定，如果鲜有详细地进行释法明理的过程，则难以赢得律师的信服和尊重。而辩护律师对法官违反诉讼程序缺乏有效证明手段，法官对于程序性事项有着较大的裁量空间，导致辩护人坚持己见。此时，法官一般会对辩护律师进行警告，严重的情况下则会将辩护律师驱逐出庭。由此可以看出，辩审冲突多数是在对程序性问题的认识上出现争议时发生，有些律师在诉求未得到实现的情况下，为了表达不满，便通过退庭以示抗议，这正是辩审冲突加剧的表现。

（三）忠诚义务视角下律师退庭之处理

作为辩审冲突的极端表现形式，律师退庭问题也折射出法官与律师之间的深层次矛盾。欲破解律师退庭之困，理顺法官与律师的关系，需要维权与惩戒并重。在畅通辩审冲突救济途径、保障辩护律师诉讼权利的同时，应加大对于律师擅自退庭的惩戒力度。

1. 律师退庭后庭审程序如何进行

当辩护权与法官的庭审指挥权发生矛盾时，如何有效地处理律师退庭带来的一系列影响，成为法官需要解决的重要问题。虽然辩护律师擅自退庭以示抗争的行为，可能是辩护律师采取的一种诉讼策略，但律师退庭实际上是独立辩护的过度行使。辩护律师退庭直接损害了被告人的辩护权，法院并不能将律师退庭视为拒绝辩护，更不能在缺少辩护律师的情况下继续进行庭审程序。此外，由于辩护权来源于被追诉人的委托，是私法上的契约关系，辩护律师退庭并不必然导致辩护权的丧失。因此，此时只有被告人有权决定是否继续委托该律师。从维护被告人利益的角度出发，此时应当充分保障被告人的辩护权，由被告人确认是否继续委托关系。遇到律师退庭的情况，法庭应当休庭，在解决被告人的辩护律师这一关键问题之后，才能重新审理，以防止之后产生更大的矛盾。例如，在杭州保姆纵火案中，在党琳山律师退庭之后，审判长询问莫焕晶是否需要另行委托辩护人，莫焕晶回答就委托党琳山律师。由于辩护律师退庭，审判长宣布休庭，择期开庭审理。再次开庭时，莫焕晶接受了法院指定的律师担任辩护人。

2. 完善侵犯辩护律师权利的救济机制

实践中多数律师退庭的原因就是认为在庭审过程中相关权利无法得到保障，以及对于法官的庭审指挥行为存在异议。因此，应当进一步完善侵犯辩护律师权利的救济机制，一方面，要完善律师或被追诉人对诉讼过程表达不满的投诉流程和规则机制以及侵犯辩护权的程序性制裁措施。例如，辩护律师对于法庭审理过程持有异议时，可以向上级法院、检察院进行申诉或者申请复议，保障其权利得到有效的救济。另一方面，要完善庭审秩序的维护规则，不能让律师退庭随意化。其中重点要完善律师退庭行为的处理机制和惩戒机制。

3. "擅自退庭"的认定及处罚要遵循正当程序原则

根据《关于依法保障律师诉讼权利和规范律师参与庭审活动的通知》规定，律师"擅自退庭"的行为后果就是强制其退出辩护，这不仅对于辩护律师影响重大，对于被告人的辩护权也有重要影响。因此，对于"擅自退庭"的认定及处罚一定要慎重，防止法院滥用权力侵犯被告人的辩护权。为此，应当遵循正当程序原则，严格依据有关证据进行认定。一方面，"擅自退庭"应当由法院来证明，法院如果认定律师系"擅自退庭"，应当提供庭审笔录、庭审录音录像、无关的旁听人员的证人证言等证据。另一方面，法院要对律师退庭行为的处罚根据和理由进行合理的解释，运用足够的证据以说明律师的行为属于"擅自退庭"行为。

第三节　辩护律师惩戒机制

美国律师协会惩戒执行评估委员会前主席罗伯特·B. 麦凯曾经指出惩戒执行制度的作用，"没有律师，也没有当事人，可以对惩戒执行制度漠不关心。如果能够明知、迅捷地执行该程序，它将同样为律师和当事人提供所需要的服务，从而保证提供令人尊敬的、有效的法律服务"。[1] 律师惩戒作为

---

〔1〕《面向新世纪的律师规制》，王进喜译，中国法制出版社 2016 年版，题献。

律师管理的重要内容之一，是指对律师违反执业守则、职业道德甚至是触犯刑法的行为，依据相关行业规范和法律，要求律师承担相应责任的制度。随着近年来律师队伍的进一步扩大和刑事辩护全覆盖的全面推行，以及律师分层的加剧，刑事辩护律师执业的失范行为也会越来越多。为保障辩护律师忠诚义务的切实履行，除了要完善辩护律师"进场机制"和"退出机制"，还需要完善对于律师失范行为的"惩戒机制"。

广义的律师惩戒机制既包括针对严重犯罪行为所启动的刑事追诉程序，也包括针对一般违规违纪行为所适用的纪律惩戒。因此，本部分从广义的律师惩戒机制进行探讨，一方面是探讨律师一般违法违纪行为的惩戒，包括司法行政机关实施的行政处罚以及律师协会的行业处分，被惩戒律师应承担的相应的行业或行政责任；另一方面探讨律师扰乱法庭秩序这种"发生在法官眼皮底下的犯罪"的程序性问题规制，如何防止权力的恣意行使，保障律师免受不当追诉。

一、辩护律师惩戒机制对于辩护律师忠诚义务的意义

辩护律师忠诚义务的履行，除了自我道德约束之外，还必须通过一定的外部惩戒的方式加以贯彻。律师惩戒机制是对辩护律师违反忠诚义务的有效规制，是确保辩护律师职业自主性的重要基石，也是维护社会公众对于律师职业信任的有效手段。

（一）惩戒机制是辩护律师违反忠诚义务的有效规制

律师职业是一个高度自律的职业，高度自律不仅仅是律师将职业道德和行业规范内化于心、外化于行，更为重要的是要有一种严明的惩戒机制作为保障，这也是确保辩护律师忠诚义务履行的有效方式。

首先，律师惩戒机制涉及的主要内容都与辩护律师的忠诚义务有关。律师行业实际上是一个高度自律的行业，这里的自律不仅仅是指律师自身要受到高标准的职业道德和严格的行业规范约束，更重要的一点是对于律师违法违纪行为存在着严格的惩戒机制。而通过对各国律师惩戒机制进行比较研究，可以发现一个共同的规律，就是惩戒内容主要集中于律师勤勉尽责、保守秘密、利益冲突等事由，而这些事由正是辩护律师忠诚义务积极和消极内涵的主要内容。通过对律师的违法违规行为实施相应的处罚，有利于被惩戒律师

以后按照忠诚义务的相关要求，依法依规执业。

其次，律师惩戒机制设置的核心目的就是更好地实现律师对当事人的忠诚义务。律师惩戒是律师制度的一项重要内容，也是对律师进行管理的有效手段。通过对律师失范行为进行惩戒，让其受到相应的处罚，可以更好地督促律师履行相应的义务，更加勤勉尽责，同时避免消极损害当事人利益的行为发生，促使全体律师依法执业，促进律师行业健康有序的发展。实现律师对当事人的忠诚义务，最大程度地维护当事人的合法利益，也是律师惩戒机制设置的核心目的所在。

（二）惩戒机制是确保辩护律师职业自主性的重要基石

首先，律师伦理规范和律师惩戒机制是法律职业主义的重要体现，与职业的自主性密切相关。按照弗莱德森（Eliot Freidson）的职业理论，区分职业和其他行业的唯一重要的标准是职业的自主性，即一种能够对工作实施合法性控制的地位。[1]从法律职业主义角度看，律师惩戒机制是律师职业自主性的重要基石，在更深的层面则体现了作为社会一部分的职业相对于国家所具有的独立性。律师行业的发展离不开高素质的律师队伍。对于违法违规的律师及时进行惩戒，不仅可以对其他律师起到威慑作用，还可以在公众中树立良好的律师公众形象。诚如有学者指出："律师在接受'为当事人提供法律服务'的重新定位之后，千万不可迷失在私益关系中，相反，应该把加强职业伦理和执业纪律提到自我保护的高度来认识。"[2]

其次，律师惩戒权的归属也是"国家主权与治理权分离理论"的体现。"治理"原本只是与国家公共事务相关的管理活动和政治活动。西方国家从20世纪70年代开始对"治理"进行研究。对于律师职业的规制，也可以通过"治理理论"进行解读。从"治理理论"的基本观点可知，治理权的主体是多元的，既可以是国家机关，也可以是社会组织。[3]纵观世界主要国家律师惩戒的模式，主要采取律师协会独享或者与国家机关分享惩戒权的模式，这也正是主权与治理权分离理论的体现。治理权属于主权的重要组成部分，

---

〔1〕 刘思达：《失落的城邦：当代中国法律职业变迁》，北京大学出版社 2008 年版，第 147 页。

〔2〕 季卫东："律师的重新定位与职业伦理"，载《中国律师》2008 年第 1 期。

〔3〕 ［英］格里·斯托克："作为理论的治理：五个论点"，载《国际社会科学杂志（中文版）》1999 年第 1 期。

国家可以制定法律对公共事务的治理权进行配置，既可以将治理权配置给国家机关，也可以配置给其他国家机关之外的主体。这样，国家机关之外的主体获得了公共事务的治理权，治理权就与主权发生了分离。律师制度是国家司法制度的重要组成部分，对于律师职业的管理本质上是一个国家的公共事务，也是国家治理的一项重要内容。国家作为主权的拥有者，可以随时通过立法配置对于律师的惩戒权。律师惩戒作为国家治理的重要场域，传统上由国家机关对律师惩戒进行管控，这种做法容易导致主权和治理权混合。随着律师职业的发展，国家开始把律师管理权部分交由非国家机关的律师协会行使，此时，主权与治理权发生了分离。律师协会在国家授权的范围内对律师进行管理，包括惩戒在内。国家作为主权的享有者，依然可以通过司法行政机关或者法院对律师进行管理。

（三）惩戒机制是维护社会公众对于律师职业信任的有效手段

首先，惩戒机制有助于树立良好的律师公众形象。律师行业的发展离不开广大律师的努力，更离不开社会公众的信任与支持。然而，由于律师队伍素质的参差不齐，实践中部分律师还存在着违反忠诚义务，损害当事人利益的行为，损害了律师在社会大众中的良好形象。通过对违法违规律师进行及时惩戒，不仅可以对其他律师起到警示作用，督促律师依法规范执业，还有助于在广大民众中树立良好的律师公众形象。例如，我国建立了律师违法违规行为处罚披露制度，受到处罚的律师及律师事务所都要在司法部官网上予以公开，这也是通过披露违法违规的律师，让社会公众进行监督的有力举措。

其次，惩戒机制有助于维护社会公众利益。维护社会公众利益是律师在执业过程中应尽的义务，社会公众的利益也可能由于律师的违法违规执业而遭受损害。如果辩护律师的执业行为违反法律或相关行业规范的规定，不仅会损害当事人利益以及社会公共利益，甚至会直接危及律师职业的发展和社会公众对于律师职业的信任。为此，各国普遍建立了完备的律师惩戒机制，通过整顿律师职业群体的秩序和执业纪律，确保社会公众利益不被侵害，从而赢得社会公众对于律师职业的信任和尊重。

二、律师惩戒权分配之考察

律师惩戒机制是律师管理体制的重要方面，各国已普遍建立了完备的律师惩戒机制。然而，在律师惩戒权的归属上，各国存在着显著的差异。我国律师惩戒权的归属也经历了一个去行政化和律师行业职业化的过程。

(一) 比较法视野下律师惩戒权分配的三种模式

由于各国在法律传统、道德观念、社会文化方面存在诸多差异，因此律师惩戒权的分配也存在很大差异，大体有以下三种模式。

1. 行业自治模式

日本律师协会享有完全的律师惩戒权，律师协会实行行业自治，日本对律师的惩戒权由日本律师联合会和地方律师协会共同行使，任何司法机关不能对律师进行监督和惩戒，这种惩戒模式我们称为行业自治模式。

日本律师联合会、各律师协会内部均设立了纲纪委员会、惩戒委员会。任何人认为律师应受惩戒，说明理由后，可请求该律师所属律师会对其予以惩戒。由日本律师联合会、各律师会纲纪委员会调查，该委员会除律师外，由法官、检察官、学者参与，该委员会认为应予惩戒的，提交惩戒委员会。惩戒委员会由律师、法官、检察官、学者组成，律师协会根据惩戒委员会的调查结果作出决议。律师不服律师协会处分，可以向日本律师联合会提出申诉。[1]日本律师联合会和各律师协会获得了对律师的完全管理权，体现了这种模式下律师行业高度自治的特点。律师惩戒由纲纪委员会、惩戒委员会分别进行检控与裁决，大大增加了惩戒程序的透明化程度，同时也有效地防止了权力的专断。

2. 行业管理与法院监督结合模式

英国和美国采取律师协会与法院结合的方式进行律师惩戒。在这种行业管理与法院监督结合的模式下，法院与律协之间实际上是一种互相制约的关系，律师惩戒前期的大量工作是由律协完成，法院对暂停执业、取消资格等重大事项拥有决定权，同时监督律师协会的工作。

美国法院从传统上讲有一种监督法律事务活动的固有权力。美国律师以行业协会（律师协会）进行管理为主，联邦政府司法行政部门并不管理律师。州一级的律师协会在律师管理体制中扮演着主要角色，律师执业管理和惩戒处罚程序，都主要由州的律师协会来实施。同时，法院仅仅对暂停执业、取

---

〔1〕 袁钢："国外律师管理体制的类型研究（下）"，载《中国律师》2017 年第 10 期。

消资格等惩戒措施履行裁决职能。目前，法院主要是通过行使司法监督权对律师进行管理，尤其针对律师渎职案件、藐视法庭案件、收费争议案件和利益冲突案件。美国这种行业自治和法院管理相结合的模式，以律师协会作为律师惩戒的主体，法院发挥着监督的功能，有助于防止国家权力机关对律师惩戒的过度干预。同时，惩戒委员会由律师及社会人士共同组成，有利于确保惩戒结果的公正性与公信力。

英国对律师的惩戒采取二元化的方法，且主要由律师协会的惩戒裁判所或惩戒委员会行使惩戒权。惩戒委员会还采取了由律师和法官以外的第三者参加的制度，开辟了业外人士参与律师惩戒的渠道。[1]在德国，负责对违法违纪律师进行惩戒的机构有两个：第一，州律师协会。州律师协会只能对律师违反职业道德的轻微行为进行处分，处分种类只有一种，即训诫。律师对处分不服的，可以向法院提起诉讼。第二，法院。在地方法院、州法院、联邦法院内部设立律师纪律法庭（又称"律师法院"），负责对律师违反律师法或职业规则的章程中规定的义务进行惩戒。

《德国联邦律师条例》第五编、第六编、第七编对于律师法院的设立，律师法院对违反义务的惩戒以及律师法院惩戒的诉讼程序进行了详细的规定。[2]

3. 行业管理与司法行政机关结合模式

法国、韩国的律师惩戒主要由律师行业外部的法院、司法行政部门负责。法国的律师协会为公法社团，是律师自律管理的行业组织。法国在上诉法院设立纪律惩戒委员会，负责受理所在地律师公会登记的律师违法及过错案件，利害关系人对惩戒裁定不服的，可向上诉法院提起上诉。但巴黎律师公会理事会依然是纪律惩戒委员会，受理本公会登记的律师违法及过错案件。[3]韩国设置了律师协会与司法行政部门（法务部）相结合的律师惩戒系统。2011年修订的《韩国律师法》规定，韩国律师协会具有律师执业资格授予和律师惩戒的权限。韩国律师惩戒由律师惩戒委员会负责，韩国律师协会及法务部

〔1〕 郭志媛、焦语晨："对律师职业道德弱化的规范与反思——以律师惩戒制度为视角"，载《中国司法》2015年第1期。

〔2〕 北京市律师协会组编：《境外律师行业规范汇编》，中国政法大学出版社2012年版，第561~576页。

〔3〕 袁钢："国外律师管理体制的类型研究（下）"，载《中国律师》2017年第10期。

分别设置律师惩戒委员会，法务部惩戒委员会负责对律协惩戒委员会的惩戒决定提出异议申请的案件。[1]

(二) 我国惩戒机制发展的历程

我国现行的律师惩戒机制采取司法行政管理与律师协会自我管理相结合的二元模式。我国律师惩戒机制的发展历程，不仅是一个去行政化的过程，更是一个律师行业不断职业化的过程。

1. 初步构建时期：完全行政管理模式

1980 年，全国人民代表大会常务委员会发布《律师暂行条例》，我国律师制度得到重建，但是当时仅仅是关于律师制度方面的建设，有关于职业惩戒方面的规定尚未形成体系。直到 1992 年司法部出台了《律师惩戒规则》，基本完成律师惩戒机制在行政处罚方面的构建，这才初步构建了我国律师惩戒机制的基本框架。但由于此时律师仍然属于"国家法律工作者"，是国家事业单位的工作人员，因此，律师接受的是一种体制内部的惩戒，当时律师协会并没有对律师的惩戒权。

2. 司法行政机关主导惩戒权时期：承认自律的两结合管理体制

1996 年我国《律师法》将律师管理权同时配置给司法行政机关和律师协会，律师协会享有对律师的纪律处分权。然而，在律师惩戒方面，只是简单地规定了"律师协会按照章程对律师给予奖励或者给予处分"。随后，司法部于 1997 年又出台了《律师违法行为处罚办法》，对于《律师法》有关律师惩戒机制的内容进行了细化。2004 年《关干进一步加强律师监督和惩戒工作的意见》，对于律师惩戒权的分配进行了明确的界定，即司法行政机关享有的是行政处罚权，而律师协会则享有行业处分权。自此，初步形成了以司法行政机关为主导的律师惩戒两结合的管理模式。

3. 律师协会共享惩戒权时期：授权惩戒的两结合管理体制

2007 年《律师法》延续了律师协会享有纪律处分权，司法行政机关享有行政处罚权的管理体制，同时增加了律师协会的行业自律职责，第 46 条明确了律师协会应当履行下列职责："制定行业规范和惩戒规则……对律师、律师

---

〔1〕 袁钢："国外律师管理体制的类型研究（下）"，载《中国律师》2017 年第 10 期。

事务所实施奖励和惩戒。"根据全国律协章程，律师协会只拥有训诫、通报批评、公开谴责、责令接受培训等相对软性的权力，而凡涉及吊销执照、罚款、没收违法所得等行政处罚权的，必须由司法行政部门决定，因此，律师协会的惩戒权力是有限的。

可见，我国目前对律师行业实行的是"两结合"的管理体制。与此相适应，律师惩戒机制也是采取以司法行政机关行政处罚为主，以律师协会行业处分为辅的"二元模式"。

三、忠诚义务下辩护律师惩戒机制之规范

从律师职业自身发展的角度来看，律师行业自治可以说是律师惩戒机制发展的一个必然趋势，构建我国律师惩戒机制，要以保障律师的忠诚义务为导向，对于一般事项的惩戒应当充分发挥律师协会的主导作用，而对于重大事项的惩戒应当发挥法院的司法审查权。

（一）惩戒机制之规范原则

1. 惩戒机制要以保障律师的忠诚义务为导向

首先，惩戒机制设立的目的是实现律师对当事人履行忠诚义务。辩护律师一旦与当事人签订委托协议，就应当勤勉、尽责地为当事人提供专业的服务。在刑事诉讼中，辩护律师的职责就是为被告人进行无罪、罪轻的辩护。这其中，信赖与保密可以说是委托关系的核心，被认为是律师制度的逻辑起点，也是现代律师制度的基础理念。对于辩护律师在辩护过程中违反信赖和保密义务的行为，通过设立律师惩戒机制予以规制，目的就是要更好地实现律师对当事人的忠诚义务。

其次，惩戒机制的设立还应当保护辩护律师的职业热忱。辩护律师忠诚义务的内涵之一就是要勤勉尽责，而对于辩护这个职业的热忱正是律师勤勉尽责的动力源泉。因此，惩戒机制的设立，要明确律师行为的边界，保护律师的职业热忱。

2. 惩戒机制要防止对于辩护律师忠诚义务的片面理解

首先，片面地理解律师的忠诚义务导致我国目前的惩戒机制难以准确界定律师的失范行为。忠诚义务是由当事人至上原则引申出来的辩护律师的第一职业伦理，然而，忠诚义务并非无限制的，其行使也是有边界的，例如辩

护律师对于法庭的真实义务，法官伦理与政治伦理共同监督，等等。部分律师为了执业便利片面地理解律师的忠诚义务，其目的在于寻求理论上的支持并获得道德豁免，以此来逃避惩戒。但这也增加了律师行为是否违反执业规则的认定难度。这是因为，一方面，过分强调对律师的惩戒，会限制律师进行辩护的热忱，从而从根本上损害当事人的利益。另一方面，过分强调律师的忠诚义务，就会导致惩戒的范围难以准确界定，影响辩护律师与当事人之间的关系甚至是审辩关系。

其次，惩戒主体的专业性有助于防止对辩护律师忠诚义务的片面理解。一方面，律师何种行为是违纪行为，司法行政机关对此界定相对宽松。现实当中确实有不少本应受到惩戒的律师失范行为并没有得到有效的惩戒，这也在一定程度上导致社会公众和其他法律职业群体对律师职业伦理水准的负面评价。[1]另一方面，对于律师违规行为，司法行政机关的判断缺乏专业性和说服力。司法行政机关对于刑事辩护中律师行为究竟属于辩护策略的选择还是违法违纪行为的判断，由于欠缺专业基础，很难作出准确的判断。因此，应当加强惩戒主体的专业性，惩戒主体应由律师、法官、检察官、专家学者等法律专业人士构成，这样才能更好地从专业角度对律师的行为进行准确判断，也有助于防止对辩护律师忠诚义务进行的片面理解，将对律师的惩戒控制在合理的限度内，更好地处理律师的违规行为。

3. 惩戒机制要处理好律师商业化和社会责任之间的关系

首先，律师的商业化和律师的社会责任之间存在一定的矛盾。一方面，律师的商业化是律师个人价值自我实现的一种必要途径。因为在法律服务市场体制下，当事人要想获得优质的法律服务，就必须支付相应的费用。律师的商业化是律师依法独立自主开展业务的基础，在特定条件下能够促进律师职业目标的实现。另一方面，律师作为法律工作者和社会法律服务的直接提供者，肩负着不可推卸的多重社会责任。律师的社会责任属于道义责任或道德义务范畴。例如，在刑事辩护全覆盖背景下，大量的刑事案件需要法律援助律师来完成，这就可能会导致一个问题，刑事案件的法律援助工作很难吸引高水平的刑辩律师参与其中，即使参与进来也可能因缺乏动力而进行消极辩护。如果过度强调律师执业活动的商业化，很可能会降低律师职业的道德

---

[1] 吴洪淇："律师职业伦理规范建设的回顾与前瞻"，载《交大法学》2018 年第 2 期。

标准。过度的商业化可能会给律师职业尤其是律师社会责任的履行带来很大的负面影响。

其次，律师惩戒机制的设计要限制律师职业过度商业化带来的负面影响。我国现有的惩戒机制难以有效解决商业化带来的一些现实问题。实践中有些律师的辩护确实构成了无效辩护，直接影响到了被告人的权益甚至是生命。例如，在死刑案件的辩护中，如果法律援助律师进行消极辩护，不仅不会起到辩护的作用，反而会浪费被告人最后的机会，导致不可逆的诉讼后果。然而，对于辩护律师这样明显违背律师职业操守的行为，目前的惩戒机制显得无能为力。因此，律师行业内部需要制定一个辩护律师最低工作质量标准，用来界定辩护律师的服务质量，同时还要设立专业的惩戒机制，对于那些主观上消极辩护的行为进行有效惩戒，以此来规范辩护律师行业的发展。

（二）辩护律师惩戒机制之规范路径

从我国律师惩戒去行政化这一发展趋势来看，在律师惩戒机制的构建中，律师协会将起到更专业的作用，律师惩戒机制应当逐步向以律师协会主导的行业监管模式过渡。一方面，要充分发挥律师协会自律的功能。作为律师行业自我管理的核心手段，律师协会制定的律师职业伦理规范在律师惩戒的过程中将会发挥越来越重要的作用。为此，应当逐渐摆脱行政监管的模式，对于律师违反职业伦理的行为予以惩戒。另一方面，对于律师重要资格能力剥夺的决定权（如取消律师资格），以及涉嫌刑事犯罪的行为，应当由法院行使最终的司法审查权力，避免司法行政机关的不当干预侵犯律师的重大利益。

1. 一般事项惩戒应当充分发挥律师协会的主导作用

首先，行业内部的惩戒机构对于律师行为的判断更具有专业性和权威性。随着近年来律师业务的快速发展，尤其是刑事辩护全覆盖的全面推行，更加强调辩护律师的忠诚义务。然而，对于实践中律师的一些行为是辩护策略还是违反忠诚义务的失范行为，由于司法行政机关的非专业性，很难作出准确的判断，这也在一定程度上增加了律师职业行为认定的复杂性，而律师过度商业性带来的职业道德的滑坡和职业行为的违规，也需要律师行业内部制定职业规范进行约束。在律师行业内部建立由律师、法官、检察官、学者等专业人士组成的惩戒机构，由于其组成人员的专业性，能增强认定结果的权威性。

其次，律师职业的特殊性也要求惩戒机制发挥律师行业自律的功能。目前司法行政机关只是对辩护律师明显违背法律和执业规范条文的行为进行惩戒，而实践中存在着大量违背职业伦理的失范行为，因为没有依据，司法机关很难对其进行惩戒。在实践中大量的职业道德失范行为往往难以得到有效的监督和惩戒，而这些失范行为却在很大程度上影响着律师的职业形象，如果放任这些行为，从长远来看必将会影响律师职业的健康发展。因此，发挥律师行业自律的作用也是律师惩戒机制发展的必然趋势。

2. 重大事项惩戒应当由法院行使最终的司法审查权

对于辩护律师一般的失范行为，由律师协会的惩戒机构予以惩戒；而对于剥夺律师重要资格能力的决定权，应当由法院行使，这是由我国目前实际情况和司法最终审查原则所决定的。

首先，目前我国律师行业的自律管理能力较弱，仍然处于辅助管理的地位。司法行政机关具有很多的律师管理权限，涉及律师管理的多个方面。律师协会无论是从人员配置还是从处罚的威慑力来看，都处于较弱的地位。由于律师协会日常接受司法行政机关的监督和指导，其作出的惩戒决定难免会受到司法行政机关的影响。例如，取消会员资格这种律师协会惩戒种类中较为严厉的措施，也只是在司法行政机关吊销律师从业资格之后才会使用。因此，我国目前尚不具备实行完全的律师行业自治的条件。

其次，对于涉及律师重大权益的惩戒程序应当遵循司法最终审查原则，这也是正当程序原则的必然要求。一方面，司法审查是一个法治社会解决纠纷最权威的程序。基于我国长期的行政管理模式和当前的律师协会发展水平，对于剥夺律师重要资格能力的惩戒决定，应当经由法院作出最终的决定，这样才能确保惩戒的权威性，避免未经正当程序的律师协会内部惩戒决定侵犯律师的执业资格等重大权益。另一方面，对于司法实践中律师行为可能触犯刑法的行为，必须由法院进行审理才能确定。《刑法》第 306 条规定了律师伪证罪，而《刑法修正案（九）》新增了"泄露不公开审理案件信息的犯罪"并完善了"扰乱法庭秩序罪"，可见，律师的严重失范行为已经被上升到刑法的层面。一旦律师触犯上述罪名，构成犯罪，司法行政部门将会启动吊销律师执业证的程序。实际上，这也是法院对于律师违法行为惩戒的一种司法认定，只是最后吊销律师执业证的程序需要由司法行政机关来行使。

四、针对律师扰乱法庭秩序行为追诉的程序规制

广义的律师惩戒机制既包括针对严重犯罪行为所启动的刑事追诉程序，也包括针对一般违规违纪行为所适用的纪律惩戒。前一种严重的律师犯罪行为属于刑事法律责任方面的内容，应直接由刑法调整。这其中，扰乱法庭秩序罪备受律师界关注。党的十八届四中全会明确提出："完善惩戒妨碍司法机关依法行使职权、拒不执行生效判决和裁定、蔑视法庭权威等违法犯罪行为的法律规定。"随后，《刑法修正案（九）》草案在修订的过程中，一审稿对扰乱法庭秩序罪的行为方式进行了扩张性修订，增加了"侮辱、诽谤、威胁司法工作人员或者诉讼参与人"和"其他扰乱法庭秩序行为"。这项修订虽然遭到了诸多质疑，但草案二审稿并未作出修改。在草案三审稿的征求意见过程中，律师界展开了激烈的讨论，主要意见也集中在言词入罪的惩罚方式以及兜底条款的设置上，担心法官滥用权力，妨碍律师正常行使权利。最终通过的《刑法修正案（九）》取消了第4项"其他严重扰乱法庭秩序的行为"这一兜底条款，并进行了细化。然而，律师界对于扰乱法庭秩序罪修改的种种质疑和争论却远未停止。

庭审程序作为诉讼活动的中心环节，是法官查明事实、选择适用法律、形成司法意见的基础和关键。庭审程序追求的是一种有序、稳定的状态。然而，近年来"死磕派"律师的出现，将传统的控辩冲突异化为辩审冲突。虽然部分律师的"死磕"行为在程序的范围内进行，对于促进法治的进步起到了一定的积极作用，但是不少"死磕派"律师的行为已经超出了法律程序的界限，与法庭形成极端的对立，严重破坏了法庭秩序，干扰了庭审活动的顺利进行，使得庭审过程处于无序的状态，这与庭审的秩序价值背道而驰，也是对我国司法权威的一种贬损。从世界范围来看，任何法治国家都不能容忍当事人、律师扰乱法庭秩序等行为，将严重扰乱法庭秩序的行为规定为犯罪也是各国通例。《刑法修正案（九）》关于扰乱法庭秩序罪的修改出台后，虽然全国人大常委会法工委强调，这项罪名不针对任何特定群体，谁违反了都有可能被追究，[1]但仍引发了律师界的普遍担忧。究其原因，一方面是由

---

〔1〕　徐隽、王比学："扰乱法庭秩序罪不针对任何特定群体"，载《人民日报》2015年8月31日，第4版。

于该条文是在我国当前辩审冲突不断加剧、律师被逐出法庭的案件时有发生的背景下出台的,其指向性较为明确,意在对"死磕派"律师以及"闹庭"现象进行规制;另一方面,立法规定存在一定的模糊性,律师界普遍担心法院作出不利于律师的解释,滥用扰乱法庭秩序罪对律师进行打击报复。学界目前的研究主要集中于扰乱法庭秩序罪的实体法规制方面,对扰乱法庭秩序罪的程序性规制则关注不足。而实体法规制与程序法规制本是规范扰乱法庭秩序罪适用的两个侧面,两者相辅相成,不可偏废。现代法治国家在权力制约机制上一个较为重要的变化趋势是由注重实体性规制更多倾向于程序性规制的转变。[1]对于这种"发生在法官眼皮底下的犯罪",如何从程序法的角度进行规制,防止权力的恣意行使,保障律师免受不当追诉,是一个需要认真探讨的问题。有鉴于此,本部分探讨扰乱法庭秩序罪的程序性规制问题,以期对扰乱法庭秩序罪的正确适用有所裨益。

(一) 扰乱法庭秩序罪追诉程序之启动

对于扰乱法庭秩序的行为,我国《刑事诉讼法》及司法解释根据情节不同设置了当庭处罚以及构成犯罪另行追诉两种处理方式。一方面,基于立场的不同,律师及当事人在行使权利时不可避免地会对法官的某些行为提出不同观点甚至异议,如果没有得到有效回应,甚至可能会与法官形成对立乃至发生冲突。另一方面,扰乱法庭秩序罪刑事责任的追究事关重大,尤其对于律师而言,更是如此。为此,应当严格限制扰乱法庭秩序罪追诉程序的启动。

1. 明确法院移送之实质条件

扰乱法庭秩序行为发生之后,应当由合议庭进行初步审查,当符合追究刑事责任的条件时,再移送公安机关进行侦查。对于法院移送之实质条件,应当把握以下原则:

第一,遵循比例原则,以用尽非刑罚手段为前提。为了体现刑法的谦抑性原则,防止司法权的滥用,在启动刑事诉讼程序进行追诉前,应当以用尽非刑罚手段为前提。一方面,《刑法修正案(九)》对扰乱法庭秩序罪中的"侮辱、诽谤"行为设置了"秩序缓冲"条款,即将"不听法庭制止"作为治罪的前提条件;而对于"毁坏法庭设施,抢夺、损毁诉讼文书、证据"的,

---

〔1〕 孙笑侠:《程序的法理》,商务印书馆 2005 年版,第 248 页。

只有"情节严重"的，才构成犯罪。另一方面，刑事诉讼法对于扰乱法庭秩序的行为依据比例原则进行了全方位的规制，针对不同行为设定了由轻到重的处罚措施，即先予以非刑罚处罚，只有情节严重涉嫌犯罪的，才能追究其刑事责任。在具体的审判实践中，经过几次法庭制止之后不起作用，才能认定为"不听法庭制止"？何为"情节严重"？对此立法并未作出明确规定，而是交由审判人员自由裁量。此时，审判人员应当以保证庭审活动的顺利进行为目的，以用尽非刑罚手段为前提，充分发挥警告制止、强行带出法庭、罚款和司法拘留等救济手段的作用。只有在用尽非刑罚手段之后，法庭秩序依旧混乱，出现案件无法继续正常审理或者被迫中断的，再启动刑事诉讼程序，将案件移送公安机关进行侦查，以体现罪当其罚、罚当其过的刑事处罚原则。

第二，正确处理与律师庭审言论豁免权的关系。辩护律师庭审辩护言论的豁免权，是指辩护律师在庭审中发表辩护言论，不受民事和刑事追究的权利。这项权利是适用于民事、刑事庭审的普遍性律师权利。[1]我国《律师法》第 37 条对此作出了明确规定。这对于律师在庭审中积极行使权利，减少其发言的后顾之忧，实现控辩平等具有重要的保障作用。律师"闹庭"作为我国法庭审判中出现的特有现象，有些是律师故意扰乱法庭秩序的行为，有些则是因为法庭审判的程序违法、律师的权利受到侵犯而引发的抗争。侮辱、诽谤行为的入罪，带来的一个重要影响就是可能与律师庭审言论豁免权产生一定的冲突。例如，辩护律师在法庭上对于公诉人所发表的公诉意见提出质疑，或者对于法官庭审指挥提出异议时，可能会由于一时冲动而言语过激，并且可能还会波及公诉人和法官个人，甚至被视为是对司法工作人员的"侮辱、诽谤"。此时，出于维护庭审秩序和保障辩护权之间的平衡，法官对于刑罚手段的运用应当极为慎重，把律师在庭审过程中为维护自身权利而一时冲动导致的过激言行与故意扰乱法庭秩序的行为区别开来。当律师提出异议时，应当做好耐心细致的解释工作并正确行使庭审指挥权，防止将律师维护自身权利的行为纳入扰乱法庭秩序罪的追责之列。

2. 明确法院移送决定作出之主体及程序

为保证对扰乱法庭秩序行为进行追诉的必要性和正当性，应当设置一个

---

〔1〕 龙宗智："律师法庭辩护涉及义务冲突的几个问题"，载《四川大学学报（哲学社会科学版）》2002 年第 5 期。

初步审查程序，即由案件发生地法院对于扰乱法庭秩序行为是否应当进入刑事追诉程序进行初步审查。为此，应当明确初步认定的主体及认定程序。

第一，明确移送决定作出之主体。当扰乱法庭秩序的行为发生后，可能构成犯罪的，由谁来对是否移送公安机关进行侦查作出一个初步的认定，是一个至关重要的问题。《最高人民法院关于适用<中华人民共和国刑事诉讼法>的解释》第 250 条第 1 款规定："法庭审理过程中，诉讼参与人或者旁听人员扰乱法庭秩序的，审判长应当按照下列情形分别处理……"由此可见，对于庭审过程中发生的扰乱法庭秩序的行为，立法赋予审判长进行处理的权力。但是，审判长作为庭审过程的亲历者，由其对行为人是否涉嫌扰乱法庭秩序罪进行初步的判定，难免存在一定的主观偏见。为了防止审判长滥用权力，除独任审判的案件可以由审判长个人决定外，其余案件均应交由合议庭讨论决定。

第二，严格移送决定作出之程序。合议庭在对涉及程序的事项作出即时裁决之前，对于相关证据的初步审查和判断需要一个过程。因此，可以考虑设置一个短暂休庭的制度。在休庭过程中，合议庭成员通过观看录像回放等手段进行审查，并作出评议。一方面，经过评议后，认为扰乱法庭秩序的行为尚未达到构成犯罪的程度，并且可以采取非刑罚措施加以制止的，恢复开庭之后，由审判长宣布处罚措施。另一方面，如果认为扰乱法庭秩序的行为情节严重，需要追究刑事责任时，以书面形式报院长批准先行采取司法拘留措施。其后法院可将相关证据材料移送公安机关立案侦查，如果认为涉嫌构成犯罪，则转为刑事拘留，开启正常的刑事诉讼程序。

3. 确立异地管辖制度，维护程序公正

对于扰乱法庭秩序的行为需要启动追诉程序时，管辖也是一个不容忽视的问题。《刑事诉讼法》仅仅规定"严重扰乱法庭秩序，构成犯罪的，应当依法追究刑事责任"。而对由哪个法院进行管辖，并未作出明确规定。虽然多数扰乱法庭秩序的案件由上级法院指定其他下级法院审理，但是仍有部分案件是由案件发生地法院直接审理。[1]扰乱法庭秩序罪是发生在法庭上的犯罪，法官有可能成为案件的受害人，与案件的结果存在直接的利害关系；也可能

---

〔1〕 笔者通过查阅中国裁判文书网，输入关键词"扰乱法庭秩序罪"，时间界定为 2013 年 1 月 1 日至 2018 年 12 月 1 日，搜索到以"扰乱法庭秩序罪"被定罪量刑的已裁决案件共 30 件，其中由案发地法院自行审判的案件有 9 件。

是案件的目击者而成为案件的证人。此时，法官既是"受害人"或者"证人"，又是"裁判者"，在已经形成先入为主的观念下对与自己有直接利害关系的案件进行审理，违背了司法人员应当恪守的中立原则。即使由该法院的其他法官进行审理，鉴于同事关系，也很难消除对被告人的偏见，其审理程序的公正性也会受到质疑。如何保障追诉程序的公正性，是扰乱法庭秩序罪修订后亟待解决的问题。

笔者认为，可以借鉴律师伪证罪的立法经验以及职务犯罪异地管辖制度的经验，建立追究扰乱法庭秩序罪的异地管辖制度。《刑事诉讼法》第 44 条确立了律师伪证罪，"由办理辩护人所承办案件的侦查机关以外的侦查机关办理"，这种异地侦查制度可以有效防止侦查机关滥用权利。近年来，职务犯罪异地管辖制度得到了很好的推广，取得了良好的法律和社会效果。为了防止先入为主观念产生的职业报复，对于扰乱法庭秩序罪可以借鉴律师伪证罪和职务犯罪的办理经验，建立异地管辖机制，即原负责侦查、审查起诉和审判的办案机关实行集体回避。首先，当扰乱法庭秩序行为发生的法院进行初步审查后，认为可能构成扰乱法庭秩序罪，应当将涉嫌犯罪的线索或者证据材料移送同级公安机关，由同级公安机关报上一级公安机关指定其他公安机关立案侦查。其次，侦查完毕后，移送同级人民检察院审查起诉。在移送审查起诉前，应当由其上级检察院与人民法院协商指定管辖的相关事宜。例如，在（2016）川 15 刑辖 12 号指定管辖决定书中，对于潘某等扰乱法庭秩序案，为便于案件的公正审理，及时有效地打击犯罪，由宜宾市人民检察院商请，宜宾市中级人民法院作出将案件指定珙县人民法院审理的决定。[1]这样做虽然有可能在一定程度上耗费司法资源，但保证了程序的公正性，通过程序的正当化最大限度地保障了实体的公正。

（二）扰乱法庭秩序罪的审理程序

在《刑法修正案（九）》的制定过程中，关于扰乱法庭秩序罪的审理程序，立法机关以及学界也存在一定争议。在《刑法修正案（九）》（草案）研拟过程中，有关机关提出，对于在法庭内、在法官在场的情况下实施的法庭藐视罪，应当设立特别的追诉程序，即可由人民法院迳行裁判，无须再经

---

〔1〕　参见《潘复琼、温安琼、温安秀、温安宪、宋远飞扰乱法庭秩序案指定管辖决定书》，（2016）川 15 刑辖 12 号。

过侦查、审查起诉等环节。[1]有学者对此表示支持,认为法官直判与我国以审判为中心的诉讼制度改革精神相一致,但是要依法设定范围条件,避免造成权力滥用。[2]但有学者对此提出担忧,认为如果由法院迳行裁判,检察机关无法参与案件的控诉,被告人委托辩护人辩护的权利无法得以保证,不利于被告人相关权利的保护。[3]笔者认为,为充分保障被告人在刑事诉讼程序中应当享有的权利,我国对于扰乱法庭秩序罪的审理不宜引入直判程序,但可以根据扰乱法庭秩序行为的具体情形适当简化庭审程序。

1. 域外对于扰乱法庭秩序犯罪审理程序的两种模式

综观域外针对扰乱法庭秩序犯罪的审理程序,大体有以下两种模式:

第一,直判程序模式。直判程序是源于英美法系国家针对蔑视法庭罪而产生的一项特殊审理程序,即可以不经过立案、侦查、起诉等诉讼程序,法官可以根据法律即时判决和即时收监,法官拥有对发生在法庭上的犯罪的直接判决权。[4]在英国,蔑视法庭罪分为民事蔑视法庭罪和刑事蔑视法庭罪。"在审理程序上,对于民事蔑视法庭罪,一般采用普通程序审理,而对于刑事蔑视法庭罪,则既可以依普通程序审理,也可依简易程序进行审理,而实际上一般都采用简易程序审理。依简易程序来审理蔑视法庭罪,法官可以作出即席判决。"[5]在美国,蔑视法庭行为分为直接蔑视法庭行为与间接蔑视法庭行为。直判程序仅仅适用于直接蔑视法庭的行为。针对直接蔑视法庭的行为,法院可以利用直判程序加以惩处,措施包括监禁和罚款。

第二,另行追诉模式。为了充分保障被追诉人在刑事诉讼程序中应当享有的权利,对于扰乱法庭秩序的行为,有些国家则是采取了另行追诉的方式。例如,德国把扰乱法庭秩序行为主要分为两类:一类是不服从法庭的命令,可以将其带离法庭或科处秩序拘留。《德国法院组织法》第177条规定:"诉

---

〔1〕 参见《中华人民共和国刑法修正案(九)》(草案)参阅资料,第十二届全国人大常委会第十一次会议参阅资料(三),2014年10月27日。转引自赵秉志、商浩文:"论妨害司法罪的立法完善——以《刑法修正案(九)》(草案)的相关修法为主要视角",载《法律适用》2015年第1期。

〔2〕 陈彬:"扰乱法庭秩序犯罪能否引入直判程序",载《人民法院报》2015年11月23日,第2版。

〔3〕 赵秉志、商浩文:"论妨害司法罪的立法完善——以《刑法修正案(九)》(草案)的相关修法为主要视角",载《法律适用》2015年第1期。

〔4〕 陈彬:"扰乱法庭秩序犯罪能否引入直判程序",载《人民法院报》2015年11月23日,第2版。

〔5〕 马永平:"英国蔑视法庭罪及其借鉴",载《人民代表报》2015年10月20日,第8版。

讼当事人、犯罪嫌疑人、证人、专家鉴定人或者没有参与审理的人员不遵守维持法庭秩序的相关规定，可以被责令退出法庭以及处以不超过 24 小时的一定期限的拘留。"[1]另一类就是藐视法庭行为，可以在保留刑事追诉的条件下，科处秩序罚款或秩序拘留。藐视法庭行为可以是旁听者，也可以是参加审理的人员。如果情节不严重，主审法官可以直接科处秩序罚款或秩序拘留。如果情形严重，已经构成犯罪的，比如对法官的侮辱行为，主审法官可以先科处秩序罚款或秩序拘留，但保留刑事追诉的权利。也就是说这些处罚并不排除以后对具体行为进行刑事追诉，是否进行追诉，则需要法官自由裁量决定。德国刑法中并没有对藐视法庭行为的单独规定。但是有些藐视法庭行为构成犯罪的，比如侮辱、身体伤害、财产损害，就可以按照德国刑法的规定，按照一般的犯罪行为另行追诉。

2. 两种模式之比较分析

直判程序通过赋予法官即刻处罚的权力，保障原诉讼程序的顺利进行，维护了法庭秩序和司法权威，体现了刑事诉讼的效率原则。然而，正当程序要求对被告人的定罪处罚必须遵循一定的程序，直判程序剥夺了被追诉人所享有的刑事程序权力，且容易导致法官滥用权力。正如美国加州法院在"赫利南案"中指出："宣判直接蔑视法庭的权力必然是武断的，在使用上必须非常小心谨慎。法官应牢记自己不是在报复，而是在促进对法律执行该有的尊重。政府各部门与官员通常没有的大量即决权力，唯独赋予了法官。如果这项权力没有明智运用，将很容易变成压制的工具。在即决惩罚的蔑视法庭程序中，施予处分的法官既是检察官，也是受害者。这种情况很容易招致任性之举。"[2]

随着对直判程序缺陷的进一步认识，英美法系国家开始逐步限制法官的直判权力。例如，在英国，"即刻惩罚权曾经被指责具有专横性和无限制性，因而英国在 1960 年取消了刑事藐视法庭罪简易审理一审终审的做法，赋予被告人上诉权，以防范这一权力的可能滥用"。[3]在美国，即便是允许对直接

---

〔1〕《德国刑事诉讼法典》，岳礼玲、林静译，中国检察出版社 2016 年版，第 241 页。

〔2〕 In re Hallinan，71Cal. 2d1179（1969），转引自［美］布莱恩·肯迺迪：《美国法律伦理》，郭乃嘉译，商周出版社 2005 年版，第 332 页。

〔3〕 马永平："英国藐视法庭罪及其借鉴"，载《人民代表报》2015 年 10 月 20 日，第 8 版。

蔑视法庭行为进行直接判决，也有着严格的限制。英国联邦最高法院通过判例，从案件的发生情况及案件类型出发对法官直判程序作出严格限制：一方面，直判程序仅仅适用于"紧急且必要"的情况；另一方面，直判程序仅仅适用于微罪。微罪与重罪的区分通常以六个月监禁为界限，"对于可能处以六个月以下监禁的蔑视法庭行为，法官可以直接作出判决；而被告人如果可能处以六个月以上的监禁，此时必须交由陪审团审理"。[1]此外，针对法官个人的直接蔑视行为也不适用直判程序。"如果被告人的蔑视法庭行为包括蔑视或批评法官，除非经被告人同意，否则该法官不得主持听证或审判。"[2]由此可见，即使在直判程序发源地的英美法系国家，对于直判程序的适用也呈现限制的趋势，逐步强调被告人程序性权利的保障。

另行追诉模式虽然在一定程度上耗费时间，但是保障了被追诉人的基本程序性权利，符合现代刑事诉讼的基本理念。一方面，另行追诉模式符合控审分离、审判中立的刑事诉讼基本原则。如果由法官直接启动审判程序，将追诉权和裁判权集于一身，违背了控审分离的基本原则。如果由原审法官直接审理扰乱法庭秩序罪，作为案件的受害人或者是目击证人，很容易形成先入为主的观念，法院的中立性和超然性将不复存在。另一方面，另行追诉模式有利于保障被告人的辩护权。如果由原审法官直接审理，被告人无从聘请辩护律师进行辩护，自行辩护难以达到效果，事实上削弱甚至剥夺了被告人的辩护权。正因如此，欧洲人权法院在 2004 年 Kyprianou V. Cyprus 案中，从《欧洲人权公约》第 6 条公正审判权的角度出发，否定了针对蔑视法庭犯罪采取的直判程序，"原审法官亲眼目睹该案的发生过程却没有回避，因此有理由相信上诉人没有获得中立无偏见的审判主体对其进行审判；同时原审法官未给上诉人任何准备时间就直接对其定罪量刑，剥夺了欧洲人权公约赋予其的程序性权利，当事人的程序性权利不得被剥夺，除非其自行放弃"。[3]

---

〔1〕 Eric Fleisig‑Greene, "why contempt is different: agency costs and 'petty crime' in summary contempt proceedings?" The Yale Law Journal, March, 2003.

〔2〕《美国联邦刑事诉讼规则和证据规则》，卞建林译，中国政法大学出版社 1996 年版，第 83 页。

〔3〕 Achilles C. Emilianides, "contempt in the face of the court and the right to a fair trial", European journal of crime, criminal law and criminal justice. 408, 410 (2005). 转引自孙学姣："论当庭处罚权"，湘潭大学 2014 年硕士学位论文。

3. 我国扰乱法庭秩序犯罪审理程序模式之选择

在我国当前以审判为中心的诉讼制度改革的背景下，对于扰乱法庭秩序罪的审理，不宜引入直判程序，须经过侦查、起诉和审判一系列完整的诉讼程序，才能定罪处罚，以充分保障被追诉人的刑事程序权利。这是因为，一方面，我国缺乏引入直判程序的土壤。一旦由法官对于某一行为直接判决，质疑司法公正的声音可能会模糊维护法庭权威的初衷。另一方面，直判程序剥夺了被追诉人所应享有的权利，且缺乏相应的程序保障。我国目前对于扰乱法庭秩序的行为采取了区分处罚模式，这种多元化、渐进式的处罚模式符合我国实际，足以满足维护司法权威的需要，不应当以牺牲被告人的程序性权利来维护司法权威。

虽然我国不宜引入直判程序，但可以区分扰乱法庭秩序行为的具体情形，适当简化庭审程序。扰乱法庭秩序的行为可以分为两种类型：一是"直接暴力"扰庭行为，即"聚众哄闹、冲击法庭的；殴打司法工作人员或者诉讼参与人的；有毁坏法庭设施，抢夺、损毁诉讼文书、证据等扰乱法庭秩序行为"。对于这三种情形，事实相对清楚，且有庭审录音录像的佐证，因此，在法庭审理过程中，应当把庭审的重点放在量刑的辩论上，适当简化事实调查的部分。二是"言语暴力"扰庭行为，即"侮辱、诽谤、威胁司法工作人员或者诉讼参与人"。控辩双方对于"侮辱、诽谤、威胁"的理解及具体证据的认定可能存在争议，因此，法庭审理的事实调查部分也应当成为庭审的重点环节。此外，如果是律师涉嫌扰乱法庭秩序，为了对合议庭进行有效监督，使其保证客观、中立的立场，在开庭审理时，应该允许律师协会的相关人员或其他社会法律人士旁听，以回应社会各界对于庭审的质疑。

(三) 扰乱法庭秩序罪的诉讼证明

证据裁判原则作为法治国家刑事诉讼的基本原则，它要求"认定案件事实，必须以证据为根据"。作为法官亲眼所见的犯罪，在认定扰乱法庭秩序犯罪时，仍然需要依赖庭审中的证据加以证明。因此，必须完善扰乱法庭秩序罪的诉讼证明机制。

1. 客观看待庭审笔录的证明作用

庭审笔录是法院在庭审过程中，由书记员制作的反映庭审活动真实情况的文字记载。庭审笔录不仅要能反映出法官主持审理活动、当事人参与庭审活动的基本情况，对于庭审中发生的扰乱法庭秩序的行为也应当有所记载。司法实践中，庭审笔录通常被用作证据来看待，对于扰乱法庭秩序罪起着一定的证明作用。

然而，司法实践中，尤其在扰乱法庭秩序犯罪的证明方面，庭审笔录很难发挥其应有的作用。这是因为，首先，庭审笔录这种平面型的记录方式很难反映出庭审的真实氛围。我国目前各级法院的庭审笔录制作，均是书记员采用电脑录入这种平面型的记录方式，而扰乱法庭秩序的行为具有立体性的特点，表现为多种形式，不仅有言语冲突，还有肢体冲突。而庭审笔录作为一种平面型的记录方式，一些发生在法庭上的言语冲突以及肢体冲突无法在笔录中得到充分反映。其次，庭审笔录对于扰乱法庭秩序的行为记录并不全面，很难再现庭审程序的原貌。由于事发突然，庭审笔录很难全面完整记录当时的详细状况。有法官曾经做过统计问卷，即扰乱法庭秩序的情况，你是否将其记录在案？选择"从未记录过"的有140人，占75.68%；选择"有时候会按照法官指示记录"的有11人，占5.95%；选择"突发情况简单注明"的有34人，占18.37%。[1]最后，庭审笔录不可避免地受到记录人员主观因素的影响。由于受到书记员专业水平、逻辑思维、判断能力等原因的影响，对于庭审中发生的扰乱法庭秩序行为，书记员在庭审笔录当中会不可避免地添加一些主观看法，很难客观反映庭审活动。庭审笔录可能存在缺陷，因此应当客观地看待庭审笔录的证明作用，注重结合其他证据进行综合判断。

2. 充分发挥庭审录音录像的证明作用

采用录音录像的方法，将法庭审理过程置于监督之下，对于诉讼参与者的言行有一定的威慑作用，督促其遵守法庭秩序。更重要的是，录音录像真实且客观地反映了法庭审理的原貌，在认定扰乱法庭秩序罪时能够发挥独特的证明作用。

首先，从证据能力的角度来看，庭审录音录像可以作为追究诉讼参与人、旁听人员扰乱法庭秩序责任的证据。因为庭审录音录像真实、完整地记录了法庭审理的全部过程，是证明庭审过程中是否存在扰乱法庭秩序犯罪最直接、最有力的证据。2017年3月1日起施行的《最高人民法院关于人民法院庭审录音录像的若干规定》第13条规定："诉讼参与人、旁听人员违反法庭纪律

---

[1] 宁杰、程刚："信息化背景下庭审记录方式问题研究"，载《法律适用》2016年第9期。

或者有关法律规定，危害法庭安全、扰乱法庭秩序的，人民法院可以通过庭审录音录像进行调查核实，并将其作为追究法律责任的证据。"该规定实际上明确了庭审录音录像可以作为直接追究扰乱法庭秩序责任的证据，这对于规范当事人在法庭上的言行、保证庭审活动的顺利进行具有重要意义。

其次，从证明力的角度来看，与庭审笔录、证人证言等证据相比较，庭审录音录像更加客观，具有独特的证明价值。作为庭审记录的一种方式，庭审录音录像客观地记录了整个庭审的过程，从而有效地弥补了书记员所做的庭审笔录的不足，与庭审笔录相互印证，对整个庭审过程中所发生的事实进行证明，最大程度地体现直接言词原则和客观真实原则。甚至在某些特定案件中，庭审录音录像被赋予与法庭笔录同等的法律效力。例如，《最高人民法院关于人民法院庭审录音录像的若干规定》第8条规定："适用简易程序审理民事案件的庭审录音录像，经当事人同意的，可以替代法庭笔录。"

3. 严格落实相关证据规则

首先，明确相关人员的出庭作证条件。完善证人出庭制度，是落实直接言词原则，推进庭审实质化的重要一环。扰乱法庭秩序犯罪作为"法官眼皮底下的犯罪"，无论是原合议庭成员，还是诉讼参与人或者旁听人员，作为目击证人，均见证了扰乱法庭秩序行为发生的全过程，其提供的证言对于查明案件事实起着至关重要的作用。2017年2月17日最高人民法院出台的《关于全面推进以审判为中心的刑事诉讼制度改革的实施意见》，将证人出庭作证制度作为改革重点，其中第14条规定，控辩双方对证人证言有异议，人民法院认为证人证言对案件定罪量刑有重大影响的，应当通知证人出庭作证。因此，在扰乱法庭秩序罪的审理过程中，也应当明确相关人员的出庭条件。当辩护人对于原合议庭成员及其他诉讼参与人提供的证言有异议，提出申请要求出庭作证时，如果人民法院认为该证人证言对扰乱法庭秩序罪的定罪量刑有重大影响的，应当通知证人出庭作证，接受控辩双方的质询。

其次，严格贯彻非法证据排除规则。在扰乱法庭秩序罪审理过程中，证人出庭作证是核实证据、确保证言可靠性的关键。然而，对于未出庭证人所提供的证言笔录，我国刑事诉讼法并未规定程序性制裁后果，这也是实践中证人出庭率低的一个重要原因。为了贯彻直接言词原则，《关于全面推进以审判为中心的刑事诉讼制度改革的实施意见》明确了非法证据排除规则，其中

第 29 条规定，证人没有出庭作证，其庭前证言真实性无法确认的，不得作为定案的根据。也就是说，如果辩护人对原合议庭成员、诉讼参与人提供的不利于被告人的证言有异议，而人民法院认为这些争议对于定罪量刑有重大影响而通知其出庭作证的，如果其不出庭，则对于其提供的证言，应当予以排除，不得作为定罪量刑的依据。惟其如此，方能保证法官对证人证言形成比较全面的认识，并对案件事实作出正确的判断，这有助于增强对于扰乱法庭秩序犯罪事实认定的精确性和可接受性。

从当初高悬于头的"达摩克利斯剑"之律师伪证罪，到现在紧绷于头的"紧箍咒"之扰乱法庭秩序罪，律师权利的保障始终是一个热议的话题。对于任何涉及律师执业的罪名，律师界都格外谨慎，生怕触碰"雷区"而断送职业生涯甚至锒铛入狱。《刑法修正案（九）》对于扰乱法庭秩序罪的修订已然确定，而围绕其争论却远未停止。在我国特定的文化背景和司法环境中，实现法官、检察官、律师与当事人之间的良性互动，营造一个"温暖人性的法庭环境"，需要多方面的努力。就扰乱法庭秩序罪的适用来看，除了从实体法上对扰乱法庭秩序罪的犯罪构成要件进行严格限缩解释外，还应当加强对扰乱法庭秩序罪的程序性规制，以程序制约权力，以权威维护秩序。唯其如此，方能破除律师头上的"紧箍咒"，律师在法庭上才能真正地坦然起来。

本章小结

辩护律师忠诚义务的履行，不仅需要自身从尽责和信赖等方面作出努力，外部的相关配套制度以及整个司法运行环境对忠诚义务的履行都会产生重要的影响。为此，应当完善忠诚义务的配套机制。首先，要确立刑事辩护的"进场机制"。刑事辩护准入制度为忠诚义务设置了第一道门槛，可以有效提高辩护质量，实现刑事辩护律师专业化。其次，还要确立刑事辩护的"退出机制"。在刑事诉讼的过程中，可能会遇到辩护律师与当事人之间发生辩护冲突、律师违法违纪等情形。为此，应当从退出前的预防机制和协商机制以及退出后的保障机制三个方面来构建我国辩护律师退出机制。最后，还应当完善针对律师失范行为的"惩戒机制"。对于律师违反忠诚义务的行为，除了其自身内心道德的约束外，还须通过一定的外部惩戒机制加以规制。

结　论

随着以审判为中心的诉讼制度改革的深入推进和刑事辩护全覆盖试点工作的全面推行，刑事辩护业务既面临着空前的发展机遇，也存在着诸多的挑战。作为辩护律师的重要职业伦理规范，忠诚义务调整着"辩护律师—当事人"这一律师职业伦理中的核心关系，从这一角度来看，忠诚义务也是辩护律师的第一职业伦理。本书通过对辩护律师忠诚义务的理论基础、内涵、边界以及保障机制进行分析研究，得出如下结论：

第一，辩护律师忠诚义务的履行与一个国家刑事诉讼构造、辩护律师的角色定位以及律师职业伦理的特殊性要求密切相关。通过对辩护律师忠诚义务的理论基础进行宏观考察，可以发现：不同诉讼构造下辩护律师忠诚义务的履行情况不同，我国从1979年至今的刑事诉讼构造变化对辩护律师忠诚义务的履行产生了较大的影响。不同国家辩护律师角色定位的不同，也直接影响到辩护律师忠诚义务的履行状况。"律师—当事人"关系这一律师职业伦理的核心问题决定了忠诚义务是辩护律师的第一职业伦理。

第二，应当从积极和消极两个角度来理解辩护律师忠诚义务的内涵。全面理解辩护律师忠诚义务的内涵，对于忠诚义务的履行至关重要。为此，应当从两个方面对其内涵进行解读：一方面，辩护律师积极履行相关义务，目标就是争取当事人利益的最大化。为此，应当积极履行沟通义务、阅卷义务以及调查义务这些基础性义务；充分重视庭前准备工作，确保庭审对抗的实质化；此外，辩护过程中还需要借助一定的"外力"，以形成一种辩护合力。另一方面，从消极的角度来看，辩护律师不得损害当事人的利益。为此，辩护律师应当承担保密义务，不得与案件有任何利益冲突，对于独立辩护也应当有所限制，并且禁止一些无效辩护的行为。

第三，辩护律师忠诚义务的履行有一定的外部边界，那就是对法庭的真实义务。这种真实义务具有消极性、片面性以及对象特定性的特征。这是由辩护律师所承担的社会责任、刑事诉讼真实发现的基本目标、维护司法权威之要求以及律师职业良性发展所决定的。我国对于辩护律师真实义务的要求过于严格，但内容却过于笼统。完善我国辩护律师的真实义务，应当明确辩护律师对待虚假证据的处理方式；区分真实义务与辩护策略；确立禁止损害实体真实这一真实义务的基本界限。

第四，如何平衡辩护律师忠诚义务与对法庭的真实义务的冲突，直接影响着辩护律师忠诚义务的履行。这种冲突是由辩护律师作为被告人的"热忱代言人"和"法庭官员"的双重角色所引起的。由于刑事诉讼构造和辩护律师的角色定位不同，各国在处理这种冲突时所采取的方式也不尽相同。具体到我国，对于被告人提供的虚假实物证据以及在法庭上的不实陈述或者抗辩，辩护律师不应当负有揭露义务。但是对于被告人违法或欺诈性行为，应当负有积极揭露的义务。为限制真实义务的扩张对于辩护律师忠诚义务履行的消极影响，应当赋予辩护律师免证特权，并完善律师伪证罪的程序性追诉机制。

第五，辩护律师忠诚义务的有效履行离不开外部的保障机制。这种保障机制包括三个层面，即准入机制、退出机制和惩戒机制。首先，要确立辩护律师的"进场机制"。辩护律师准入机制是为辩护律师忠诚义务的履行设置的门槛，只有规范从事刑事辩护律师的专业资格和能力要求，才能有效提高辩护质量。其次，保障忠诚义务的履行还要确立相应的"退出机制"，构建我国辩护律师的退出机制应当从退出前的预防机制、协商机制以及退出后的保障机制三个方面进行。最后，还应当完善对律师失范行为的"惩戒机制"。这不仅是对辩护律师违反忠诚义务的有效规制，也是维护社会公众对于律师职业信任的重要手段。

我国辩护律师忠诚义务论无论从理论上还是在实践中，均存在着诸多不完善的地方，对于辩护律师忠诚义务的研究也刚刚起步。未来对于辩护律师忠诚义务的研究还是应当紧紧围绕"律师—当事人"关系这一辩护律师职业伦理的核心要素进行。在借鉴法治发达国家和地区经验的同时，还要更多关注我们国家的制度环境与实践案例，通过我国律师法以及相关行业规范的完善和融合，创造出优越的制度环境，通过"制度规范"实现"理性实践"，最终实现"律师—当事人"关系理想目标与理性实践的统一。

参考文献

一、中文著作

1. 陈瑞华：《刑事辩护的艺术》，北京大学出版社 2018 年版。

2. 陈瑞华：《刑事证据法》，北京大学出版社 2018 年版。

3. 彭海青、吕泽华、[德] 彼得·吉勒斯编著：《德国司法危机与改革——中德司法改革比较与相互启示》，法律出版社 2018 年版。

4. 吴洪淇：《法律职业的危机与改革》，中国政法大学出版社 2017 年版。

5. 陈瑞华：《刑事辩护的理念》，北京大学出版社 2017 年版。

6. 王亚林：《精细化辩护 标准流程与文书写作》，法律出版社 2017 年版。

7. 谢望原、谢福笛：《不一样的辩护 成为刑辩高手的 31 个经典战例》，法律出版社 2017 年版。

8. 陈光中主编：《刑事诉讼法》，北京大学出版社、高等教育出版社 2016 年版。

9. 李本森主编：《法律职业伦理》，北京大学出版社 2016 年版。

10. 吴宏耀、郭烁主编：《行进中的中国刑事诉讼》，人民日报出版社 2016 年版。

11. 张勇：《律师职业道德》，法律出版社 2015 年版。

12. 门金玲主编：《刑事辩护操作指引》，法律出版社 2015 年版。

13. 许身健主编：《法律职业伦理论丛》（第二卷），知识产权出版社 2015 年版。

14. 许身健主编：《法律职业伦理案例教程》，北京大学出版社 2015 年版。

15. 朱明勇：《无罪辩护》，清华大学出版社 2015 年版。

16. 王发旭：《有效辩护之道 王发旭律师无罪辩护策略案例选》，法律出版社 2015 年版。

17. 许身健：《法律职业伦理》，北京大学出版社 2014 年版。

18. 徐宗新：《刑事辩护实务操作技能与执业风险防范》，法律出版社 2014 年版。

19. 任继鸿主编：《律师实务与职业伦理》，中国政法大学出版社 2014 年版。

20. 姜世明：《法律伦理学》，元照出版有限公司 2015 年版。

21. 陈瑞华：《刑事诉讼的前沿问题》，中国人民大学出版社 2013 年版。

22. 田文昌、陈瑞华：《刑事辩护的中国经验》，北京大学出版社 2013 年版。

23. 李礼仲、谢良骏:《法律伦理学新论》,元照出版有限公司 2013 年版。

24. 北京市律师协会组编:《境外律师行业规范汇编》,中国政法大学出版社 2012 年版。

25. 陈光中主编:《〈中华人民共和国刑事诉讼法〉修改条文释义与点评》,人民法院出版社 2012 年版。

26. 郎胜主编:《中华人民共和国刑事诉讼法修改与适用》,新华出版社 2012 年版。

27. 林钰雄:《刑事程序与国际人权》(二),元照出版有限公司 2012 年版。

28. 王惠光:《法律伦理学讲义》,元照出版有限公司 2012 年版。

29. 冀祥德等:《建立中国刑事辩护准入制度理论与实证研究》,中国社会科学出版社 2010 年版。

30. 北京市律师协会编:《律师利益冲突管理与公益法律服务》,北京大学出版社 2010 年版。

31. 东吴大学法学院主编:《法律伦理学》,新学林出版股份有限公司 2014 年版。

32. 吴俊毅:《辩护人论》,正典文化出版有限公司 2009 年版。

33. 刘思达:《失落的城邦:当代中国法律职业变迁》,北京大学出版社 2008 年版。

34. 姜世明:《律师伦理法》,新学林出版股份有限公司 2009 年版。

35. 王兆鹏:《辩护权与诘问权》,元照出版有限公司 2007 年版。

36. 李学尧:《法律职业主义》,中国政法大学出版社 2007 年版。

37. 莫洪宪主编:《死刑辩护——加强中国死刑案件辩护技能培训》,法律出版社 2006 年版。

38. 王进喜:《美国律师职业行为规则理论与实践》,中国人民公安大学出版社 2005 年版。

39. 孙笑侠等:《法律人之治——法律职业的中国思考》,中国政法大学出版社 2005 年版。

40. 林钰雄:《刑事讼诉讼》(上、下册),中国人民大学出版社 2005 年版。

41. 黄东雄、吴景芳:《刑事诉讼法论》,三民书局 2004 年版。

42. 杨宇冠、杨晓春编:《联合国刑事司法准则》,中国人民公安大学出版社 2003 年版。

43. 熊秋红:《刑事辩护论》,法律出版社 1998 年版。

44. [美]门罗·弗里德曼:《对抗制下的法律职业伦理》,吴洪淇译,中国人民大学出版社 2017 年版。

45. 《加拿大不列颠哥伦比亚省 1998 年法律职业法》,王进喜译,中国法制出版社 2017 年版。

46. 《苏格兰诉辩律师协会诉辩律师职业行为指引和惩戒规则》,王进喜译,中国法制出版社 2017 年版。

47. [英]亚历克斯·麦克布赖德:《律师为什么替"坏人"辩护? 刑事审判中的真相与谎言》,何远、汪雪译,北京大学出版社 2017 年版。

48. 《加拿大律师协会联合会职业行为示范守则》,王进喜译,中国法制出版社 2016 年版。

49. 《面向新世纪的律师规制》,王进喜译,中国法制出版社 2016 年版。

50. ［美］大卫·莱昂斯：《伦理学与法治》，葛四友译，商务印书馆 2016 年版。

51. Sir Fred Phillips：《法律专业人士伦理》，潘维大等译，新学林出版股份有限公司 2016 年版。

52. ［美］詹姆斯·J. 汤姆科维兹：《美国宪法上的律师帮助权》，李伟译，中国政法大学出版社 2016 年版。

53. ［美］布赖恩·Z. 塔玛纳哈：《法律工具主义对法治的危害》，陈虎、杨洁译，北京大学出版 2016 年版。

54. ［英］理查德·萨斯坎德：《法律人的明天会怎样？ 法律职业的未来》，何广越译，北京大学出版社 2015 年版。

55. ［美］德博拉·L. 罗德、小杰弗瑞·C. 海泽德：《律师职业伦理与行业管理》，许身健等译，知识产权出版社 2015 年版。

56. ［美］斯蒂芬诺斯·毕贝斯：《刑事司法机器》，姜敏译，北京大学出版社 2015 年版。

57. ［美］米尔依安·R. 达玛什卡：《司法和国家权力的多种面孔 比较视野中的法律程序》，郑戈译，中国政法大学出版社 2015 年版。

58. ［美］威廉·H. 西蒙：《践行正义 一种关于律师职业道德的理论》，王进喜译，中国人民大学出版社 2015 年版。

59. ［美］迪特里希·鲁施迈耶：《律师与社会 美德两国法律职业比较研究》，于霄译，上海三联书店 2014 年版。

60. ［美］迈克尔·舒特：《执业伦理与美国法律的新生》，赵雪纲、牛玥译，当代中国出版社 2014 年版。

61. ［美］艾伦·德肖维茨：《最好的辩护》，唐交东译，法律出版社 2014 年版。

62. ［澳］汤姆·坎贝尔：《法律与伦理实证主义》，刘坤轮译，中国人民大学出版社 2014 年版。

63. ［美］艾伦·德肖维茨：《致年轻律师的信》，单波译，法律出版社 2014 年版。

64. ［美］W·布拉德利·温德尔：《法律人与法律忠诚》，尹超译，中国人民大学出版社 2014 年版。

65. ［美］德博拉·L. 罗德、小杰弗瑞·C. 海泽德：《律师的职业责任与规制》，王进喜等译，中国人民大学出版社 2013 年版。

66. ［美］罗伯特·N. 威尔金：《法律职业的精神》，王俊峰译，北京大学出版社 2013 年版。

67. 《德国刑事诉讼法典》，宗玉琨译注，知识产权出版社 2013 年版。

68. ［日］佐藤博史：《刑事辩护的技术与伦理 刑事辩护的心境、技巧和体魄》，于秀峰、张凌译，法律出版社 2012 年版。

69. ［美］卡罗尔·S. 斯泰克：《刑事程序故事》，吴宏耀译，中国人民大学出版社 2012

年版。

70. Ed cape, Zara Namoradze, Roger Smith and Taru Spronken 主编：《欧洲四国有效刑事辩护研究——人权的视角》，丁鹏、彭勃等编译，法律出版社 2012 年版。

71. ［日］田口守一：《刑事诉讼的目的》，张凌、于秀峰译，中国政法大学出版社 2011 年版。

72. ［美］Geoffrey C. Hazard, Angelo Dondi：《比较法律伦理学》，李礼仲译，我国台湾地区财团法人民间司法改革基金会 2011 年版。

73. ［日］田口守一：《刑事诉讼法》，张凌、于秀峰译，中国政法大学出版社 2010 年版。

74. ［日］森际康友编：《司法伦理》，于晓琪、沈军译，商务印书馆 2010 年版。

75. ［美］戴维·鲁本：《律师与正义——一个伦理学研究》，戴锐译，中国政法大学出版社 2010 年版。

76. ［美］约书亚·德雷斯勒、艾伦·C. 迈克尔斯：《美国刑事诉讼法精解》（第一卷），吴宏耀译，北京大学出版社 2009 年版。

77. ［美］弗朗西斯·弗尔曼：《辩护的艺术》，林正译，中国商业出版社 2009 年版。

78. ［英］保罗·布兰德：《英格兰律师职业的起源》，李红梅译，北京大学出版社 2009 年版。

79. ［美］蒙罗·H. 弗里德曼、阿贝·史密斯：《律师职业道德的底线》，王卫东译，北京大学出版社 2009 年版。

80. ［美］罗纳尔多·V. 戴尔卡门：《美国刑事诉讼：法律和实践》，张鸿巍等译，武汉大学出版社 2006 年版。

81. ［日］松尾浩也：《日本刑事诉讼法》（上·下卷），丁相顺、张凌译，中国人民大学出版社 2005 年版。

82. 《美国律师协会职业行为示范规则（2004）》，王进喜译，中国人民公安大学出版社 2005 年版。

83. ［美］布莱恩·肯迺迪：《美国法律伦理》，郭乃嘉译，商周出版社 2005 年版。

84. ［德］托马斯·魏根特：《德国刑事诉讼程序》，岳礼玲、温小洁译，中国政法大学出版社 2004 年版。

85. ［美］理查德·A. 波斯纳：《证据法的经济分析》，徐昕、徐昀译，中国法制出版社 2004 年版。

86. ［美］詹姆斯·E. 莫利泰尔诺：《律师职业责任》，中信出版社 2003 年版。

87. ［德］克劳思·罗科信：《刑事诉讼法》，吴丽琪译，法律出版社 2003 年版。

88. ［美］艾伦·德肖微茨：《极不公正　联邦最高法院怎样劫持了 2000 年大选》，廖明等译，法律出版社 2003 年版。

89. ［美］罗伊·布雷克：《据理力争》，方佳俊、林怡州译，商周出版公司 2001 年版。

90. ［美］肯尼斯·基普尼斯：《职责与公义 美国的司法制度与律师职业道德》，徐文俊译，东南大学出版社 2000 年版。

91. ［美］罗伯特·戈登：《律师独立论》，周潞嘉等译，中国政法大学出版社 1992 年版。

二、中文论文

1. 王永杰："论辩护权法律关系的冲突与协调——以杭州保姆放火案辩护律师退庭事件为切入"，载《政治与法律》2018 年第 10 期。

2. 朱孝清："再论辩护律师向犯罪嫌疑人、被告人核实证据"，载《中国法学》2018 年第 4 期。

3. 吴洪淇："律师职业伦理规范建设的回顾与前瞻"，载《交大法学》2018 年第 2 期。

4. 柏恩敬、刘思达："律师刑事辩护中的职业伦理——中美比较制度与实践对话录"，载《交大法学》2018 年第 2 期。

5. 兰荣杰："刑辩律师维护当事人利益的行为界限"，载《交大法学》2018 年第 2 期。

6. 陈瑞华："论协同性辩护理论"，载《浙江工商大学学报》2018 年第 3 期。

7. 刘译矾："论委托人与辩护律师的关系——以美国律师职业行为规范为切入的分析"，载《浙江工商大学学报》2018 年第 3 期。

8. 臧德胜、杨妮："论值班律师的有效辩护——以审判阶段律师辩护全覆盖为切入点"，载《法律适用》2018 年第 3 期。

9. 董坤、段炎里："当前检察环节律师权利的保障现状与新现问题研究——以阅卷权、会见权和检察救济权切入"，载《河北法学》2017 年第 6 期。

10. 魏晓娜："审判中心视角下的有效辩护问题"，载《当代法学》2017 年第 3 期。

11. 史立梅："认罪认罚从宽程序中的潜在风险及其防范"，载《当代法学》2017 年第 5 期。

12. 顾永忠、李逍遥："论我国值班律师的应然定位"，载《湖南科技大学学报（社会科学版）》2017 年第 4 期。

13. 陈瑞华："论侦查中心主义"，载《政法论坛》2017 年第 2 期。

14. 陈瑞华："有效辩护问题的再思考"，载《当代法学》2017 年第 6 期。

15. 袁钢："国外律师管理体制的类型研究（上）"，载《中国律师》2017 年第 9 期。

16. 袁钢："国外律师管理体制的类型研究（下）"，载《中国律师》2017 年第 10 期。

17. John H. Blume, Rebecca K. Helm："'认假罪'：那些事实无罪的有罪答辩人"，郭烁、刘欢译，载《中国刑事法杂志》2017 年第 5 期。

18. 樊崇义、赵培显："法律真实哲理思维"，载《中国刑事法杂志》2017 年第 3 期。

19. 朱敏敏："我国律师惩戒制度回顾与发展趋势探析"，载《公安学刊（浙江警察学院学报）》2017 年第 2 期。

20. 陈瑞华："论辩护律师的忠诚义务"，载《吉林大学社会科学学报》2016 年第 3 期。

21. 陈景辉："忠诚于法律的职业伦理——破解法律人道德困境的基本方案"，载《法制与社会发展》2016 年第 4 期。

22. 方柏兴："论辩护冲突中的权利保留原则——一种协调被告人与辩护律师关系的新思路"，载《当代法学》2016 年第 6 期。

23. 孔令勇："论辩护律师与被告人审前全面核实证据的正当性"，载《浙江工商大学学报》2016 年第 4 期。

24. 谢小剑、揭丽萍："论辩护律师核实证据的限度"，载《证据科学》2015 年第 5 期。

25. 宋远升："刑辩律师职业伦理冲突及解决机制"，载《山东社会科学》2015 年第 4 期。

26. 郭志媛："对律师职业道德弱化的规范与反思——以律师惩戒制度为视角"，载《中国司法》2015 年第 1 期。

27. 司莉："律师保密义务有关理论问题探讨"，载《河南财经政法大学学报》2015 年第 2 期。

28. 龙宗智："辩护律师有权向当事人核实人证"，载《法学》2015 年第 5 期。

29. 孙谦："关于修改后刑事诉讼法执行情况的若干思考"，载《国家检察官学院学报》2015 年第 3 期。

30. 李奋飞："论'表演性辩护'——中国律师法庭辩护功能的异化及其矫正"，载《政法论坛》2015 年第 2 期。

31. 王凤涛："'磕出'中国法治'进步'？死磕派律师的制度角色与中国司法的策略选择"，载《中山大学法律评论》2015 年第 1 期。

32. 蒋华林："'磕出'一个法治中国！——以死磕派律师的价值辨正为中心兼与王凤涛博士商榷"，载《时代法学》2015 年第 3 期。

33. 陈学权："法庭驱逐辩护律师问题研究"，载《法学评论》2015 年第 5 期。

34. 陈学权："死刑复核程序中的辩护权保障"，载《法商研究》2015 年第 2 期。

35. 赵秉志、商浩文："论妨害司法罪的立法完善——以《刑法修正案（九）》（草案）的相关修法为主要视角"，载《法律适用》2015 年第 1 期。

36. 陈永生："刑事法律援助的中国问题与域外经验"，载《比较法研究》2014 年第 1 期。

37. 杨春洪、付凌云："论死刑案件指定辩护的有效性——兼谈构建死刑案件指定辩护质量标准"，载《政法学刊》2014 年第 5 期。

38. 陈瑞华："辩护律师调查取证的三种模式"，载《法商研究》2014 年第 1 期。

39. 宋远升："律师独立辩护的有限适用"，载《法学》2014 年第 8 期。

40. 甄贞、姚磊："论辩护律师保密特权的范围"，载《辽宁大学学报（哲学社会科学版）》2014 年第 3 期。

41. 刘蕾："保密义务与真实义务之间的较量——兼论我国辩护律师保密特权制度的完善"，

载《西北大学学报（哲学社会科学版）》2014年第1期。

42. 姜保忠："作证抑或保密：律师执业中的两难选择"，载《法治研究》2014年第1期。

43. 马驰："律师职业伦理制度化的法哲学意义及其风险"，载《广西社会科学》2014年第6期。

44. 张曙、司现静："中国辩护律师的真实义务范围研究"，载《辽宁大学学报（哲学社会科学版）》2013年第2期。

45. 陈瑞华："独立辩护人理论的反思与重构"，载《政法论坛》2013年第6期。

46. 马驰："存在独立的律师职业伦理吗？"，载《河北法学》2013年第9期。

47. 廖志雄："律师职业伦理：冲突与选择、道德权利及其法律化"，载《西部法学评论》2013年第2期。

48. 陈虎："独立辩护论的限度"，载《政法论坛》2013年第4期。

49. 高洁："论相对独立的辩护观——以辩护律师与被告人的关系为视角"，载《时代法学》2013年第4期。

50. 陈瑞华："论被告人的阅卷权"，载《当代法学》2013年第3期。

51. 汪海燕、胡广平："辩护律师侦查阶段有无调查取证权辨析——以法律解释学为视角"，载《法学杂志》2013年第11期。

52. 陈学权："'会见不被监听'对律师职业伦理的挑战及应对"，载《法学杂志》2012年第11期。

53. 左卫民、马静华："效果与悖论：中国刑事辩护作用机制实证研究——以S省D县为例"，载《政法论坛》2012年第2期。

54. 徐岱、刘佩："刑事辩护律师之法律伦理思考——涉黑案件中的正义、道德、尊严之辩"，载《当代法学》2012年第1期。

55. 刘薇："法官与律师共同职业伦理的构建——以日本法曹一元制为例"，载《甘肃社会科学》2012年第5期。

56. 吴纪奎："从独立辩护观走向最低限度的被告中心主义辩护观——以辩护律师与被告人之间的辩护意见冲突为中心"，载《法学家》2011年第6期。

57. 郭正怀、肖世杰："刑辩律师职业伦理之塑造"，载《中国刑事法杂志》2011年第6期。

58. 宁洁、胡旭晟："比较法视野中的中国台湾法律伦理学"，载《比较法研究》2011年第2期。

59. 汪海燕："律师伪证刑事责任问题研究"，载《中国法学》2011年第6期。

60. 马静华："指定辩护律师作用之实证研究——以委托辩护为参照"，载《现代法学》2010年第6期。

61. 葛同山："论刑事辩护律师的真实义务"，载《扬州大学学报》2010年第1期。

62. 王凌皞："应对道德两难的挑战　儒学对现代法律职业伦理的超越"，载《中外法学》2010 年第 5 期。

63. 梁兴国："律师职业的伦理性研究"，载《中国司法》2010 年第 5 期。

64. 李学尧："非道德性：现代法律职业伦理的困境"，载《中国法学》2010 年第 1 期。

65. 韩旭："被告人与律师之间的辩护冲突及其解决机制"，载《法学研究》2010 年第 6 期。

66. 韩旭："刑事诉讼中被追诉人及其家属证据知悉权研究"，载《现代法学》2009 年第 5 期。

67. 吴洪淇："从纪律到规则：律师行业规范的演进逻辑——兼评《美国律师职业行为规则：理论与实践》"，载《法治研究》2009 年第 3 期。

68. 季卫东："律师的重新定位与职业伦理"，载《中国律师》2008 年第 1 期。

69. 郑金火："忠诚与正义：律师职业价值的核心精神"，载《法治研究》2008 年第 8 期。

70. 冀祥德："提高我国刑事辩护质量的另一条路径——再论刑事辩护准入制度的建立"，载《法学杂志》2008 年第 4 期。

71. 顾永忠："论律师维护社会公平和正义的社会责任"，载《河南社会科学》2008 年第 1 期。

72. 顾永忠、李竺娉："论刑事辩护的有效性及其实现条件——兼议'无效辩护'在我国的引入"，载《西部法学评论》2008 年第 1 期。

73. 夏锦文："法律职业化：一种怎样的法律职业样式——以司法现代化为视角的考察"，载《法学家》2006 年第 6 期。

74. 顾永忠："关于加强死刑案件辩护的若干问题"，载《法学家》2006 年第 4 期。

75. 欧卫安："辩护律师的伦理：以忠诚义务为视点"，载《西南师范大学学报（人文社会科学版）》2005 年第 6 期。

76. 李学尧："法律职业主义"，载《法学研究》2005 年第 6 期。

77. 李宝岳、陈学权："辩护律师对法庭的真实义务"，载《中国司法》2005 年第 9 期。

78. 谢佑平、闫自明："律师角色的理论定位与实证分析"，载《中国司法》2004 年第 10 期。

79. 锁正杰、苏凌："'法律真实'理论与'客观真实'理论比较研究"，载《国家检察官学院学报》2003 年第 5 期。

80. 龙宗智："律师法庭辩护涉及义务冲突的几个问题"，载《四川大学学报（哲学社会科学版）》2002 年第 5 期。

81. 孙笑侠："法律家的技能与伦理"，载《法学研究》2001 年第 4 期。

82. 银建章："泄露国家秘密罪：悬在律师头上的又一把剑？——全国首例律师涉嫌泄露国家秘密案庭审纪实"，载《中国律师》2001 年第 7 期。

83. 李忠强："辩护律师的真实义务和保密义务"，载《律师世界》2000 年第 6 期。

84. 林钰雄："刑事被告本人之阅卷权——欧洲法与我国法发展之比较与评析"，载《政大法学评论》2009 年第 110 期。

85. 王兆鹏："实质及忠实之辩护最高法院相关判决评释"，载《法令月刊》2009 年第 7 期。

86. 王兆鹏："律师与当事人之秘匿特权"，载《刑事法杂志》2006 年第 56 卷第 6 期。

87. 王兆鹏："贯彻平等与实质之辩护制度"，载《月旦法学杂志》2006 年第 137 期。

88. 黄维幸："律师的守密伦理：立法、研究、教学、测验"，载《月旦法学杂志》2008 年第 154 期。

89. 吴俊毅："辩护人与其当事人的关系　以德国法为中心的探讨"，载《法令月刊》2003 年第 54 卷第 1 期。

90. 吴俊毅："辩护人与被告交流权之探讨——透过接见以及使用书信方式的情形"，载《月旦法学杂志》2006 年第 137 期。

91. 吴俊毅："辩护人在审判程序当中的地位　以德国法为中心的探讨"，载《法令月刊》2001 年第 52 卷第 9 期。

92. 张丽卿："与谈'刑事诉讼上关于职业秘密拒绝证言权之探讨'"，载《法学丛刊》2006 年第 51 卷第 1 期。

93. 黄建辉："法律伦理初探　以律师伦理为例"，载《法令月刊》1999 年第 50 卷第 11 期。

94. 刘孔中："论律师业之困境及其改善之刍议"，载《律师杂志》2002 年第 275 期。

95. 王宝辉："关于'律师伦理规范'几个辩证问题及其实践"，载《律师通讯》1996 年第 207 期。

96. 姜世明："论律师之契约义务（上）（下）"，载《军法专刊》2002 年第 48 卷第 1 期第 2 期。

97. 姜世明："论律师之真实义务"，载《全国律师》2004 年第 8 卷第 12 期。

98. 黄瑞明："职业伦理规范法律地位之探讨"，载《律师通讯》1996 年第 207 期。

99. 黄瑞明："论律师业的基本伦理冲突"，载《律师通讯》1994 年第 174 期。

100. 黄瑞明："欧陆法系律师社会角色之探讨"，载《律师通讯》1990 年第 130 期。

101. 陈运财："论刑事诉讼制度之改革方向"，载《律师杂志》1999 年第 238 期。

102. 陈志龙："辩护人刑事司法机关法治国家原则"，载《律师杂志》1997 年第 209 期。

103. 史庆璞："美国法律伦理有关律师与委任人关系法制论述（上）（下）"，载《军法专刊》2002 年第 47 卷第 7 期、第 8 期。

104. 谢哲胜："忠实关系与忠实义务"，载《月旦法学杂志》2001 年第 70 期。

105. 颜华歆："律师伦理规范之性质与功能"，载《全国律师》2005 年第 9 卷第 2 期。

106. 彭国能："辩护人于刑事诉讼上之法律地位"，载《刑事法学之理想与探索：甘添贵教授六秩祝寿论文集》，学林文化事业有限公司 2002 年版。

107. 王惠光："我国律师伦理规范真实义务的界线"，载《月旦法学教室》2011 年第 106 期。

108. ［日］村冈启一："辩护人的作用及律师的伦理"，尹琳译，载《外国法译评》1998 年第 2 期。

109. 何金升："论被告于侦查中之辩护依赖权"，台北大学 2017 年硕士学位论文。

110. 郭羿伶："法律伦理规范实效性之研究"，我国台湾地区"中国文化大学"2014 年硕士学位论文。

111. 苏书峰："侦查中辩护人之权利与保密义务"，我国台湾地区中正大学 2013 年硕士学位论文。

112. 林圣雄："美国法上律师守密伦理之规范研究"，我国台湾地区东华大学 2010 年硕士学位论文。

113. 钟若琪："律师保密义务与真实义务之冲突"，我国台湾地区交通大学 2010 年硕士学位论文。

114. 葛同山："辩护律师保密特权研究"，上海交通大学 2009 年博士学位论文。

115. 蔡云玺："律师伦理规范法制研究——以我国、美国（加州）及英国（英格兰）法制为比较"，台湾大学 2007 年硕士学位论文。

116. 简铭昱："论扣押辩护人所持有之物件——以辩护人之'交流与拒绝证言'二权与'禁止扣押'之关联为核心"，我国台湾地区东吴大学 2007 年硕士学位论文。

117. 颜华歆："论律师契约义务之具体化——以律师伦理规范充实律师契约义务之可能性"，台湾大学 2004 年硕士学位论文。

118. 彭国能："辩护人之法庭活动——兼论侦查活动"，台湾大学 2000 年博士学位论文。

119. 易延友："中国刑事辩护律师角色之演变"，载陈卫东主编：《"3R"视角下的律师法制建设　中美"律师辩护职能与司法公正"研讨会论文集》，中国检察出版社 2004 年版。

120. 王进喜："律师职业秘密问题研究"，载《诉讼法论丛》第 3 卷。

121. 门金玲："刑辩律师职业伦理的基本问题"，载《司法》第 9 辑。

122. 樊崇义："理性认识'认罪认罚从宽'"，载《检察日报》2019 年 2 月 16 日，第 3 版。

123. 徐隽、王比学："扰乱法庭秩序罪不针对任何特定群体"，载《人民日报》2015 年 8 月 31 日，第 4 版。

124. 陈彬："扰乱法庭秩序犯罪能否引入直判程序"，载《人民法院报》2015 年 11 月 23，第 2 版。

125. 马永平："英国藐视法庭罪及其借鉴"，载《人民代表报》2015 年 10 月 20 日，第 8 版。

126. 李思辉："律师披露案情不能漠视法律和道德"，载《光明日报》2014 年 1 月 22 日，第 2 版。

127. 朱磊："于宁委员：建议提高刑案律师参与率"，载《法制日报》2012 年 3 月 11 日，第 2 版。

128. "高晓松庭审现场两次打断律师，拒绝无罪辩护"，载《北京晚报》2011 年 5 月 18 日。

129. 赵蕾："李庄案辩护：荒诞的各说各话？"，载《南方周末》2010 年 8 月 11 日。

130. 王新环："律师不宜向被告人披露同案犯口供"，载《检察日报》2010 年 4 月 2 日，第 3 版。

131. 吴杭民："谢有明担任杨佳辩护人　让人不放心"，载《检察日报》2008 年 7 月 23 日，第 3 版。

132. 田文昌、余向栋："美死刑辩护律师：有资格才能上岗"，载《法制日报》2006 年 8 月 14 日，第 4 版。

三、外文著作

1. Stephen Gillers, Roy D. Simon, Andrew M. Perlman, Dana Remus, Regulation of Lawyers：Statutes and Standards (Wolters Kluwer law& business, Concise Edition, 2018)

2. Geoffrey Hazard Jr, Susan Koniak, Roger Cramton, George Cohen, W. Wendel, the Law and Ethics of Lawyering (New York：Foundation Press, 3ed. 2017).

3. Monroe H. Freedman, Abbe Smith, Understanding Lawyers' Ethics (Fifth Edition) (Carolina Academic Press. Fifth Edition. 2016)

4. Grace M. Giesel, Mastering Professional Responsibility (Carolina Academic Press. Second Edition. 2015)

5. Paul T. Hayden, Ethical Lawyering：Legal and Professional Responsibilities in the Practice of Law (3d ed. 2012).

6. In Confidence：When to Protect Secrecy and When to Require Disclosure (Yale university press. 2009).

7. Luban, David, Legal Ethics and Human Dignity (New York：Cambridge University Press. 2007).

8. Ronald D. Rotunda, Michaeli. Krauss, Legal Ethics in a Nutshell (Thomson West, 3rd ed. 2007).

9. Danniel R. Coquillette, Real Ethics for Real Lawyers (Carolina Academy Press, 2005).

10. Anthony T. Kroman, Ethics in Practice：the Law as a Profession (Oxford University press, 2000).

11. Andrew Boon & Jennifer Levin, the Ethics and Conduct of Lawyers in England and Wales (Oxford：Hart. 1999).

12. Donald Nicolson & Julian Webb, Professional Leagal Ethics: Critical Interrogations (New York : Oxford University Pres. 1999).

13. Luban, Aavid, Lawyers and Justice: an Ethical Study (Princeton University Press, 1988).

四、外国论文

1. Paul R. Tremblay, *At Your Service: Lawyer Discretion to Assist Clients in Unlawful Conduct*, 70 Florida Ia W Review (2018).

2. Bruce A. Green, *Candor in Criminal advocacy*, 44 Hofstra Law Review (2016).

3. Stephen C. Sieberson, Two Lawyers, *One Client, and the Duty to Communicate: A Gap in Rules 1.2 and 1.4*, 11 University of New Hampshire Law Review (2013).

4. Deborah M. Hussey Freeland, What is a lawyer ? A reconstruction of the *Lawyer as an officer of the court*, *XXXI Saint Louis University Public Law Review* (2012).

5. Woolley. Alice, *Regulating Dignity: A Review of legal Ethics an Human Dignity*, 11 Legal Ethics (2009).

6. William. Hodes, Commentary: *Client confidentiality in a wired (and sometimes wireless) world*, Lawyers USA, November 17 (2008).

7. Peter J. Henning, *Lawyers, Truth, and Honesty in Representing Clients*, 20 Notre Dame Journal of Law (2006).

8. Dostart. Zach, Selective Disclosure: *The Abrogation of the Attorney − Client Privilege and the Work Product Rule*, 33 Pepp. L. Rev (2006).

9. Brown Jr, Lonnie T, *Reconsidering the Corporate Attorney−Client Privilege: A Response to the Compelled−Voluntary Waiver Paradox*, 34 Hofstra L. Rev. 897 (2006).

10. Murphy, Ann M. Spin, *Control and the High Profile Client: Should the Attorney Client Privilege Extend to Communicants with Public Relations Consultants?* 55 Syracuse L. Rev (2005).

11. Daniel Walfish, *Making Lawyers Responsible for the Truth: The Influence of Marvin Frankel's Proposal for Reforming the Adversary System*, 35 Seton Hall Law Review (2005).

12. Eric Fleisig−Greene, *Why contempt is different: agency costs and 'petty crime' in summary contempt proceedings?* The Yale Law Journal, March (2003).

13. Markovits. Daniel, *Legal Ethics from the Lawyer's Point of View*, Yale Journal of Law and the Humanities 15 (2003).

14. Michael Mello, *The non−trial of the century: Representations of the Unibomber* , 24 Vt. L. Rev (2000).

15. Luban. David, *Legal Ideals and Moral Obligations*: *A Comment on Simon*, 38 William and Mary Law Review (1996).

16. Lee A. Pizzimenti, *The Lawyer's Duty to Warn Clients About Limitson Confidentiality*, 39 Catholic University Law Review (1990).

后　记

　　本书是在我的博士学位论文基础上修改形成的。"人生最大的动力就在于他的未知"，这是我硕士毕业论文致谢的开篇语，同样作为博士毕业论文后记的开篇语。人生最大的难题在于选择，当初选择考博，停下手头一切的工作，全身心投入考博，实际上也是一场豪赌，所幸老天眷顾，得偿所愿，来到了美丽的惠园，在清贫与辛劳间度过了博士四年。

　　博士论文的选题也经历了一番曲折。2015 年入学之时，导师陈学权教授以其深厚的理论修养和敏锐的学术洞察力，将我未来博士论文的研究范围划定在律师职业伦理的相关内容中。对于辩护律师职业伦理这一问题，由于我本人实务经验和学术研究能力有限，时常感到有些吃力，为此，之后一年进行了大规模的资料收集和整理，阅读了大量的相关文献，对于该问题有了一个初步的把握。辩护律师忠诚义务题目和框架的初步形成始于 2017 年初的苏湖之行，受邀参加苏州名仁刑辩论坛，论坛的主题就是辩护律师与当事人的关系。在参观完东吴大学旧址，拜谒完湖州沈家本故居并捐赠《大清刑事民事诉讼法草案》（法律馆稿本）之后，回京的高铁上，灵感来了，辩护律师与当事人关系的核心问题不就是忠诚义务么？于是将自己的博士论义题目确定为《辩护律师忠诚义务论》。和导师汇报了想法之后，得到了导师的肯定，并顺利开题。

　　博士论文的写作，是一个充满着艰辛的过程。整个写作过程历时两年，期间经历了灵感来袭的喜悦，无言下笔的惆怅，夜不能寐的煎熬、脱发焦虑的烦恼。读书人最大的心愿莫过于看到自己将研究的问题转化为方方正正的文字。看着眼前的论文定稿，回想起这期间奋战的几百个日夜，期间的殚精竭虑在记忆深处必定恍若尘烟，唯有几行墨迹，印证着自己为之付出的心血、汗水、智慧。

　　感谢我的导师陈学权教授，对于年近中年的我，求学不易，起步为艰。

导师给了我重返学校进一步深造的机会。导师在学术上是一位极具天赋的青年才俊，其以深厚的学术素养以及严谨的治学态度影响着我。从论文的选题、资料收集、确定大纲到正式写作，无不凝结着导师的心血。每当论文写作遇到卡壳之处无法前进之时，导师的一番点拨总能惊醒梦中人，为我理清思路，使我继续前行。而且导师经常通过微信发送与我论文相关的文章和最新资料，为我的写作及时提供前沿动态。初稿成形之后，他在百忙之中逐字仔细审阅，并提出了很多宝贵的意见，这也是论文得以完成的关键。正是这样全流程、精细化、大师级的指导，让我在读博期间真正学会了如何去写论文。从导师身上，我真切地感受到了师者的风范！

谁言寸草心，报得三春晖。感谢我的父母，给了我巨大的精神鼓励和支持。父母的爱是天底下最无私的爱，四年来，帮我照顾宝贝儿子骐骐，让我有足够的时间来完成论文的写作。每当我取得一点小的成就回家与父母分享，是我感到特别幸福的时刻。虽然他们并不是很懂我的专业，但是看到他们发自内心的高兴时，我有一种极大的满足。父母的大力支持和包容，是我生命中永远的温存和感动，是我不断奋斗进取的力量源泉。

感谢我的妻子陈尧对我的包容，四年间，往返京晋也有四十余次，粗略算下，也可以绕上地球赤道一圈了。往返奔波的背后，是我的妻子陈尧和宝贝儿子的无限依恋和无尽牵挂。妻子是一个非常有前瞻性的"人生导师"，在我回到法学院工作之后，有一段时间感觉前途迷茫，她敏锐地意识到考博是"大势所趋"，便督促我赶紧考博，在她的鼓励和鞭策下，我才产生了考博的动力和压力。她这么多年辛苦地照顾孩子，分担了原本属于我应承担的家庭繁杂事务，让我能够腾出精力来完成博士论文的写作。在我刚读博士的时候，宝贝儿子骐骐出生，给我们的生活增加了无数的欢乐，但是真的对不住宝贝儿子。他带给我的快乐是一种无法用语言形容的快乐，但是他却失去了诸多我理应给他带来的快乐。这期间，相思之苦、奔波之累时刻逼迫着我不停地回首自己走过的路，思考今后的方向，这种感觉只有亲身经历的人才会有真切的感悟。

人的一生，路遇贵人非常重要。1999～2019 年，从来北京读书开始算起，已经整整 20 年。我在想，像我这样一个寒门子弟，在京求学十多年，完成了本科、硕士、博士的学业，深感幸运，一路走来，遇到了很多贵人。

感谢中国政法大学的吴宏耀教授，恩师对于我的学术启蒙影响深远，无论做人、做事、做学问，也都深受其影响。早在十多年前，吴宏耀教授便以其敏锐的学术洞察力和对历史负责任的态度，提出了对于中国近现代刑事诉讼法的历史发展脉络进行系统梳理并对近代以来刑事诉讼法学的经典著作以及大理院判决例和解释例进行整理的计划，我也有幸参与其中。经过近十年的努力，晚清法律改革以来一部部尘封的法典，一本本经典的著作，一个个被遗忘的法律精英，再次回到了人们的视野当中，这也在某种程度上完成了中国刑事诉讼法学"续根"的任务。

感谢北京大学的陈瑞华教授。犹记得20年前，在考研选择专业的迷茫之际，有幸在北京大学理教楼旁听陈老师的课程，课间请教陈老师考研方向如何选择，陈老师毫不犹豫地回答"欢迎进入刑事诉讼法学的殿堂"，一句话和一本《刑事审判原理论》把我带进了刑事诉讼这个博大精深的法学"殿堂"。

感谢刘静坤教授，刑诉界的青年才俊，刘教授以其深厚的学术功底和丰富的实务经验，从预答辩到正式答辩过程中，提出了很多启发性建议，对于我论文框架和内容的不断完善至关重要。

感谢中国社会科学院的刘仁文教授、中国政法大学的吴宏耀教授、王志远教授、刘静坤教授、对外经济贸易大学的冀宗儒教授组成的博士论文答辩委员会。当刘仁文教授宣布："经答辩委员会评议并匿名表决，全体成员一致同意答辩通过，并认为该论文是一篇优秀的博士论文"，我激动的心情溢于言表。感谢清华大学的陈杭平教授、中央财经大学的郭华教授，他们在预答辩期间提出了很多宝贵的修改意见。此外，对外经济贸易大学的博士研究生陶朗逍、赵小军、张梦星、杨勇同学对文章的写作提出了宝贵意见，硕士研究生武晗溪、高伊楠同学对本文进行了校对，在此一并表示感谢。同时还感谢太原理工大学政法学院的领导和同事，他们对于我这些年读博给予了大力支持。

博士论文的完成，是一段学术经历的结束，又是未来学术研究和司法实践的开始。笔者的论文虽然比不上学术大咖们的著作，但也是一段时间来对于刑事诉讼法学的思考总结，提升了我继续从事学术研究的自信。受制于理论功底和实践经验的欠缺，论文中的一些问题思考并不成熟。为此，在论文定稿之际，笔者也在深入思考下一步的发展。如果说博士论文的写作稍微带一点完成任务的功利主义色彩的话，希望下一步的发展更加务实，能够认真深入思考一些司法实践当中的问题。理论研究应当走在司法实践的前面，才能为司法实践把握方向并指导实践。未来如何读好法律、社会、人生这本无字之书，如何使得自身对于法学的研究和思考更上一层楼，唯一的途径还是向社会、向实践学习。在司法实践中不断地思考、耐心地总结，并把反思的问题提升到理论的高度，这也是一名法律人不断进步的力量源泉。